통일을 보는 새로운 시선

A New Perspective on Korean Reunification

권은민

박영사

프롤로그

이 책은 통일과 남북관계에 대한 필자의 글을 모은 것이다. 김정은의 '적대적 두 국가' 주장을 계기로 기존의 남북관계를 다시 볼 필요가 생겼다. 남북관계의 한쪽 당사자인 북한이 통일을 추구하는 것이 아니라 적대적 두 국가라고 주장하는 상황에서 남한은 자신의 입장을 정해야 한다. 기존의 통일논의를 유지할 것인지, 북한의 주장처럼 두 국가 관계를 인정할 것인지, 혹은 제3의 방안을 찾아낼 것인지 고민해야 할 시간이다.

제1장에서는 두 국가론을 새로운 시선으로 보았다. 법제 측면에서 남북관계를 검토했다. 기존의 남북관계는 두 단계의 변화가 있었다. 상대방을 무시하고 부인하던 시기를 거쳐 교류협력의 상대방이자 반국가단체라는 이중적 지위에 있다고 한 시기가 있었다. 현재의 법체계는 이중적 지위를 전제로 한 특수관계론에 따라 형성되어 있다. 그런데 북한의 두 국가 주장으로 전제사실이 변화하는 상황이라면 기존의 법체계도 변해야 한다. 무엇이 어떻게 변해야 할지, 왜 그런지를 생각해 보았다. 이와 관련하여 쓴 3편의 글을 담았다.

제2장에서는 미래의 통일 한국이 지향할 방향을 모색해 보았다. 남북관계의 미래는 통일이다. 그렇다면 통일된 나라는 어떤 모습이어야 하며, 추구할 이념은 무엇인지, 분야별로 검토해야 할 법제는 무엇인지를 살펴보았다. 아직 논의가 많지 않지만 꼭 다룰 필요가 있는 영역이다.

제3장에서는 통일과 북한토지제도의 변화 방향을 모색하였다. 토지는 주민들의 삶의 기반이라는 점에서 우선적으로 검토해야 할 분야이고, 남북한 주민 모두의 이해가 걸려 있기 때문이다.

제4장에서는 남북 합의의 방향성을 모색하였다. 철학자 존 롤스의 중첩적 합의라는 개념을 사용하여 기존의 남북합의서를 검토하면서 장래의 방향을 찾았고, 기존의 남북합의 중에 중첩적으로 합의한 내용이 있는가를 살펴보았다. 과거를 통해 미래를 내다보기 위함이다. 기존의 남북합의 중 이행된 것과 이행되지 않은 것을 구분하고 그 이유를 살펴보아야 한다. 또한 현시점에서 기존의 남북합의는 완전히 사라졌는가, 아니면 여전히 남아 있는가를 논의해야 한다. 이를 통해 장래 남북한이 합의할 사항과 방법을 모색하였다.

이 책에 실린 글은 최근 몇 년간 진행됐던 필자의 연구 중 학술지에 발표한 것, 다양한 세미나에서 발표한 것들을 새롭게 편집한 것이다. 필자의 문제의식은 실용적 남북관계 형성이다. 지금 우리가 할 일은 분단상황을 극복하고 미래로 가기 위한 준비를 하는 것이다. 이념 대립으로 발생했던 분단의 상처를 보듬고, 현재의 갈등을 극복하려 노력하는 것은 남북한 주민의 공통된 의무다. 우리와 우리 자손이 번영할 통일된 나라를 만들어야 하기 때문이다. 그런 노력 중에는 법제적 측면의 연구가 필요하다. 정치가 나라의 기본 틀을 정하고 법률이 그 방향을 구체화하는 기본 틀을 지키면서도 정치와 법률은 서로를 보완해야 한다. 법률이 정치의 발목을 잡아서는 안 된다. 현재의 남한 법률과 판례는 과거의 틀에 얽매여 통일 논의를 위축시키는 측면이 있다. 법률이 사회변화에 맞추어 적절히 변화하면 통일을 실현해 가는 새로운 환경에서 사회혼란을 줄일 수 있다. 법률가들, 특히 북한과 통일문제에 관심을 가지는 사람들이 추구해야 할 방향이라 믿는다.

2024년 12월 3일 비상계엄 사태를 계기로 분단상황이 정치에 이용되는 현실을 다시 한 번 목격했다. 이제는 분단을 극복하고 미래로 나아가야 한다. 김정은이 주장한 적대적 두 국가론과 남한의 비상계엄 사태를 함께 보면 기존의 남북관계를 지속하기 어렵다. 이제는 통일에 대한 새로운 시선이 필요하다. 상황이 바뀌고 현실이 변화하면 법제도 역시 변해야 한다. 필자는 남북관계 변화의 방향을 모색하고 구체적 실천 방안을 찾고자 하였다. 장래에는 분야별로 보다 구체적인 연구를 하려고 한다. 개별 사안이나 분야별 북한법제 연구를 통해 실제로 적용될 현실문제에 집중하고 싶다. 미래는 만들어 가는 것이라는 믿음을 가지고 노력하는 중이다.

사회가 변하고 과학기술이 변하면, 또한 기후환경도 급격히 변하면, 법제도도 바뀌어야 한다. 새로운 환경에 맞는 새로운 법제도는 지금 우리가 만들어야 한다. 통일도 마찬가지다. 과거는 잊지 않되 현재의 갈등을 해결할 방안을 찾고, 바람직한 미래를 꿈꾸어야 한다. 이 책은 그런 노력의 결과다. 현재의 남북관계를 객관적으로 보고, 미래로 나아가는 길에 디딤돌이 되기를 희망한다. 우리에게 필요한 것은 더 많은 논쟁과 더 많은 연습이다.

2025년 여름

우봉(又峰) 권은민

* To enhance accessibility for international readers, English summaries of each chapter are compiled in the appendix.

Prologue in English

This book is a collection of the author's writings on re–unification and inter–Korean relations. With North Korea's Kim Jong–Un asserting the claim of "two hostile states," it has be–come essential to reassess the existing inter–Korean relationship. In a situation where North Korea, with respect to the in–ter–Korean relationship, does not pursue reunification but instead declares two Koreas as hostile states, South Korea must reconsider its position. It is now time to consider whether to continue the current discourse on reunification, to acknowledge North Korea's claim of the two–state relationship, or to explore a third option.

In Chapter 1, the author examines the theory of two states from a new perspective and analyzes inter–Korean relations from a legal standpoint. The existing inter–Korean relationship has un–dergone two phases: a period of each side's neglect and denial of the other side, followed by a phase in which each side saw the other side under a dual status as both an exchange partner and an anti–state organization. The current legal framework is based on this dual status. However, with North Korea's new assertion of the twostate relationship, the underlying assumptions must change, prompting transformation of the existing legal system. The author reflects on what changes are necessary and why such changes are needed. This chapter includes three related articles in this respect.

Chapter 2 explores the future direction that a unified Korea should aim for. The future of inter–Korean relations is re–unification; therefore, it is crucial to consider what are the desired characteristics of a unified nation, what ideologies should be pursued, and what legal frameworks need to be examined in various fields.

Chapter 3 looks into the direction of changes in land systems in North Korea after reunification. Given that land is fundamental to the lives of the residents, it is a priority issue that concerns the interests of all Koreans.

Chapter 4 seeks to identify the direction for inter–Korean agreements. Utilizing John Rawls' concept of overlapping con–sensus, the author reviews existing inter–Korean agreements while exploring future directions, in order to ascertain whether there is any overlapping consensus among the existing in–ter–Korean agreements, to examine what has and has not been implemented among existing inter–Korean agreements and the reasons behind them, and to discuss whether these agreements have disappeared or if they still hold relevance today. This inquiry seeks to find future matters for which the two Koreas should reach agreement and methods for such agreement.

The writings included in this book are a collection of the au–thor's research over recent years, based on articles published in academic journals and presented at seminars. The author's core objective is the formation of practical inter–Korean relations. The urgent task for the two Koreas is to overcome the current division of Korea and prepare for the future. Healing the wounds inflicted by the ideological conflicts that caused the division and working to overcome present conflicts are common duties of both North and South Koreans, aimed at building a prosperous united country for ourselves and future generations. Research from a legal perspective is necessary to support this effort. While politics establishes the fundamental framework of a nation, laws must elaborate the framework. Laws and politics should complement each other, and laws should not impede politics. Unfortunately, current laws and case precedents in South Korea are constrained by past frameworks, thus stifling discussions about reunification. If laws can appropriately evolve with social changes, it could reduce social turmoil in the new environment of advancing reunification. The author believes this is the direction that legal professionals, especially those interested in North Korea and unification issues, should pursue.

On December 3, 2024, amidst a state of martial law, the author witnessed once again how the politics utilizes the division of Korea. It is now time to overcome division and move toward the future. In view of North Korea's assertion of two hostile states and South Korea's state of martial law, it becomes clear that maintaining the existing inter-Korean relations is unrealistic. A fresh perspective on reunification is now required. As situations change and realities evolve, so too must the legal frameworks. The author sought to explore the direction of changes in inter-Korean relations and find practical implementation strategies. In the future, the goal is to conduct more specific research by field, focusing on actual issues through the study of North Korean laws on individual matters or specific areas. The author is currently striving with the belief that the future can be created.

As society changes, science and technology advance, and the climate dramatically alters, legal frameworks must also evolve. New legal systems suitable for the new environment must be created, and the same applies to reunification. While not forgetting the past, it is crucial to find solutions to current conflicts and aspire for a desirable future. This book represents the results of such efforts. It hopes to provide an objective view of the current inter-Korean relations and serve as a stepping stone to move forward into the future. What we need is more debate and more practice.

2025. 7.

Kwon, Eun-Min.

차 례

[알림]

이 글은 저자가 통일과 남북관계에 대해 쓴 글들을 수정·보완하여 엮은 것으로, 본문 내 장별로 각주 형식이나 인용 출처 표기 방식 등이 다를 수 있습니다.

제1장

남북관계의 방향 모색 - 두 국가론

I

두 국가론과 남북한 특수관계론[1)]

요약

남북한 특수관계론의 형성과정과 의미를 살펴보고, 현시점에서 특수관계론을 정상관계론으로 변화시키는 것이 가능한지를 검토한다. 남북한 특수관계론은 남북한 사이의 정치상황 변화 과정에서 형성된 것으로, 1990년대 초반에 정립된 이론이다. 그로부터 30년 이상 지난 현시점에서는 특수관계론으로 해결하기 어려운 문제가 생김에 따라 기존 이론을 재검토해야 할 필요가 있다. 또한 남북관계의 미래를 위해서도 이제는 남북한 특수관계론을 남북한 정상관계론으로 변화시킬 필요가 있다. 필자가 제안하는 남북한 정상관계론은 남북한이 별개의 국가라는 점에서 출발하여 남한의 법제도에서 북한을 어떻게 대하고 법을 운영할 것인지를 구체적 사안별로 논의하자는 것이다. 1990년대에 형성된 특수관계론이 30년 이상 기능한 공적은 객관적으로 평가하되, 이론 정립 후 30년 이상 지난 현시점에서는 그 이론의 변화 가능성을 모색해야 한다. 필자는 공론의 장에서 이 문제가 논의되기를 희망한다. 법과 이론도 사회의 구성원들을 위한 것일진대, 남북한 주민의 현재 생활과 장래를 위해서는 기존 이론에 구애되지 말고 어떤 법이론이 더 적절한가를 같이 고민해 보자고 제안한다.

1. 들어가며

현재의 남북관계는 남북한 특수관계론으로 설명하는 것이 다수의견이다. 필자는 장래 교류협력이 전면화될 시기에는 현재와 다른 법제도가 구축되어야 한다는 문제의식을 가지고 있다. 필자가 상정하는 미래는 남북한 주민이 상대 지역에서 장기체류하고, 상대 지역에서 투자활동을 하며, 중국과 대만의 양안관계와 같이 일상적 이동이 가능한 상황이다. 이 글에서 남북한 특수관계론의 변화가능성을 모색해 본다.

남북한 특수관계론이 형성된 시기와 비교하여 변화된 현재의 상황을 먼저 살펴본다. 입법 측면을 보면, 남북교류협력 재개에 대비하여 정부 부처별로 그 부처 소관법률에 남북교류협력에 관한 사항을 포함하는 개정안을 지속적으로 발의하고 있다. 예컨대 문화부는 관광기본법 개정안 제3조 제2항에서, 기본계획에는 '남북관광 활성화에 관한 사항'이 포함되어야 하며, 제13조의 2에서 '정부는 남북교류 증진과 관광사업 육성을 위하여 남북관광을 활성화시키는 데에 필요한 시책을 강구하여야 한다. 정부는 남북관광 활성화를 위하여 북한의 관련 현황 및 정책 등에 대하여 조사 연구하여야 한다.'는 내용이 추가되어야 한다는 입장이다. 이에 대하여 통일부는 반대하는데, 그 이유로 남북관광 활성화를 위한 법적 뒷받침은 남북교류협력법과 남북관계발전법에 따라 충분히 가능하고, 아직 남북관계가 제도화되지 않은 상황을 고려하여 대북관계는 전략적 측면이 중요하다면서 개별법에 구체적 사업 내용을 법제화하기보다는 현행법체계 내에서 사업을 추진하고 향후 여건 조성 시 법제화를 검토하는 것이 바람직하다는 입장이다. 이런 문제는 국토부

(철도, 도로, 공항), 문화재청(남북 공동 유네스코 등재) 등 여러 부처에서 발생하고 있다. 또한 지방자치단체도 남북협력사업을 독자적으로 추진하려고 한다. 개정된 남북교류협력법 제24조의 2에 따라 지방자치단체가 남북교류협력사업의 주체가 됨으로써 남북교류협력사업의 활성화가 가능하게 되었다. 2020년 12월 말을 기준으로 남북관계에 관한 조례를 제정한 지자체는 161개이다(광역 17, 기초 144).[2] 이 문제는 각자 의견이 모두 이유가 있는바, 새로운 요구가 제기되는 것은 기존의 법체계가 한계에 부딪쳤음을 드러내는 것이다. 기존의 통일부 중심의 정책, 원칙적 금지와 예외적 허용이라는 포지티브 시스템의 남북협력 방식이 변화해야 함을 보여 주는 사례이다.

다음으로 정부 정책 측면에서 보면, 문재인 정부는 한반도 평화프로세스를 추구하였는데, 이는 북한을 평화와 통일의 동반자로 인정하고 비핵 평화 및 화해협력과 공동번영을 추진하는 대북 포용정책의 총칭이다.

> "한반도 평화프로세스는 선택이 아니라 반드시 가야만 하는 길입니다. 하노이 회담 결렬 이후 오랜 교착상태를 하루 속히 끝내고 북미 대화와 남북관계에 새로운 돌파구를 마련하여 평화의 시계가 다시 움직여 나가도록 최선의 노력을 기울여 나갈 것입니다. 뜻이 있는 곳에 길이 있는 법입니다. 평화와 번영의 한반도는 온 겨레의 염원입니다."[3]

문재인 정부가 추진한 한반도 신경제구상의 장래를 예상해 보면, 남북한 간 교류의 재개에서 시작하여, 일반적인 교역에서 산업부문으로 교류를 확장하고, 물류와 생산시스템까지 연결함으로써 남북 공동시장 기반을 마련하는 변화를 추구하는 것이다.[4] 이러한 변화에 대비하기 위해서는 변화된 환경에 맞는 법과 제도가 마련되어야 하는데, 남북한 특수관계론으로 변화된 미래를 맞이하기는 어렵다. 이인영 통일부 장관의 1민족 2국가 2체제 1시장으로 접근하자는 발언도 같은 맥락이다.

> "통일 방안보다 이제는 거기까지 가는 로드맵이 훨씬 중요해졌다. 1단계 교류와 협력, 투자촉진과 활성화, 2단계 산업과 자원의 연합, 3단계 화폐와 시장의 공유 또는 통합, 4단계 재정과 정치의 통일 준비단계가 있다. 굳이 얘기하면 시장통일론인데, 1민족 2국가 2체제 1시장 이렇게 접근해야 한다... 그러면 삶에서의 통일이 시작될 수 있다."[5)]

이런 변화를 맞이하려면 법제도도 새롭게 바뀌어야 한다는 것이 필자가 가지는 문제의식이다.

마지막으로 국민의 통일의식 변화 측면이다. 통일연구원이 진행한 2020년 조사는 통일에 대한 인식이 임계점을 넘어서고 있다는 것을 보여 준다. 더 이상 혈연적 민족주의에 기반한 당위적 통일론으로는 국민들의 공감을 얻을 수 없고, 설문참가자들은 통일이 장기적으로 국가에 이익이 될지 몰라도 그 과정에서 개인들이 부담해야 할 생활수준의 하락에 대해 걱정하고 있다. 따라서 통일의 의미와 필요성, 그리고 그것이 구체적으로 우리의 삶에 미칠 영향에 대한 새로운 연구와 국민적 토론, 그리고 합의가 이루어지지 않는다면 정부의 통일 및 대북정책 수행에 대한 구체적인 합의 도출이 힘들어질 것이다.[6)] 한편 변화된 현실을 인정하면 오히려 남과 북이 하나가 되어야만 정전체제를 끝낼 수 있다는 강박관념으로부터 벗어날 수 있는 조건이 된다는 의견도 있다. 통일을 거부하는 것이 아니라 불안정한 정전체제를 평화상태로 변화시키면서 긴 호흡으로 통일을 준비할 수 있는 조건이 마련된 것이라는 주장이다.[7)]

통일의식조사 결과를 보면, 국민의 통일인식이 질적으로 변하고 있음을 알 수 있다. 법과 제도도 국민의식변화에 맞추어 변화해야 할 것인데, 그 시작은 북한의 법적 지위에 대한 인식 변화[8]와 남북관계에 대한 인식변화에서 시작되어야 할 것이다. 이런 이유로 기존의 남북관계에 대한 법이론인 '남북한 특수관계론'을 비판적으로 재검토하고 대안을 모색해 본다.

필자는 북한연구에서 법의 역할이 무엇인지를 생각해 보았다. 분단 이후 대한민국 초기에 북한문제는 정치와 군사분야의 영향이 강했고 법이 개입할 여지가 적었다. 국가보안법이 주로 문제 되었던 시기에서 벗어난 것은 1988년 7.7 선언 이후 북한과도 교류와 협력을 할 수 있다는 사고의 전환에서 시작되었다. 이때부터 법이 북한문제에 개입할 수 있었다. 이때 고안된 이론이 북한의 이중적 지위론 내지 남북한 특수관계론이다. 그로부터 다시 30년 이상 지났다. 한 세대가 지나는 사이에 교류협력은 확대와 중단을 반복하고 있고, 그에 맞추어 법률의 제정과 개정이 계속되었다. 이런 과정을 거치면서 북한문제에서 법도 하나의 독자적인 영역이 되었다. 그런데 현재의 법과 제도로 미래로 나아갈 수 있을까를 생각해 보면, 이 시점에서 또 한 번의 사고 전환이 필요하다는 생각을 한다.[9] 필자가 주장하는 변화의 방향은 객관적으로 존재하는 현실에 기반하여 과거가 아니라 미래지향적으로 접근하는 것이다. 남북관계에서 법이 문제 되는 영역은 주로 교류협력의 일선에서 발생한다. 이때 법의 역할은 당면한 문제를 해결하고 통일을 지향하는 방향으로 제도를 개선하는 데 이론적 근거를 제공하는 것이어야 한다.

2. 남북한 특수관계론 형성 과정

(1) 남북한 특수관계론 개념

남북한 특수관계론은 남북관계의 특수성을 규범적 측면에서 설명하는 헌법이론이다. 남북관계에서 발생하는 법률의 충돌과 모순을 해결하는 이론적 도구이며 헌법규범과 헌법현실, 남북한의 국내법적 지위와 국제법적 지위 사이의 모순을 합리적으로 설명하려는 규범적 분석틀이다. 기존의 논의를 살펴본다.

이효원은 남한과 북한은 자신을 한반도의 유일한 합법정부로 주장하면서 상대방을 규범적으로 인정하지 않기 때문에 남한의 입장에서 북한의 법적 지위를 어떻게 인정할 것인지가 문제라면서 3가지 측면에서 설명한다.[10] 국내법적 규범영역의 소극적 의미는, 남북관계가 나라와 나라 사이의 관계가 아니라는 의미인데, 남북관계를 규율할 직접적인 기준을 제시하는 것은 아니다. 국내법적 규범영역의 적극적 의미는 북한의 이중적 지위다. 북한이 반국가단체로 활동하는 영역에서는 국가보안법 등 국내법이 적용되고, 대화와 협력의 동반자로 활동하는 영역에서는 북한의 실체를 인정하고 국제법원칙을 적용[11]한다. 국제법적 규범영역에서는 국제사회에서 남북한이 각각 국제법의 주체로서 활동하고 있는 현실과 국내법을 이유로 국제법의 적용을 배제할 수 없다는 국제법원칙이 고려되어야 하고, 따라서 남북한이 제3국이나 국제기구와 법률관계를 형성할 경우에는 원칙적으로 국제법원칙이 적용된다.[12]

한편 송진호는 남북한 특수관계론이란 헌법 제3조와 제4조의 규범조화적 해석, 남북기본합의서, 남북교류협력에 관한 법률, 남북관계 발전에 관한 법률, 대법원 판례, 헌법재판소 결정례 등을 근거로 하여 "남북한 사이의 관계는 나라와 나라 사이의 관계가 아닌, 통일을 지향하는 과정에서 잠정적으로 형성되는 특수관계"라는 기본원리에서 이를 구체적인 법률관계에 적용할 수 있도록 도출된 법이론이라 한다.[13] 구체적 적용에서 남북한 관계가 국내법적 규범영역에서 적용될 경우에는 북한의 이중적 지위에 따라 북한이 반국가단체로서 활동하는 영역과 대화와 협력의 동반자로 활동하는 영역으로 구분하여 전자는 남한법을 후

자는 국제법을 적용한다고 설명한다.[14]

특수관계론에 대한 주장들은 남한 헌법은 규범적으로 북한을 인정하지 않고 있어 남북관계에서는 국제법을 적용할 수 없으며 분단으로 인해 한반도 전체에 단일한 국내법을 적용할 수도 없는 현실에서 구체적인 사안에서 법을 적용하기 위해 고안된 이론이라 한다. 이효원은 헌법 제3조는 국가의 본질적 요소인 영토의 범위를 규정한 것으로 목적적이고 가치적인 규범력을 가지고 있는 반면, 헌법 제4조는 그러한 범위와 조화를 이루면서 그 범위 내에서 실천적이고 수단적 규범으로서 의미를 가지는 것이라 하면서 제3조가 제4조에 비해 우월한 효력을 가진다는 견해를 취하였다.[15]

그런데 이 이론은 적용과정에서 해당 사례가 국내법적 규범영역에 속하는지 혹은 국제법적 규범영역에 속하는지 구분해야 하고, 국내법적 규범영역에 속하는 경우에도 또 다시 반국가단체로 활동하는 영역인지 혹은 교류와 협력의 동반자로 활동하는 영역에 속하는지 구분해야 한다. 이론적으로 이런 구분이 가능할 수도 있지만 실제 현실에서 발생하는 사안은 국내법과 국제법이 혼재하고, 또한 북한을 보는 시각에 따라 반국가단체 활동인지 교류와 협력 활동인지 구분하는 기준과 범위가 달라질 수 있기 때문에 특수관계론의 적용이 명쾌하지 않다.[16] 필자는 특수관계론은 일시적 잠정적인 이론이 될 수는 있지만 교류와 협력이 전면화될 시기에는 필연적으로 한계를 드러낼 수밖에 없는 이론이고, 현시점에서는 그런 문제가 드러나고 있다고 본다.

(2) 남북한 특수관계론이 등장한 시대상황

남북한의 관계 및 북한의 국가성 인정에 대한 기존의 논의를 정리해 본다. “대한제국은 일제강점기와 미소점령기에도 계속해서 존재하였고, 남한과 북한정부가 수립되면서 대한제국은 소멸되었지만 대한민국은 1948년 당시 UN에 의해 승인된 유일한 합법적인 정부로서 대한제국과 계속성과 동일성을 가진다."[17]라는 견해가 다수의견이다. 그런데 위 주장의 근거가 된 1948년 유엔 결의문에는 당시 선거가 가능한 지역에 대한 합법적 정부라는 내용이 있는바, 실효적 지배가 가능한 현재의 남한 영역에만 효력을 미친다고 보는 것이 현실적일 것인데, 다수의견은 효력의 범위를 한반도 전역으로 확장하고 있다.[18] 1948년 12월 제3차 유엔총회는 대한민국을 승인한 반면에 북한은 유엔의 승인을 받지 못하였다. 이런 이유로 이 결의문이 대한민국 정부가 한반도 전체에 유효한 지배와 관할권을 미치는 유일의 합법정부라는 것을 직접적으로 선언하는 것이 아님에도 불구하고 대한민국 정부에 정치적 정통성과 규범적 합법성을 부여하는 근거라고 주장되었다.

남북한 특수관계론이 등장한 것은 냉전체제의 해체라는 국제환경의 변화에 남북이 대응한 결과라 할 수 있다. 1989년 미소정상은 몰타회담에서 냉전체제의 종식과 평화공존을 선언하였고, 그 결과 미소의 전략무기감축협정체결과 전술핵 폐기선언으로 이어지면서 냉전체제가 해체되었다. 이 시기 남한은 사회주의 국가들을 상대로 적극적인 외교정책을 펼치는 북방정책을 추진하였다. 1989년 헝가리와 수교한 이후 동구권 국가들, 소련, 중국과 국교를 수립하였다. 남한은 국내적으로도 1988년 7.7.선언에서 남북 상호교류와 자유왕래를 포함한 남북한 협력방안을 제안하고, 1990년 남북교류협력법을 제정함으로써 남북관계를 제도화하였다. 한편 이 시기 북한은 냉전체제 붕괴로 위기가 심화되었다. 생산성 저하, 관료주의, 폐쇄사회의 경직성 등 사회주의 체제의 구조적 결함을 안고 있었고 북한에 우호적이었던 사회주의권이 경제적 지원을 중단함에 따라 북한의 산업은 거의 마비상태에 이르게 되었다. 이런 위기에서 북한은 남한과의 관계개선을 통해 활로를 찾고자 했다.[19]

남북한은 이러한 시대상황의 변화에 따라 1991년 남북한의 유엔 동시가입, 남북기본합의서 체결, 한반도 비핵화 공동선언 채택을 통해 공존전략을 선택하였다. 남북한 유엔 가입의 의미는, 상대방을 대화의 상대로 인정할 수 있는 근거 및 국제법적으로 남북 간의 합의가 인정받을 근거가 마련된 것이다. 또한 1953년의 정전협정은 어느 일방도 승리하지 못한 상황에서 협정을 맺었고, 남과 북이 상대방을 정부로 인정하지 않았던 구조적 모순이 있었기 때문에 다른 나라의 사례와는 다른 특성이 있다.[20]

특히 남북기본합의서는 남북한의 대표가 공식적 접촉을 통해서 합의를 도출하였으며 남북한의 공식 국호와 서명자의 직함이 명시되었다는 상징성이 있고, 또한 남북한이 통일을 과정으로 이해하고 이를 위해 남북관계의 개선과 평화공존을 기본적인 방향으로 제시했다는 의미가 있다.[21] 남북기본합의서의 전문은 "(남북 쌍방은) 나라와 나라 사이의 관계가 아닌 통일을 지향하는 과정에서 잠정적으로 형성된 특수관계"라고 규정했다.

(3) 남북한 특수관계론과 독일의 영향

남북기본합의서는 독일의 동서독기본조약에 영향받은 것이라는 견해가 있다. 여기서 동서독의 합의과정을 살펴본다. 1969년 10월 28일 서독수상 빌리 브란트는 "독일에 두 개의 국가가 존재하더라도 그 국가는 상호 외국이 아니며, 그 상호관계는 특수한 종류인 것"이라고 했다. 이 말의 의미는 독일에 두 개의 나라, 독일연방공화국과 독일민주공화국이 존재하고 있다는 사실을 서로 인정하자는 것이고, 그리고 그 두 국가는 서로 외국이 아닌 특수관계라는 의미를 부여했다. 즉 하나의 민족이 이룬 두 개의 국가로서 특수하다고 한 것이다.[22]

1972년 체결된 동서독기본조약은 서문, 10개 조문의 구조로 되어 있는데, 조약 쌍방을 정식국호인 독일연방공화국과 독일민주공화국으로 분명히 칭하고, 두 국가의 주권과 영토를 상호 인정한다는 것을 전제로 하고 있다. 위 조약 중 일부를 살펴보면, 제1조. 독일연방공화국과 독일민주공화국은 동등한 권리의 토대 위에서 정상적인 우호 관계를 발전시킨다. 제2조. 독일연방공화국과 독일민주공화국은 유엔헌장에 명시되어 있는 제반 목표와 원칙을 준수한다. 제3조. 유엔헌장의 정신에 따라, 독일연방공화국과 독일민주공화국은 갈등을 오로지 평화적인 수단을 통해서만 해결하며, 무력 위협과 무력 사용을 포기한다. 쌍방은 현존하며 앞으로도 존속할 경계선의 불가침을 재확인하고 존중한다. 제4조. 독일연방공화국과 독일민주공화국은 어느 한쪽이 상대방을 국제사회에서 대신하거나 대표할 수 없음에 동의한다. 제6조. 독일연방공화국과 독일민주공화국은 각자의 권력이 각자의 영토 내에서만 행사될 수 있다는 원칙을 고수한다. 쌍방은 국내 및 대외 문제에 있어서 상대방의 독립과 자주성을 존중한다.[23)]

독일연방헌법재판소는 1973년 7월 31일 판결에서 양독 간의 특수한 관계에 대하여, 첫째, 동독은 국제법상 국가로서 국제법 주체이기는 하나 이것은 서독에 의한 동독의 국제법상 승인문제와는 별개이고, 둘째, 서독이 동독과 기본조약을 체결한 것은 동독을 '특수한 형태의 사실상 승인'을 한 것으로 간주될 수 있고, 셋째, 기본조약은 형식적으로는 국제법상의 조약으로 다른 국제법상의 조약과 같은 효력을 갖는 두 국가 간의 쌍무조약이나 내용상으로는 전체 독일이라는 포괄적 국가의 두 부분인 양독 간의 내부관계를 규정하는 이중적 성격의 조약[24)]이라고 설명했다. 김상준은 남북기본합의서가 동서독기본조약에 비해 상호인정의 수준이 크게 떨어지는 불완전한 합의라 지적한다. 남북기본합의서는 합의서 전체에서 합의 당사자를 서로의 정식국호로 부르지 못하고 쌍방 또는 남과 북이라 애매하게 지칭하는데, 이는 반쪽국가 의식에 머물렀기 때문이라 평가한다. 그에 비해 독일은 기본조약을 통해 서로

를 주권국가로 인정함으로써 반쪽국가 의식을 극복하고 양국체제로 확실히 이행하였다는 견해를 취한다.[25)]

필자는 남북기본합의서의 '나라와 나라 사이의 관계가 아닌'이란 말이 무슨 뜻일까 생각해 보았다. 굳이 이렇게 표현한 것은 현실에서 두 나라[26)]이기 때문에 우리끼리는 그렇게 보지 말자는 합의를 한 것은 아닐까 싶다. 그런데 한발 더 나아가 생각해 보면, 둘이서 그렇게 선언한다고 하여 두 나라 사이가 합의한 대로 되는 것인가 의문이 들기도 한다. 이런 의문이 이 글을 작성하게 된 이유이기도 하다. 이런 문제는 법학의 영역이라기보다는 정치의 영역에 속하는 분야이고, 현실과 규범 중간에 끼인 분야라 법적으로 엄밀한 논증이 어렵다는 생각도 하게 되었다.

(4) 법률 규정에 나타난 남북한 특수관계

현행 법률 중에서 남북한 특수관계론과 관련된 조항을 살펴본다.

「남북관계발전에 관한 법률」 제3조 제1항은 "남한과 북한의 관계는 국가간의 관계가 아닌 통일을 지향하는 과정에서 잠정적으로 형성되는 특수관계이다." 동 조 제2항은 "남한과 북한간의 거래는 국가간의 거래가 아닌 민족내부의 거래로 본다."

「남북교류협력에 관한 법률」은 제1조에서 "이 법은 군사분계선 이남지역과 그 이북지역 간의 상호 교류와 협력을 촉진하기 위하여 필요한 사항을 규정함으로써 한반도의 평화와 통일에 이바지하는 것을 목적으로 한다." 제3조에서 "남한과 북한의 왕래·접촉·교역·협력사업 및 통신 역무(役務)의 제공 등 남한과 북한 간의 상호 교류와 협력을 목적으로 하는 행위에 관하여는 이 법률의 목적 범위에서 다른 법률에 우선하여 이 법을 적용한다."

「남북주민 사이의 가족관계와 상속 등에 관한 특례법」은 제2조에서

"이 법을 해석·적용할 때에는 남한과 북한의 관계가 국가 사이의 관계가 아닌 평화적 통일을 지향하는 과정에서 잠정적으로 형성되는 특수관계임을 고려하여야 한다."

위 법률의 규정은 모두 남북한 특수관계론에 기초하고 있다.[27)]

3. 시기별 판례의 변화

북한의 국가성 인정여부에 대해 남북한 특수관계론의 틀 안에서는 국가성을 인정하기 어렵다는 견해[28)]가 있고, 헌법학 교과서에는, "북한에도 대한민국의 주권이 미치고 있다. 따라서 북한은 반국가단체로서 활동하고 있다. 대법원과 헌재도 반국가단체로 인정하고 있다."[29)]라는 정도로 요약하고 있는데, 다수의견이다. 판례가 다수의견의 주요 논거인데, 여기서는 실제 사건에서 판례는 어떤 입장을 취하였는지를 살펴봄으로써 북한에 대한 법적 취급의 변화과정을 검토한다. 시기별 구분에 대하여는 기준이 다양할 수 있지만,[30)] 여기서는 헌법 개정 시기를 기준으로 3단계로 구분한다. 특히 판례가 결론에 도달한 과정의 논리 전개에 주목한다.

(1) 북한의 존재를 부인하고 타도의 대상으로 인식한 시기

1948년 제정된 헌법은 북한과 통일에 대해 아무런 규정을 두지 않았고, 제4조에서 "대한민국의 영토는 한반도와 그 부속도서로 한다."라고 규정함으로써 북한의 실체를 인정하지 않고 북한지역도 대한민국의 일부라고 선언하였다. 헌법의 초안자인 유진오 박사는 이 조항에 대해, "대한민국의 헌법은 결코 남한에서만 시행되는 것이 아니라 우리나라 고유의 영토전체에 시행되는 것이라는 것을 명시하기 위하여 특히 본조를 설치한 것이다"라고 했다.[31] 위 내용은 영토조항에 대한 다수의견이 주장하는 바인데, 필자는 다수의견에 의문이 있다. 남한의 헌법조문과 그 초안 작성자의 의도가 남한지역을 넘어서 북한지역까지 영향력을 미치는 이유에 대한 설명이 부족하기 때문이다. 만일 북한에서 남한지역도 북한의 일부라고 주장하고 법을 만들었다고 가정해 본다면 그런 주장의 문제점은 분명해진다.

1948년 8월 15일 정부수립 시 이승만 대통령은 대한민국이 한반도의 유일한 합법정부임을 천명하고 무력을 사용해서라도 선거가 보류된 북한지역의 국회의원 의석 100석이 조속히 채워지도록 하겠다고 선언했다. 이 시기의 남한은 북한지역을 남한의 영토인데 미수복된 지역으로, 그곳을 지배하는 북한은 국가보안법상 반국가단체로 보았다. 한편 1962년 제5차 개정헌법 부칙 제8조에는 "국토수복후의 국회의원의 수는 따로 법률로 정한다."라고 규정했다. 이는 한반도가 분단되어 있다는 사실을 처음으로 헌법에 반영한 것이다.

이 시기 대법원 판례를 살펴본다. 대법원 1961.9.28. 선고 4292형상48 판결은, "헌법 제3조는 "대한민국의 영토는 한반도와 그 부속도서로 한다."라고 규정하고 있어 법리상 이 지역에서는 대한민국의 주권과 부딪치는 어떠한 국가단체도 인정할 수가 없는 것"이라고 선언하였고, 이후의 판례에서 자주 인용되었다.[32]

같은 취지의 판례로는 대법원 1954.9.28. 선고 4286형상 109 판결 등이 있고, 이러한 판례의 입장은 현행 헌법 이전까지 지속되었다. 북한의 법적 지위에 대해 "헌법 제3조에 따르면 대한민국의 영토는 한반도와 그 부속도서로 하는데, 대한민국이 한반도 내 유일한 합법정부이고 북한은 반국가단체로서 국가보안법 등에 따라 처벌대상으로 삼는 등 국가성을 인정하지 않고 있다."[33]라고 선언한다.

이 시기 판례의 판단근거는 헌법 제3조의 문언이다. 그런데 필자는 헌법 제정에 참여하지 않은 북한지역과 그 주민에게 제헌헌법이 효력을 가진다는 것은 민주적 정당성의 측면에서 문제가 있다고 본다. 남한 헌법의 효력범위가 남한의 실효적 지배 영역에 한정되는 현실에서 영토조항의 효력범위를 한반도 전체로 확대하는 판례의 결론에 동의하기 어렵다.[34] 필자는 영토조항의 의미를 장래 통일 한국의 영역범위로 이해한다. 헌법에서 국가목표를 정한 것으로 보면 규범조화적 해석이 가능하다. 한편 이 시기 판례가 형성된 사건은 주로 국가보안법위반 형사사건이었는바, 이 영역은 정치적 판단이 우선되는 사안으로 엄밀한 의미의 법해석이라고 하기는 어려운 점이 있다.

한편 이 시기 북한 헌법을 살펴보면, 1948년 9월 8일 제정된 조선민주주의인민공화국 헌법은 남북관계와 통일에 대해 직접적으로 규정하지 않았다. 하지만 제7조, 제53조, 제103조를 종합해 보면 북한의 영토에는 남한지역도 포함되는 것으로 선언한 것으로 해석되고, 이러한 입장은 1972년 헌법 개정 전까지 유지된다.[35]

(2) 북한의 실체를 인정하면서 평화통일의 상대방으로 인식한 시기

1972년 7.4 남북공동성명 발표는 지금까지 서로의 존재를 부정하던 남과 북이 서로의 실체를 인정한 첫 사건이라는 점에서 의미가 있다. 1972년 제7차 개정헌법에서 "조국의 평화적 통일"은 헌법전문에서 역사적 사명으로 규정되었고, 통일주체국민회의가 국가의 최고의사결정기관이 되었으며(제35조), 대통령에게는 "조국의 평화적 통일을 위한 성실한 의무"가 부과되었다(제43조 3항, 제46조).

먼저 정치적인 선언으로 남과 북이 그 실체를 서로 인정한 이후 헌법에 통일에 관한 규정이 등장하였다. 1972년 헌법은 한반도가 남한과 북한으로 분단되어 있다는 현실을 인정하고 평화통일을 민족의 사명으로 명시하였다는 점에서 의미가 있다. 그런데 1972년 헌법 개정은 박정희 대통령이 통일을 명분으로 초헌법적 조치를 단행함으로써 통치권강화를 위해 통일을 이용한 측면이 있었고, 그런 이유로 남북관계와 통일에 관한 헌법규정이 실질적으로 규범력을 갖는 데는 한계가 있었다.[36]

평화적 통일은 상대방이 있는 개념이다. 통일은 다수가 하나가 되는 것이고, 이는 분리된 서로 다른 하나 또는 여럿의 상대방이 있어야 한다. 또한 평화적 통일은 상대방을 부정하고 일방적으로 무력으로 점령하거나 강제 병합시키는 것을 부정한다. 따라서 평화통일은 상대방의 실체를 인정하지 않으면 성립될 수 없다. 1972년 헌법은 북한을 통일의 상대방으로 인정하였다는 점에서는 적대관계로 보던 종전의 태도를 바꾼 것이지만 헌법 개정의 주된 의도가 통치력 강화에 있었고, 통일에 대한 주장은 명분으로 이용당한 측면이 있었기 때문에 실제 사건에서 판례의 변화로 이어지지는 못했다. 이 시기에는 정부 차원의 남북대화가 있었으나, 대표단의 이동과 회담은 통치행위의 차원에서 이행되었고 법과 제도의 틀로 규율하지는 못하였다.

이 시기의 판례를 살펴본다. 먼저, 대법원 1983. 3. 22. 선고 82도3036 판결은, 판결 이유에서 "북한괴뢰집단은 우리 헌법상 반국가적인 불법단체로서 국가로 볼 수 없음은 소론과 같으나, **간첩죄의 적용에 있어서는 이를 국가에 준하여 취급하여야 한다**는 것이 당원의 판례이며, 현재 이 견해를 변경할 필요는 느끼지 않는다. 위와 같은 견해가 헌법에 저촉되는 법률해석이라는 논지는 독단적 견해에 불과하여 받아들일 수 없다."라고 하였다. 이를 분석하여 보면, 북한괴뢰집단이라는 용어가 현재의 관점에서는 낯선 표현이고, 변호인이 기존의 판례가 헌법에 저촉된다는 주장을 하였지만 대법원은 특별한 논증없이 기존의 견해를 유지한 것을 알 수 있다. 또한 간첩죄의 적용 등 법적용의 구체적인 영역에서는 북한을 국가에 준하여 취급하여야 한다고 예외를 인정하는 문제점이 발견되었다. 전체적으로 보면, 이 시기의 판결은 정치적 판단을 전제하고 그 틀 안에서 법리적인 해결책을 모색하고 있었음을 알 수 있다.

또 다른 사건[37]에서, 변호인은 국가보안법이 헌법에 위배된다고 주장하였다. 이에 대하여 대법원은, "헌법이 지향하는 조국의 평화통일과 자유민주적 기본질서를 부인하면서 공산계열인 북한공산집단등 불법집단이 우리나라를 적화변란하려는 활동을 봉쇄하고 국가의 안전과 국민의 자유를 확보하기 위하여 제정된 국가보안법이 헌법에 위배된다고 할 수 없다."라고 판단하였다. 논리적 주장과 정치적 판단이 격돌하던 시기였다. 이 판결에서는 서적소지가 문제 되었는데, 대법원은 "헌법상 학문의 자유도 진리의 탐구를 순수한 목적으로 하는 경우에 한하여 보호를 받는 것이므로 객관적으로 북괴의 대남선전활동과 그 내용을 같이 하는 내용이 담긴 서적을 **반국가단체를 이롭게 한다는 인식하에 소지하고 있었다면 그것은 학문의 자유에 대한 한계를 넘은 것**이라 하겠고 또 그 서적이 **국내에서 번역 출판된 것이라 하여도 순수한 학문의 목적으로 소지하는 것이 아닌 이상** 국가보안법 제7조 제5항, 제1항의 구성요건을 충족함에 아무런 영향이 없다."라는 견해를 취하였다. 서적을 소지한 동기가 무엇인지에 따라 유무죄가 구분된다는 논리는 학문의 자유를 제한[38]할 수 있는 근거로 삼기에는 무리다. 결국 이 시기의 판례는 정치적인 판단을 전제로 하고 그 한계 내에서 법을 해석하였다.

또 다른 사건은 집회, 시위와 관련된 사건[39]인데, 대법원은 "국가보안법은 헌법이 지향하는 조국의 평화통일과 자유민주적 기본질서를 부인하면서 공산계열인 북괴등 불법집단이 우리나라를 적화변란하려는 활동을 봉쇄하고 국가의 안전과 국민의 자유를 확보하기 위하여 제정된 것이어서 **헌법에 위배될 리가 없다**."라고 하였는데, 이 표현은 변호인의 주장에 대한 논리적 해명이라기보다는 국가보안법의 의도에 대한 긍정적인 신념의 표현이다. 마치 국가보안법의 위헌성 여부는 대법원의 판단 영역이 아니라는 고백처럼 보인다.

한편 북한은 1972년 헌법에서 북한이 유일하게 정통성을 지닌 합법정부라는 입장은 유지하면서도 한반도가 남북으로 분단되어 있는 사실과 북한의 통치권은 남한지역에 미치지 않는다는 현실을 헌법에서 명시적으로 규정하고 평화통일을 국가적 목표로 설정한 것에 의미가 있다. 그 이후 1991년 신년사에서 김일성은 '하나의 민족, 하나의 국가, 두 개의 제도, 두 개의 정부에 기초한 연방제'를 주장하였다.[40]

(3) 북한을 교류협력의 상대방으로 인식하고 교류협력을 시작한 시기

1987년 개정된 현행헌법[41]은 전문에서 "대한국민은 ...조국의 민주개혁과 평화적 통일의 사명에 입각하여 정의 인도와 동포애로써 민족의 단결을 공고히 하고..."라 하여 통일에 대한 사명을 규정하고, 대통령의 평화적 통일을 위한 의무 등은 기존 헌법을 유지하면서 제4조를 신설하여 "대한민국은 통일을 지향하며, 자유민주적 기본질서에 입각한 평화적 통일정책을 수립하고 이를 추진한다."라고 규정하였는바, 이는 통일에 대한 기본원리와 방법을 구체적으로 제시한 것이며 영토조항과 관련하여 규범적 의미에 대해 다양한 해석의 기초를 제공하였다. 또한 노태우 대통령의 1988년 7.7 선언과 동구 사회주의권의 붕괴, 남북한 유엔 동시가입, 남북기본합의서 체결, 남북교류협력법 제정 등의 변화를 통해 헌법규정의 규범력을 강화하였다. 1994년 8월 15일 김영삼 정부는 '한민족공동체 건설을 위한 3단계 통일방안'을 발표하였는데, 이는 하나의 민족공동체를 건설하는 것을 목표로 통일의 과정을 화해협력단계, 남북한 연합단계, 통일국가의 완성단계로 구분하여 점진적으로 통일국가를 완성하자는 내용이며 현재까지 남한의 공식적인 통일방안이다.

이 시기에는 판례도 변화하기 시작했다. 변화는 헌법재판소 사건에서 먼저 나타났다.

"현 단계에 있어서의 북한은 조국의 평화적 통일을 위한 대화와 협력의 동반자임과 동시에 대남적화노선을 고수하면서 우리자유민주체제의 전복을 획책하고 있는 반국가단체라는 성격도 함께 갖고 있음이 엄연한 현실인 점에 비추어, 헌법 제4조가 천명하는 자유민주적 기본질서에 입각한 평화적 통일정책을 수립하고 이를 추진하는 한편 국가의 안전을 위태롭게 하는 반국가활동을 규제하기 위한 법적 장치로서, 전자를 위하여는 남북교류협력에관한법률 등의 시행으로써 이에 대처하고 후자를 위하여는 국가보안법의 시행으로써 이에 대처하고 있는 것이다."[42]라고 함으로써 북한의 이중적 지위를 인정하였다. 이 판례는 천주교전국사제단이 1989년 7월 미국영주권을 가진 재외국민인 신부 문규현을 북한에 파견한 사건에 대한 것인데, 방북목적은 남한과 북한과의 남북교류 및 협력이었고, 방북 전에 뉴욕주재 대한민국 총영사에게 신고를 마쳤다. 검찰은 국가보안법 제6조의 잠입·탈출죄에 해당한다고 기소하였는데 변호인은 남북교류협력법이 적용되어야 한다고 주장하였다. 변호인은 "남·북한을 왕래한 남·북한 주민에 대하여 남북교류협력법의 전면적 적용원칙을 일부 배제하고 '정당하다고 인정되는 범위 안에서'만 적용하도록 하였는데, '정당하다고 인정되는 범위'라는 개념은 매우 애매하여 보는 사람의 입장과 주관에 따라 그 뜻을 달리할 수 있는 막연한 표현이어서 이는 인신보호 대헌장인 죄형법정주의에서 요구되는 형벌법규의 명확성의 원칙에 반한다. 남북을 왕래한 행위가 정당한 것이냐의 여부를 오로지 법집행기관이나 재판기관의 주관적 판단에 맡겨둠으로써 이쁘면 처벌하지 않고 미우면 처벌한다는 식의 법률이 되고 만 것이다. 결국 위 법률조항은 죄형법정주의와 평등의 원칙에 반하여 위헌이다."라고 주장하였다. 변호인의 논리적인 주장에 대해 헌법재판소가 기존의 논리에 얽매이지 않고 합리적인 대안을 제시하였다. 이때 개발된 논리가 현재까지 지속되고 있다. 현실의 변화는 몸으로 부딪치는 사람들에서 시작된다. 남북한 정치상황의 변화가 생기자, 그런 변화를 행동으로 옮긴 사람이 있었기 때문에 판례가 변할 수 있었다. 정치현실의 변화가 먼저 나타나고 판례는 나중에 그 현실을 해석하는 과정에서 정립되는 순서를 볼 수 있다. 이런 특성을 고려할 때 남북한 문제에서 과거에 형성된 판례에 집착하여 미래의 발목을 잡아서는 안 된다.

한편 위 결정문에는 재판관 변정수의 반대의견이 있는바, "**과거 권위주의적 군사정부하에서는 대북한관계에 대하여 경직된 냉전적 사고로 일관하여** 북한을 우리의 자유민주주의체제의 전복을 획책하는 반국가단체로서만 취급했음은 주지의 사실이다. 바로 이 당시에 이러한 행위를 처벌하기 위하여 제정된 법률이 국가보안법이었으며 동법상의 '잠입·탈출'이라는 행위는 이처럼 과거 북한을 반국가단체로서만 파악하던 냉전시대에서의 행위유형으로서 그 당시의 입법자의 시각에서는 타도해야 될 반국가단체로서의 북한과의 그 어떤 '왕래'도 바로 '잠입·탈출'에 해당될 수밖에 없었던 것이다. **그러나 북한에게 평화적 통일을 같이 완수해야 하는 동반자·협력자로서의 지위도 부여해야 하는 오늘날** 남·북한을 오고 가는 행위를 모두 '잠입·탈출'이라고 할 수는 없으므로 남·북한을 오고 가는 행위 중 남북교류협력을 위한 행위는 '왕래'로 분류하여 남북교류협력에관한법률을 적용하고 그렇지 아니한 경우에는 '잠입·탈출'로 분류하여 국가보안법을 적용시키고자 하는 것이 바로 남북교류협력에관한법률이다."라는 의견을 제시하였다. 이 판결의 논리전개를 보면 북한의 법적 지위를 어떻게 볼 것인지는 논리적인 이유가 아니라 현실적인 이유, 즉 시대상황에 대한 정치판단에 큰 영향을 받고 있음을 알 수 있다. 필자는 변정수의 의견에 동의하면서, 더 나아가 현재의 시점에서 북한의 지위를 어떻게 볼 것인지는 새롭게 논의할 필요가 있다고 생각한다. 이것이 30년 전에 형성된 판례를 재검토하는 이유이다.

위 결정에 대하여, 남북관계의 특수성을 반영하여 북한의 이중적 지위를 인정하고 북한을 대화와 협력의 일방 당사자로 인정하는 헌법적 근거로 제4조를 직접 제시한 점, 또한 북한을 반국가단체로 보는 법적 근거로 '국가의 안전과 국민의 자유보장, 자유민주적 기본질서의 유지라는 헌법적 가치를 위협하고 있는 객관적 실체라는 점'을 제시하고 있을 뿐 헌법 제3조를 제시하지 않은 것은 제3조의 규범력을 제4조와의 관계에서 상대적인 것으로 이해하려고 하는 노력으로 판단된다[43]는 평가가 있다.

한편 이 시기 대법원 판결을 살펴본다. "**비록 남북 사이에 정상회담이 개최되고 그 결과로서 공동선언이 발표되는 등 평화와 화해를 위한 획기적인 전기가 마련되고 있다 하더라도,** 그에 따라 남북관계가 더욱 진전되어 남북 사이에 화해와 평화적 공존의 구도가 정착됨으로써 앞으로 북한의 반국가단체성이 소멸되는 것은 별론으로 하고, **지금의 현실로는** 북한이 여전히 우리나라와 대치하면서 우리나라의 자유민주주의 체제를 전복하고자 하는 적화통일노선을 완전히 포기하였다는 명백한 징후를 보이지 않고 있고, **그들 내부에 뚜렷한 민주적 변화도 보이지 않고 있는 이상,** 북한은 조국의 평화적 통일을 위한 대화와 협력의 동반자임과 동시에 적화통일노선을 고수하면서 우리의 자유민주주의 체제를 전복하고자 획책하는 반국가단체라는 성격도 아울러 가지고 있다고 보아야 하고, 남북정상회담의 성사 등으로 바로 북한의 반국가단체성이 소멸하였다거나 국가보안법의 규범력이 상실되었다고 볼 수는 없다."[44]라고 함으로써 현실의 변화를 소극적으로 따라가는 태도를 보였다. 결국 판결 당시 대법관의 현실 인식이 북한의 법적 지위를 판단하는데 결정적인 영향을 미쳤다. 그렇다면 현실 인식은 시기마다 다를 수 있기 때문에 현시점에서 남북한 관계를 어떻게 보아야 할지, 현재의 북한지위를 어떻게 보아야 할지는 새롭게 논의해야 한다. 상대방의 태도에 따라 그 상대방의 법적 지위가 달라진다는 것은 논리적인 판단이라기보다는 주장이다. 만일 판례의 논리를 일반화한다면 상대방은 그들의 태도에 따라 반국가단체의 지위와 정상국가의 지위를 반복할 수 있게 된다. 필자는 이 문제를 볼 때 상대방의 법적 지위가 무엇인지(국가성) 여부와 그들을 어떻게 대할 것인지(국가승인)의 문제는 구분해서 보아야 한다고 생각한다.

그런데 권리구제가 본연의 목적인 사법부의 판단은 과거에 발생한 사건을 사후적으로 판단하는 데 중점을 두는 반면, 현실 정치는 미래지향적인 측면에서 남북관계의 법과 제도를 형성하고 이를 통해 현실의 변화를 추구한다. 따라서 사법부의 판단과 다르거나 앞설 수 있다. 이런 구조적인 문제에도 불구하고 정치의 영역 또는 행정의 영역에서 독자적인 판단을 하지 않은 채 사법부의 판단을 주요근거로 전제하고 법제도를 형성하는 것은 논리적으로 잘못이다. 변화된 현실을 바탕으로 미래지향적인 법제도를 구축할 때는 기존의 판례에 얽매일 이유가 없다. 판례변화과정을 살펴보면 현실의 변화에 따라 판례도 변해 왔다.

대법원은 2010.7.23. 선고한 사건에서[45] "북한은 조국의 평화적 통일을 위한 **대화와 협력의 동반자이기도 하지만 다른 한편 남·북한 관계의 변화에도 불구하고** 여전히 적화통일노선을 고수하면서 우리의 자유민주주의 체제를 전복하고자 획책하는 반국가단체로서의 성격도 아울러 가지고 있고, 그 때문에 반국가단체 등을 규율하는 국가보안법의 규범력도 계속 유효하다는 것이 대법원의 확립된 견해이다"라고 판단하여 북한의 이중적 지위에 대한 기존 입장을 유지했다. 다만 이 판결에는 국가보안법의 해석에 대해 반대의견이 있다.

한편 현실에서 발생하는 문제는 이중적 지위론만으로 해결하기 어려운 것도 있다. 헌법재판소 사건[46]에서, "우리 헌법이 "대한민국의 영토는 한반도와 그 부속도서로 한다"라는 영토조항(제3조)을 두고 있는 이상 대한민국의 헌법은 북한지역을 포함한 한반도 전체에 그 효력이 미치고 따라서 북한지역은 당연히 대한민국의 영토가 되므로, 북한을 법소정의 "외국"으로, 북한의 주민 또는 법인 등을 "비거주자"로 바로 인정하기는 어렵지만, **개별 법률의 적용 내지 준용에 있어서는 남북한의 특수관계적 성격을 고려하여 북한지역을 외국에 준하는 지역으로, 북한주민 등을 외국인에 준하는 지위에 있는 자로 규정할 수 있다**고 할 것이다(대법원 2004. 11. 12. 선고 2004도4044 판결 참조)."라고 판단함으로써 특정사건에서는 북한을 외국에 준하는 지역으로 인정하였다. 이 결정문의 구조를 보면, 북한이 대한민국의 영토라는 것은 당연하다고 전제한 후, 그렇게 전제한 논리로는 해결하기 어려운 문제가 생기는 영역에서는 외국에 준하는 지역으로 규정한다고 선언했다. 논리적으로 일관되지 않는 판단을 할 수밖에 없는 고민이 엿보인다. 이런 고민을 뒤집어 보면 문제가 생긴 이유는 남북한 관계에 대하여 정치적인 선언을 먼저 하고 그 틀 내에서 법률해석을 하였기 때문이다.

위 결정문을 조금 더 살펴보면, "남한과 북한의 주민 사이의 투자 기타 경제에 관한 협력사업 및 이에 수반되는 거래에 대하여는 우선적으로 남북교류법과 동법시행령 및 위 외국환관리지침이 적용되며, 관련 범위 내에서 외국환거래법이 준용된다. 그 결과 남한과 북한주민 사이의 외국환 거래에 대하여는 대한민국 안에 주소를 둔 개인 또는 법인인지 여부가 문제 되는 것이 아니라, 남북교류법상 "남한과 북한" 주민인지 여부가 문제 되는 것이다. 그러므로 아태위원회가 '거주자'나 '비거주자'에 해당하는지 또는 남북교류법상 '북한의 주민'에 해당하는지는 법률해석의 문제에 불과한 것이고, 헌법 제3조의 영토조항과는 관련이 없는 것이다."라고 했다. 필자가 헌법재판소의 긴 설명을 요약했는데, 남북한 주민의 외국환거래에서는 남한의 외국환거래법이 준용된다는 결론을 도출하고 있지만 논리전개는 명쾌하지 않다.

남북한 특수관계론은 사건유형별로 그때그때의 상황에 따라 북한주민을 국민 또는 외국인이라는 이분법적 틀로 나누고 있다. 남북교류협력에 관해서는 북한주민은 사실상 외국인으로 취급되고 국가보안법이 적용될 때에는 대한민국 국민으로 처벌된다. 북한이탈주민도 입국 전에는 무국적자이고 대한민국 영역 안으로 들어와 보호를 받겠다는 의사를 표시한 경우에만 국민으로 보호할 수 있다.[47)]

한편 북한은 1992년 헌법 제9조에서 종전의 규정을 일부 수정하였으나 사회주의혁명을 통한 통일이라는 기본원칙을 그대로 유지하고 있어 실질적인 내용에는 변화가 없다. 또한 1998년 헌법에서 서문을 두면서 통일에 대한 내용을 추가하였으나 그 기본원칙은 사회주의혁명을 바탕으로 하는 통일이다. 그 이후의 개정에서도 큰 변화는 없는바, 북한이 한반도에서 유일한 정통성을 가진 합법정부라는 입장을 유지하면서 통일은 미수복지구인 남조선을 미제국주의로부터 해방하는 것이라고 인식한다.[48)]

(4) 장래 판례는 어떤 방향으로 변화해야 할까?

앞서 본 바와 같이 북한의 법적 지위 및 이를 바탕으로 한 남북한 특수관계론은 시대상황의 변화에 따라 만들어지고 변해 왔다. 현재의 이론은 1990년대 초반에 형성되었다. 그런데 그 이후 지금까지 30년 동안 5차례의 남북정상회담과 160여 건의 남북합의서 체결 등 남북관계는 상당한 변화가 있었다. 그렇다면 현시점에서는 남북한 특수관계론을 재검토할 필요가 있다. 특히 장래의 법제도를 형성함에 있어서는 더욱 그렇다. 앞서 언급한 것처럼 판례는 기왕에 발생한 사건에 대한 법적 평가라는 특성으로 인해 시대상황을 뒤늦게 반영하는 특성이 있고 그 성향상 기존질서를 유지하려는 보수적인 특성이 있다. 따라서 남북관계의 장래에 대한 법제도를 구축함에 있어 기존 판례의 논리를 추종하거나 이를 유력한 근거로 제시하는 것은 조심해야 한다.

현시점의 남북한관계는 1990년대와 비교하여 질적 양적으로 크게 변화하였다. 이런 변화를 법제도에 반영하고 바람직한 미래를 구상하기 위해서는 기존의 남북한 특수관계론(나라와 나라 사이의 관계가 아닌)을 정상관계론(나라와 나라 사이의 관계)으로 변화시킬 필요가 있다. 기존의 남북한 특수관계는 일시적이고 임시적인 상황을 전제로 할 것인바, 분단 80년이 된 현재는 과거와 달리 현 상태의 남북한 관계를 나라와 나라 사이인 정상관계로 보고 법제도를 형성해 나가야 한다. 또한 북한의 법적 지위와 관련하여 생각해 보면, 한 나라의 법적 지위는 객관적 상황에 따라 정해지는 것이지 다른 나라의 그 나라에 대한 인식(남한이 북한을 어떻게 보는지 여부에 따라 혹은 그 반대상황에 따라)에 좌우된다고 보기는 어렵다. 북한 지역에서 정부가 수립된 1948년 이후 77년 이상 지났고, 북한이 전 세계 160여 개 국과 외교관계를 맺고 있으며 유엔에도 가입하였다는 객관적 사실이 중요하다. 실체를 가지고 있는 나라인 북한을 국가가 아니라고 하기는 어렵다. 이 문제와 관련한 남한 판례는 앞서 본 바와 같이, 북한을 반국가단체로 보는 입장에서 출발하여 반국가단체와 교류협력의 상대방이라는 이중적 지위를 가진 집단으로 입장을 바꾸었는데, 이것은 정치상황의 변화에 따라 남한 사회내의 인식이 그렇게 변했기 때문이다. 그런 인식 변화는 남한이 북한을 국가로 승인할지 여부를 판단하는 결정요인이 될 수는 있겠지만 북한이 국가로서의 실체를 가지고 있는지를 판단하는 직접 자료는 아니다. 또한 앞서 언급한 대로 판례는 과거의 사건에 대한 법률을 적용하는 과정에서 형성되는 것이기 때문에 과거지향적일 수밖에 없는 한계와 이미 형성된 사실관계와 판결 당시의 국민 여론을 반영하는 보수성을 띨 수밖에 없는 한계가 있다. 그런데 남북관계 정책은 미래지향적으로 진행되어야 하므로 과거의 판례가 미래를 형성하는 데 제약이 되어서는 안 된다.

필자는 현시점 이후 북한의 법적 지위가 문제 되는 사건이 있다면, 지난 30년간의 남북관계 변화상황, 장래 추구해야 할 통일방향을 종합적으로 고려하여야 하며 북한이 남한과는 별개의 국가라는 현실을 인정하는 모습을 보여야 한다고 생각한다. 판례의 특성상 급격한 변화가 조심스럽다면 적어도 변화된 현실을 고민하는 모습은 보여야 한다. 이러한 문제의식 없이 기존의 판례를 그냥 따르는 것은 현실에 눈감고 변화 시도를 방해하는 잘못을 범하는 것이다. 연구자들의 입장에서도 남북관계의 제도를 구축함에 있어 판례를 주장의 근거로 삼는 것은 재고해야 한다. 과거 특정 시점에서 특정사건을 해결하기 위해 전개된 판례의 논리가 변화된 현실에도 그대로 적용되어야 하는지는 비판적인 검토가 필요하다. 현재의 헌법교과서들은 헌법상의 영토조항과 판례의 입장을 정리한 후 바로 북한의 국가성을 부정하는 결론에 이르는데, 이런 식의 결론도출에 대한 비판적 재검토가 필요하다.

4. 특수관계론의 변화가능성

(1) 현실의 변화

중국과 북한의 접경지역인 단동의 일상을 연구한 문화인류학자 강주원의 보고[49]를 보면, 남북한 특수관계론을 전제로 한 현행 남북교류협력법의 한계가 보인다.

> "그는 2006~07년, 대북사업을 하는 한국인 회사의 자칭 '술상무'로, 여행사 가이드로, 한글학교 선생으로 일하며 연구를 진행했다. 우리말을 쓰는 네 종류의 인류인 북한, 한국, 조선족, 북한 화교의 삶 곁으로

뛰어든 것이다. 2000년 이후 단둥의 북한 사람과 북한 화교는 2,000여 명, 조선족은 8,000여 명, 한국인은 2,000명 전후로 추산됐다. 2010년을 기점으로 북한 사람이 중국 공장에 대거 취업하면서 인구가 증가했다. 중국 공장 취업 인원은 2만 명으로 추산된다. 네 인류가 공존하는 삶은 거리에서, 풍경으로 드러나지 않는다. 그는 매일 북한 사람들이 드나드는 세관, 기차역, 조선족 거리를 걸었다. 개성공단 이전부터 남북교역은 단둥에서 이뤄져 왔다. 단둥엔 북한의 전 계층이 나온다. 파출부, 노동자, 음식점 복무원, 주재원까지. 도강증이라고, 통행증으로도 나올 수 있다."[50]

강주원이 생활한 단둥에선 남북한 주민이 수시로 만나는데, 그런 상황에선 남북교류협력법이 정한 북한주민접촉에 대해 사전에 승인을 받거나 사후에 신고하는 것이 불가능하다. 1990년대에는 남북한주민의 접촉이 예외적인 상황이었고, 당시 법률은 휴전선을 넘는 접촉을 상정했기 때문에 남북교류협력법으로 남북교류를 규율할 수 있었지만,[51] 접촉 장소가 단둥으로 이동하면 남북교류협력법의 한계가 드러난다. 현실이 이렇게 변하고 있는데도 이를 무시하고 장래에도 남북한 주민의 일상적 접촉에 대해 모두 승인을 받으라는 현재의 제도를 유지하기는 어렵다. 이제는 기존의 교류협력제도를 근본적으로 바꾸어야 한다. '원칙적 금지와 예외적 허용'이라는 현재의 제도는 '원칙적 허용과 예외적 금지'로 바뀌어야 한다. 이러한 구조변화에 대해, 국가안보에 대한 우려가 있을 수 있다. 국가안보의 문제는 지난 30년간 발달한 정보통신의 신기술을 활용하여 정보기관이 주도적으로 해결해 나갈 수 있을 것이다. 막연한 우려가 법제도의 변화에 영향을 미쳐서는 안 된다.

현재는 국제사회의 대북제재로 인해 남북경협은 물론이고 인도적 지원마저도 쉽지 않은 상황이다. 문재인 정부가 추진한 한반도 신경제구상의 주요 내용은 3대 경협벨트 구축, 남북 인프라 연결, 하나의 시장을 위한 경협 제도화, 평화경제이다. 이 중 이 주제와 관련하여 의미 있는 것은 경협제도화이다. 하나의 시장형성을 위해서는 기존의 4대 경협합의서의 재정비와 함께 분야별로 남북합의서를 체결해 나가야 한다. 또한 남북한 사이의 인적 물적 교류를 확대하여 다양한 분야의 기술적 제도적 협력을 추진할 필요가 있고, 이를 위해서는 남북기본협정의 부속협정으로 남북경제협력협정을 체결하는 것도 고려할 수 있다.[52] 이런 미래를 상정할 때 현재의 남북한 특수관계론 체제는 변화가 불가피하다.

과거 남북관계가 적대관계에서 상호인정관계로 변한 것은 정치상황의 변화에서 영향을 받았다. 국내적으로는 7.7 선언, 국제적으로는 1990년 9월 남한과 소련의 수교[53]에서 시작되었다. 1988년 7월 '민족자존과 통일번영을 위한 특별선언(7.7 선언)' 발표와 동년 10월 '대북 물자교류에 관한 기본지침' 발표를 계기로 남한은 남북교류협력을 시작하였다. 교역액 "0원"에서 시작된 완전히 새로운 출발이었다. 이어서 1991년 9월 17일 유엔 동시 가입으로 남북은 국제적으로 두 개의 독립된 주권국가임을 인정받았다. 양자 차원에서는 1991년 12월 13일 남북기본합의서를 체결하여 통일을 지향하는 특수관계임을 선언했다. 또한 1991년 12월 31일 '한반도 비핵화 공동선언'을 함으로써 비핵 평화 한반도를 함께 선언하였다. 1991년 가을과 겨울 사이에 이루어진 일은 '먼저 온 미래'[54]였다.[55]

이런 현실변화를 정리해 보면, 남북사이에 교류와 협력이 없었던 시기(1단계)에서 제한된 방법으로 교류협력을 하던 시기(2단계)로 변화하였다면, 장래에는 전면적 교류협력을 추구하는 시기(3단계)로 변화해 나가야 한다. 이렇게 3단계의 변화를 전제로 할 때 법과 제도도 그 단계별로 달라질 수밖에 없다.

(2) 남북한법제의 변화과정

남북한 사이의 법제도 형성은 두 방향으로 추진될 수 있다. 하나는 남북한이 합의서를 체결함으로써 남북교류와 경제협력의 원칙을 세우는 것이고, 다른 하나는 남북합의서가 남북 각각에서 법적인 효력을 갖도록 연결하는 조치이다.[56] 남북한은 1972년 7.4 남북공동성명과 1991년 남북기본합의서 체결 이후 교류협력에 대한 여러 합의서를 체결하였다. 또한 남북이 합의한 사항을 이행하기 위한 연결법제로 남한은 1990년 '남북교류협력에 관한 법률', 2005년 12월 '남북관계 발전에 관한 법률'을, 북한은 2005년 7월 '북남경제협력법'을 제정하였다.

남북관계 특수론에 의하면, 남북은 민족적 이익을 극대화하기 위하여 남북경제관계를 민족내부 거래로 규정하여 남북교역을 무관세로 거래하고 서로에게 우대적 지위를 보장한다.[57] 이것은 남북기본합의서에서 남북이 합의한 것이다. 문제는 이것이 국제규범에 위배될 수 있다는 점이다. 남북한은 독자적인 관세주권지역을 운용하고 있기에 WTO에 따라 남북교역을 대외무역과 동일하게 대우해야 하며 남북 상호투자도 외국인투자와 동일하게 대우해야[58] 하는 문제가 있다. 즉 남북한 특수관계론을 끝까지 밀고 나가기도 어려운 것이 현실이다. 한편 2007년 10.4 선언에서는 '공동번영과 상호 호혜적인 협력관계'를 합의하였는데, 이는 상품교역과 노동, 자본 투자, 서비스로 확장한 경협분야는 국제협정에 준하는 형식으로 남북합의서를 체결하는 한편 남북경협도 남북의 모든 경제협력 분야를 포괄할 수 있도록 확대해야 한다는 견해[59]가 있다. 10.4 선언의 합의를 법과 제도로 뒷받침하기 위해서는 남북한 특수관계론을 넘어서는 남북한 정상관계론을 받아들일 필요가 있다.

(3) 특수관계론에서 정상관계론으로

남북한 관계를 보는 시각은 시기에 따라서 분단 직후의 적대관계, 1972년 이후의 '적대적 의존관계'[60]를 거쳐 1990년대 이후에는 특수관계론이 다수 의견이다. 앞서 보았듯이 남북한 특수관계론은 정치상황의 변화에 따라 고안된 이론이다.[61] 남북한 특수관계론은 남북한 교류가 전무하던 시절에서 제한된 범위 내에서 교류협력이 허용되던 시기로 변화된 남북관계를 설명하기 위한 것이었다.[62] 그런데 지금은 1990년으로부터 다시 30년 이상 경과하였을 뿐만 아니라 남북한 특수관계론의 문제가 드러나고 있으므로, 이제는 전면적인 남북교류의 시대를 대비하기 위해 특수관계론의 한계를 극복해야 한다. 그 출발은 현행 헌법의 재해석에서 시작할 수 있다.[63] 헌법 전문에서, "유구한 역사와 전통에 빛나는 우리 대한국민은 3·1운동으로 건립된 대한민국임시정부의 법통과 불의에 항거한 4·19민주이념을 계승하고, 조국의 민주개혁과 평화적 통일의 사명에 입각하여... 우리들과 우리들의 자손의 안전과 자유와 행복을 영원히 확보할 것을 다짐하면서..."라 규정하였는데, 평화적 통일의 사명을 이루기 위해서 현재의 남북한 관계를 정상국가간의 관계로 보고 통일정책을 펴나가는 견해를 취할 수도 있다. 또한 "제3조 대한민국의 영토는 한반도와 그 부속도서로 한다.", "제4조 대한민국은 통일을 지향하며, 자유민주적 기본질서에 입각한 평화적 통일 정책을 수립하고 이를 추진한다."라는 조항을, 장차 통일된 한국의 영토는 한반도와 그 부속도서라는 것으로 그리고 남한은 북한의 실체를 인정하고 통일을 위하여 평화적 통일정책을 수립하고 추진한다는 의미로 해석할 수 있다. 이런 해석을 할 경우에는 남북한관계를 정상국가관계로 보면서 통일정책을 추진할 수 있을 것이다.

필자의 주장[64]처럼 남북한이 별개의 국가라고 인정한다면 두 국가

간의 관계를 정상국가관계로 수립하는 것은 법리적으로는 문제될 것이 없고, 남한 법률의 제정과 해석에서 북한이 별개 국가라는 현실을 어떻게 인정할 것인지 여부에 대한 정치적 결단만 남는다. 그런데 판문점 선언 등 남북정상회담 합의서에 의하면, 남북은 서로를 별개의 국가로 인정한 것으로 볼 여지가 있다. 판문점 선언에서 남북정상이 각자의 국호를 밝히고 서명한 합의서의 형식이나 그 내용을 보면 남북은 각자 상대방을 국가로 승인한 것은 아니라 하더라도 사실상 인정한 것이라 할 수 있다. 판문점선언의 앞 부분은 “대한민국 문재인 대통령과 조선민주주의인민공화국 김정은 국무위원장은 평화와 번영, 통일을 염원하는 온 겨레의 한결같은 지향을 담아 한반도에서 역사적인 전환이 일어나고 있는 뜻깊은 시기에 2018년 4월 27일 판문점 평화의 집에서 남북정상회담을 진행하였다.”라고 하였고, 마지막 부분은 “2018년 4월 27일 판 문 점 대한민국 대통령 문재인, 조선민주주의인민공화국 국무위원회 위원장 김정은”이라 하였다.

필자는 이 문제는 엄밀하게 논증되어야 하는 법이론의 문제가 아니라는 점을 주목하고자 한다. 1990년대에 북한에 대한 적대적 관계를 특수관계로 바꾼 것은 정치적 상황변화에 따른 논리의 변경일 뿐이었다. 그렇다면 이미 도래한 상황변화 또는 장차 도래할 새로운 정치환경에서 그에 맞는 정치적 결단으로 남북한은 정상관계라 선언할 수 있다. 현 상황에서 남북한관계의 가장 바람직한 미래상은 더 이상 통일이 아니라 상호 국가적 독자성을 지닌 상태에서의 항구적 평화체제 구축이라는 인식이 중요하다는 주장[65]이 있다. 필자는 남북한 상호 국가적 독자성을 인정하자는 점에 찬동한다.

이때의 정상관계가 어떤 모습이 되어야 할지 및 그에 따른 법률 변화는 또 어떠해야 하는지는 공론의 장에서 논의하고 국가정책으로 채택하는 과정을 거쳐야 한다. 그 과정에서 시민의 동의를 받아야 정상관계론이 생명을 가질 수 있을 것이다. 필자가 생각하는 정상관계론은 남북한이 두 개의 나라라는 점, 그렇지만 두 나라는 역사와 문화의 공통성을 바탕으로 통일을 지향한다는 점, 통일의 방법과 절차는 기존의 남북합의에 따르고 장래 도래할 통일 완성 때까지는 두 나라의 관계가 제3국에 비하여 특수성이 있을 수 있다는 점, 남북한 두 나라의 특수성은 두 나라의 법률에서 적극적으로 고려되어야 하고 그 결과가 법제도에 반영되어야 한다는 점, 이 모든 과정에서 기본적으로 두 나라는 별개의 독립국가라는 점을 선언하고 존중하는 것이다. 기존의 특수관계론과 무엇이 다르냐고 되물을 수 있지만 기본구조가 다르다. 즉 법률에서 1국가 2체제를 2국가 2체제로 바꾸는 것이다.

5. 결론

이 글은 남북한 특수관계론의 형성과정과 의미를 살펴보고, 현시점에서 특수관계론을 정상관계론으로 변화시키는 것이 가능한지를 점검해 보려는 의도에서 작성하였다. 앞서 살펴본 바와 같이 특수관계론은 남북한 사이의 정치상황 변화에 판례가 적응하는 과정에서 형성된 것으로 1990년대 초반에 정립된 이론이다. 그런데 그로부터 약 30년이 지난 현시점에서는 특수관계론으로 해결하기 어려운 문제가 생기고 있어 기존 이론을 재검토해야 할 필요가 있다. 또한 남북관계의 미래를 위하여 그리고 통일을 위하여도 이제는 남북한 특수관계론을 남북한 정상관계론으로 변화시켜야 한다. 남북한 정상관계론은 남북한이 별개의 국가라는 점에서 출발하겠지만 남한의 개별 법제도에서 이를 어떻게 반영하고 운영할 것인지는 구체적인 법률과 사안별로 논의해야 한다. 1990년대에 형성된 특수관계론이 30년 동안 기능한 공적은 객관적으로 평가하되, 이론 정립 후 30년 이상 지난 현시점에서는 그 이론의 변화가능성을 모색해야 한다. 필자는 공론의 장에서 이 문제가 논의되기를 희망한다. 법과 이론도 특정사회의 구성원들을 위한 것일진대, 남북한 주민의 현재 생활과 장래를 위해서는 기존의 이론에 구애되지 말고 어떤 법이론이 더 적절한가를 같이 고민해 보자고 제안한다.

Ⅱ

남북한의 법제변화 과정[1)]

요약

2023년 연말과 2024년 초에 북한은 남북한이 두 국가라는 주장을 하였다. 김정은은 "현재 조선반도에 가장 적대적인 두 국가가 병존", "북남관계는 더 이상 동족관계가 아니다", "대한민국과는 그 언제 가도 통일이 성사될 수 없다"라고 주장했다. 여기서는 북한의 주장으로 비롯한 최근의 문제를 법제적 측면에서 검토하고 장래 우리가 가야할 방향을 살펴보았다. 시간 순서대로 과거와 현재를 살펴본 후 미래에 대한 필자의 견해를 밝혔다. 검토 대상은 남북한의 헌법과 법률 그리고 주요 합의서와 판례를 기본으로 했다.

남북한 법제를 검토한 결과 시기별로 상대방에 대한 인식이 달랐고, 현실과 규범을 일치시키려는 방향으로 법제도가 변화했다. 5차례의 정상회담과 260번의 남북합의에도 불구하고 상대방을 국가로 인정하는 단계로 나아가지는 못했다. 이제는 북한이라는 상대를 현실 그대로 인식하고 통일을 지향하는 방향으로 관계를 맺어야 한다. 국가로서 실체가 있는 북한을 국가로 인정하고 독립된 두 나라가 통일을 지향한다고 선언할 수 있다. 둘 사이의 관계는 제3국과 다른 특수한 점이 있다고 합의하는 방안이 가능하다. 향후 남한의 법률에도 북한이 국가임을 전제로 북한문제를 포함해야 한다. 환경, 재난, SDGs 등 남북 공통 관심사항부터 시작할 수 있다. 정책적으로 통일 목표를 구체화할 필요가 있다. 통일이 국가목표라는 것을 명확히 선언하고 법제도로 구체화해야 한다. "분단 100년이 되는 2045년을 통일 원년으로 만들자"라고 선언할 수 있다. 통일된 한국은 어떤 나라가 되어야 하는가에 대한 미래지향적 논의도 해야 한다. 사회연대, 공화주의, 제3세대 인권, 난민, 기후변화를 포함하여 논의하고 청년세대의 참여를 유도해야 한다.

1. 들어가며

2023년 연말과 2024년 초에 북한은 남북한이 두 국가라는 주장을 하였다. 2023년 12월 31일 발표된 '조선로동당 중앙위원회 제8기 제9차 전원회의 확대회의에 관한 보도', 2024년 1월 2일에 나온 '김여정 조선로동당 중앙위원회 부부장 담화', 2024년 1월 15일 김정은의 최고인민회의 시정연설 등에서 언급된 주장의 요지는 아래와 같다.

"현재 조선반도에 가장 적대적인 두 국가가 병존", "전쟁이라는 말은 이미 우리에게 추상적인 개념으로가 아니라 현실적인 실체", "만일의 경우 발생할 수 있는 핵위기 사태에 신속히 대응하고 유사시 핵무력을 포함한 모든 물리적 수단과 력량을 동원하여 남조선 전 령토를 평정하기 위한 대사변 준비", "북남관계는 더 이상 동족관계, 동질관계가 아니다", "대한민국 것들과는 그 언제 가도 통일이 성사될 수 없다", (남쪽은 북녘을) "'주적'으로 선포하고 외세와 야합하여 정권붕괴와 흡수통일의 기회만을 노리는 족속들"이고, (남쪽 정권이 10여 차례 바뀌어도) "'자유민주주의체제하의 통일' 기조는 추호도 변함없이 그대로 이어져" 왔으며, 남쪽 헌법에 '대한민국의 령토는 조선반도와 그 부속도서로 한다'고 버젓이 명기되여" 있다고 하면서, 남쪽을 "화해와 통일의 상대로 여기는 것은 더 이상 우리가 범하지 말아야 할 착오"라고 하였다. 전쟁 관련 주장에는 "미국과 남조선 것들이 만약 끝끝내 우리와의 군사적 대결을 기도하려든다면"이라는 조건을 붙였다.

이러한 북한보도에 대한 남한 연구자들의 평가를 살펴본다. 북한은 체제경쟁이 실패했다고 평가하고 남북교류보다는 남한을 '멀리 하는 것'이 체제유지에 도움이 된다고 판단한 듯하고, 흡수통일을 사전에 차단하려는 의도라고 평가하는 견해가 다수이고, 북한의 두 국가론은 기존의 조치(우리 국가제일주의, 당-국가체제의 정상화)들을 공식화하는 것으로 남북한 관계 변화는 불가피하다는 의견도 있다. 또한 북한내부문제가 심각하다는 평가와 함께 선대가 채택한 통일정책은 북한 정권의 존재이유였는데, 이를 일방적으로 폐기하는 것은 북한 내부를 설득해야 하는 부담이 있다.[2] 김정은의 두 국가 주장은 아직 완성된 것이 아니라 미생(未生)인 상태라는 주장[3]과 김정은의 두 국가론은 영구적, 원칙적 방안이라기 보다는 국면적, 거래적 방안일 가능성이 크기 때문에 남한의 통일정책은 일관성을 유지하면서 북한이 남북협력으로 돌아올 다리를 만들어 두어야 한다는 제안[4]이 있다.

여기서는 북한의 주장으로 비롯한 최근의 문제를 법제적 측면에서 검토하고 장래 우리가 가야할 방향을 살펴보려 한다. 시간 순서대로 과거와 현재를 살펴본 후 미래에 대한 필자의 견해를 밝히고자 한다. 검토 대상은 남북한의 헌법과 법률 그리고 주요 합의서와 판례를 기본으로 한다.

2. 시대별 남북한 법제 변화

(1) 남북관계의 과거(헌법제정 시기부터 현행 헌법 개정 전까지: 1948~1987)

현실보다 명분이 우선이었고, 쌍방이 자기 주장을 하는 정치 논리 우선 시기였다.

1) 남한의 헌법 등 법제도

1948년 7월 17일 제정된 제헌헌법의 전문과 헌법 조문에는 남북 분단을 전제로 한 규정이 없다. 헌법 전문이다.

> 유구한 역사와 전통에 빛나는 우리들 대한국민은 기미 삼일운동으로 대한민국을 건립하여 세계에 선포한 위대한 독립정신을 계승하여 이제 민주독립국가를 재건함에 있어서 정의인도와 동포애로써 민족의 단결을 공고히 하며 모든 사회적 폐습을 타파하고 민주주의제제도를 수립하여 정치, 경제, 사회, 문화의 모든 영역에 있어서 각인의 기회를 균등히 하고 능력을 최고도로 발휘케 하며 각인의 책임과 의무를 완수케하여 안으로는 국민생활의 균등한 향상을 기하고 밖으로는 항구적인 국제평화의 유지에 노력하여 우리들과 우리들의 자손의 안전과 자유와 행복을 영원히 확보할 것을 결의하고 우리들의 정당 또 자유로히 선거된 대표로써 구성된 국회에서 단기 4281년 7월 12일 이 헌법을 제정한다.

헌법 제4조는 "대한민국의 영토는 한반도와 그 부속도서로 한다."라고 규정하였으나, 그 규정만으로 북한지역에도 남한 헌법이 적용된다고 보기는 어렵다. 당시 제헌국회의원 선거에 북한주민은 참여하지 않았고, 북한지역을 대표하는 국회의원은 선출하지 않았다. 의원총수 300

명 중 북한지역에 배당된 100석은 제외하고 198명으로 국회를 구성하였다(제주 지역 2석은 선출하지 못함). 영토조항에 대한 제헌헌법 제정 당시의 논의를 보면, 김교헌 의원은 "이미 국가가 있어 고유한 영토가 있는 마당에 굳이 새삼스럽게 영토조항을 넣을 필요가 있는가, 우리는 나라로서 여기에 쓰인 이것(한반도와 부속도서)밖에 못 가진다는 제한적 정신으로 표시됐는지 모르겠다."라고 말했다. 유진오 전문위원은 "영토에 관한 조항은 안 넣을 수도 있겠습니다. ...우리는 연방국가가 아니고 단일국가니까 안 넣을 수도 있습니다. 그러나 이 헌법에 적용된 범위가 38선 이남뿐만 아니라 우리 조선 고유의 영토 전체를 영토로 삼아가지고 성립되는 국가의 형태를 표시한 것입니다."라고 했다.[5)]

또한 대한민국이 코리아의 유일합법정부라는 주장은 1948년 12월 12일 유엔총회 결의 제195호 해석에 근거한다. 그 핵심내용은 "임시위원회가 감시와 협의를 할 수 있었고, 전체 코리아의 절대 다수가 거주하고 있는 코리아의 그 지역에 대해 실효적 지배와 관할권을 가진 합법적 정부가 수립되었다. 이 정부는 임시위원회가 참관한, 코리아의 그 지역의 유권자가 자유의지를 유효하게 표시한 선거에 기반하고 있다. 그리고 이것은 코리아에서 유일한 그러한 정부이다."[6)] 유엔결의 내용은 실효적 지배와 관할권을 가진 지역이 남한 정부의 관할임을 명확히 하고 있다. 위 결의에 대해서는 당시에도 남한 정부의 권한이 북한 지역에는 미치지 않는다는 견해가 있었다. 당시 미국의 유엔대표 덜레스는 한국정부가 합법정부이고 선거에 기반한 유일한 정부이지만, 남한 정부의 권한이 북한 지역까지 미치지는 않고 남한의 현 정부가 실제로 전체 코리아의 정부라고 주장하는 것은 아니며, 한반도의 일정지역에 또 다른 정권이 존재하는 사실을 부인하지 않는다고 제195호 결의를 설명했다.[7)]

남한 헌법에서 분단의 현실을 인정한 것은 1972년 12월 27일 개정한 유신헌법부터다. 전문에서 “유구한 역사와 전통에 빛나는 우리 대한국민은 3·1운동의 숭고한 독립정신과 4·19의거 및 5·16혁명의 이념을 계승하고 조국의 평화적 통일의 역사적 사명에 입각하여 자유민주적 기본질서를 더욱 공고히 하는 새로운 민주공화국을 건설함에 있어서...”라고 조국통일을 언급하였는데, 1972년 7월 4일의 7.4 남북공동성명 영향을 받았고, 이때부터 법제적으로 북한의 존재를 인정하기 시작하였다. 박정희 대통령은 1973년 6월 23일 ‘평화통일외교정책에 관한 특별성명’을 통해 북한이 UN을 포함한 국제기구에 한국과 함께 참여함에 반대하지 않는다고 발표했다. 이때 한국 정부의 입장 변화는 헌법의 영토조항에도 불구하고 대외적으로는 대한민국 정부가 한반도 전체를 대표한다는 주장을 포기한 의미라는 해석이 있다.[8)]

이 시기 법률로는 1948년 12월 1일 법률 제10호로 제정된 국가보안법이 대표적이다. 동법 제1조는 “국헌을 위배하여 정부를 참칭하거나 그에 부수하여 국가를 변란할 목적으로 결사 또는 집단을 구성한 자는... 처벌한다.”라고 규정함으로써 북한을 반국가단체로 규정하였다. 동법의 적용에 있어 정치적으로 남용된 사례가 다수 있었다.

2) 북한 헌법 등 법제도

1948년 9월 8일 최고인민회의 제1기 제1차 회의에서 채택된 북한 헌법은 전문과 영토조항이 없고, 분단을 상정한 조항도 없다. 제103조에서 “조선민주주의인민공화국의 수부는 서울시다.”라고 규정하였다. 1972년 12월 27일 채택한 사회주의헌법에서는 제5조에서 “조선민주주의인민공화국은 북반부에서 사회주의의 완전한 승리를 이룩하며 전국적범위에서 외세를 물리치고 민주주의적기초 우에서 조국을 평화적으로 통일하며 완전한 민족적독립을 달성하기 위하여 투쟁한다.”라고 규정하고, 제149조에서 “조선민주주의인민공화국의 수도는 평양이다.”라고 하였다. 이때부터 분단을 인정하고 통일을 언급하기 시작하였는데, 전문과 영토조항은 여전히 없었고, 제3세계 국가들의 비동맹회의에서 김일성의 통일방안을 주장하였다. 1975년 페루 리마회의에서 북한은 가입국으로 승인받았고, 남한은 가입하지 못했다. 이에 대하여 로동신문 사설은 한반도 통일과 사회주의에 유리한 국제정세가 조성됐다고 평가했다.[9)]

3) 남북합의서

1972년 7월 4일 '7 · 4 남북공동성명'이 발표되었는데, 그 전문에는 "...쌍방은 조국의 평화적 통일을 하루빨리 가져와야 한다는 공통된 염원을 안고 허심탄회하게 의견을 교환하였으며 서로의 이해를 증진시키는데서 큰 성과를 거두었다. 이 과정에서 쌍방은 오랫동안 서로 만나보지 못한 결과로 생긴 남북 사이의 오해와 불신을 풀고 긴장의 고조를 완화시키며 나아가서 조국통일을 촉진시키기 위하여 다음과 같은 문제들에 완전한 견해의 일치를 보았다."라고 한 후 제1항에서 조국통일 원칙에 합의하였다. 통일은 외세에 의존하거나 외세의 간섭을 받음이 없이 자주적으로 해결하여야 한다. 통일은 서로 상대방을 반대하는 무력행사에 의거하지 않고 평화적 방법으로 실현하여야 한다. 사상과 이념 제도의 차이를 초월하여 우선 하나의 민족으로서 민족적 대단결을 도모하여야 한다. 또한 위 성명에는 상호비방 중지, 무장도발 중지, 교류시작, 직통전화 설치 등을 규정하였다. 이 성명에서 가장 관심을 가질 부분은 성명서 마지막의 작성 주체다. "서로 상부의 뜻을 받들어 이후락, 김영주, 1972년 7월 4일"이라고 기재하였다. 이 시점에서는 남북한이 서로를 부르는 이름 없이 쌍방으로 표시하였다. 그러면서도 통일이 목표라는 점과 대치 상황을 벗어나기 위해 대화와 교류가 필요하다는 점 확인하였으나, 제도화로 이어지지 못한 한계가 있었다.

4) 남한 판례

이 시기 판례는 국가보안법위반 사건이 다수였고, 그 요지는 "...북한 괴뢰집단은 우리 헌법상 반국가적인 불법단체로서 국가로 볼 수 없음은 소론과 같으나, 간첩죄의 적용에 있어서는 이를 국가에 준하여 취급하여야 한다는 것이 당원의 판례이며..."(대법원 1983. 3. 22. 선고 82도 3036 판결)라 하였는데, 북한의 지위를 판단하는 기준은 객관적 근거에 따른 것이 아니라 정치적 고려에 따른 것이었고, 북한의 국가성을 부인한 결과 예외를 인정해야 하는 문제가 발생하였다.

5) 검토의견

1948년에 남북한은 각자 정부를 수립함으로써, 2개의 국가를 형성하였으나 서로 상대방을 인정하지 아니하였다. 이런 것은 분단국가의 일반적 현상이다. 즉, 남북한은 모두 자신만이 과거 국가를 계승하고 자신만이 전체 한반도를 합법적으로 대표한다고 주장하였다. 이 시기 남북한은 각자 내부 발전에 집중하면서 체제경쟁을 하였고, 남북회담도 각자의 체제강화에 이용하였다. 그 결과 남북관계에서 현실이나 합리성보다는 체제경쟁의 정치 논리를 우선하였다. 남한의 사법부도 정치현실에 맞추어 판례를 형성하였는데, 판례의 전제는 영토조항이고, 정치논리에 따라 선험적인 판단을 하였다. 그런데 국제법상 국가의 성립여부는 사실문제이고, 국가의 성립요건을 갖추면 국가로서 인정된다. 또한 국가성립을 공인하는 공식절차가 없기 때문에 다른 국가의 승인이 중요한 영향을 미친다. 이 시기는 현실보다 명분이 우선이었고, 쌍방이 자기 주장을 하는 정치 논리가 우선하였다.

(2) 남북관계의 현재(현행헌법 시행부터 북한의 두 국가 주장 전까지: 1988~2023)

현실과 명분의 조화를 시도하였고, 남북한은 다수의 합의를 하고 합의서 이행을 위한 실천과 함께 각자의 법제도에도 반영하였으나 남북교류가 안정적으로 지속되지는 못하였다.

1) 남한 헌법 등 법제도

1987년 10월 29일 전부개정되어 1988년 2월 25일 시행된 헌법은 전문에서 "유구한 역사와 전통에 빛나는 우리 대한국민은 3·1운동으로 건립된 대한민국임시정부의 법통과 불의에 항거한 4·19민주이념을 계승하고, 조국의 민주개혁과 평화적 통일의 사명에 입각하여 정의·인도와 동포애로써 민족의 단결을 공고히 하고..."라고 함으로써, 평화적 통일의 사명을 규정한 후 제4조에서 "대한민국은 통일을 지향하며, 자유민주적 기본질서에 입각한 평화적 통일정책을 수립하고 이를 추진한다."라고 규정하여 통일을 지향한다는 점을 명확히 하면서, 통일정책의 기본방향을 명확히 하였다. 그런데 1987년 헌법 개정 이후 36년간 남북관계 등 사회 전반이 급변하였다. 그 사이 남북한은 5차례의 정상회담과 260여 건의 남북합의 그리고 30여 년간의 남북교류 경험을 했다. 이러한 변화를 반영한 헌법개정이 필요하다.10)

남북관계 변화의 시작은 '7.7 선언'이었다. 1988년 7월 7일 노태우 대통령이 발표한 특별선언으로 변화가 시작되었다. 이 선언은 상호교류와 자유왕래, 물자교류, 남북 간 대결외교지양 및 국제무대협력 등 북방정책 추진의 시발점이 되었고, 이때 남북교류는 정부로 창구단일화하는 정책을 선택하였다. 그 이후 1991년 9월 17일 유엔총회에서 남북한의 유엔 가입을 승인하였다. 유엔헌장 제4조는 국가만이 유엔에 가입할 수 있도록 명시하고 있으므로 유엔 동시가입은 유엔에서는 2개의 국가로 인정된 것이다. 국제법학자 정인섭은 "1991년 남북한이 각기 UN 회원국으로 가입하게 됨으로써 대한민국 정부가 한반도 전체를 대표하는 유일 합법정부라는 주장은 완전히 설 땅을 잃어버리게 되었다."라고 평가한다.[11)]

한편 1990년 '남북교류협력에 관한 법률'이 제정되었다. 이 법은 "군사분계선 이남지역과 그 이북지역 간의 상호 교류와 협력을 촉진하기 위하여 필요한 사항을 규정함으로써 한반도의 평화와 통일에 이바지하는 것을 목적으로" 하며, 남북한의 특수성을 고려하여 출입장소, 교역, 반출 반입, 협력사업 등의 용어를 사용하였고, "남한과 북한 간의 상호 교류와 협력을 목적으로 하는 행위에 관하여는 이 법률의 목적 범위에서 다른 법률에 우선하여 이 법을 적용한다."라고 규정하여 국가보안법을 배제하였다. 이 법은 1990년 제정된 이래 지난 33년간 남북교류의 기본법역할을 수행하였으나 이제는 전면개정해야 할 상황이다. 법률에서 북한에 대한 규정이 명확하지 않고 잠정적이다. 일정한 선 이북지역을 북한이라 규정한 것은 법의 한계를 보여 준다. 기왕의 법적용 경험을 반영하여야 하고, 분야별로 성격이 다른 영역은 별도의 법률로 분리해야 한다. 또한 법 제정 당시 예상하지 못했던 중국 접경지역을 통한 교류, 정보통신의 발달로 인한 인터넷 접촉 문제, 남북교류를 정부가 승인하는 창구 단일화 시스템의 변경문제 등도 새로 규정해야 한다. 북한주민의 남한 진출 보장, 남한주민의 북한지역 장기체류 허용, 남북한 공동기구의 설립 및 제도화, 공동기구에서 인허가를 한 번에 해결하는 문제 등이 주된 논의대상이다.

2005년에 제정된 '남북관계 발전에 관한 법률'은 "대한민국헌법이 정한 평화적 통일을 구현하기 위하여 남한과 북한의 기본적인 관계와 남북관계의 발전에 관하여 필요한 사항을 규정함을 목적으로" 하며, 기본원칙으로 "남북관계의 발전은 자주·평화·민주의 원칙에 입각하여 남북공동번영과 한반도의 평화통일을 추구하는 방향으로 추진"하고, "남북관계의 발전은 국민적 합의를 바탕으로 투명과 신뢰의 원칙에 따라 추진되어야 하며, 남북관계는 정치적·파당적 목적을 위한 방편으로 이용되어서는 아니 된다."라고 하였다. 남한과 북한의 관계에 대해서는, "국가 간의 관계가 아닌 통일을 지향하는 과정에서 잠정적으로 형성되는 특수관계"라 하면서 "남한과 북한 간의 거래는 국가 간의 거래가 아닌 민족내부의 거래로 본다."라고 하였다. 또한 이 법은 한반도 평화증진, 남북경제공동체 구현, 민족동질성 회복, 인도적 문제 해결, 북한에 대한 지원, 국제사회에서의 협력증진의무를 규정하였다. 1987년 헌법 개정 이후 18년이 지나서야 통일의 기본원칙과 국가의 책무를 법으로 제정한 것이다. 이 법률에서 정부의 책무로 정한 사항은 유지되고 발전되어야 할 방향이다. 정부는 법률이 부여한 책무를 이행하기 위한 구체적인 방안을 찾고 제도화하는 노력을 해야 한다.

2007년에 제정된 '개성공업지구 지원에 관한 법률'은 "개성공업지구의 개발·운영의 지원 및 개성공업지구에 투자하거나 출입·체류하는 남한주민의 보호·지원에 관하여 필요한 사항을 규정함으로써 남북교류·협력을 증진하고 민족경제의 균형적인 발전에 기여함을 목적으로 한다." '개성공업지구'란 남한과 북한 사이의 합의에 따라서 북한의 개성지역 일대에서 개발·조성된 공업지구이고, '개성공업지구 관리기관'이란 개성공업지구의 관리·운영을 위하여 북한의 '개성공업지구법'에 따라 설립된 법인이다. 남북합의로 개설된 개성공단은 2013년 남북한 당국이 합의한 정상화합의서에도 불구하고 정치적인 이유로 2016년 전면 중단되었고, 남한 정부의 중단조치는 합헌이라고 헌법재판소가 2023년에 결정했다. 향후의 과제로는, 개성공단의 운영경험을 발전적으로 계승할 방안을 찾아야 한다.

2016년에 제정된 '북한인권법'은 "북한주민의 인권 보호 및 증진을 위하여 유엔 세계인권선언 등 국제인권규약에 규정된 자유권 및 생존권을 추구함으로써 북한주민의 인권 보호 및 증진에 기여함을 목적으로" 하며, 국가는 북한주민이 인간으로서의 존엄과 가치를 가지며 행복을 추구할 권리가 있음을 확인하고 북한주민의 인권 보호 및 증진을 위하여 노력하고, 북한인권증진 노력과 함께 남북관계의 발전과 한반도에서의 평화정착을 위해서도 노력할 의무를 부여하였다. 한편 이 법에서 '북한주민'이란 군사분계선 이북지역에 거주하며 이 지역에 직계가족·배우자·직장 등 생활의 근거를 두고 있는 사람을 말한다. 법제정에도 불구하고 재단을 설립하지 못하여 이 법의 운영은 표류하고 있는 상황이다. 향후의 과제로는, 여야 합의를 도출하기 위해 노력해야 한다. 인권문제와 관련하여 국회의 역할이 중요하다는 주장이 있다. 국회는 협의주의적 대화의 장을 열고 연결하는 네트워킹 역량을 확립할 수 있고, 이를 위해 공청회 청문회 등의 방식으로 정보취합과 지식 공유, 정부정책에 대한 심사와 감독, 시민단체들의 여론 수렴을 할 수 있다. 또한 국내정치적 차원에서 대화의 장을 초당적으로 구성하거나 헌법이나 법률의 제개정을 통해 기존의 남북관계를 규율하는 법규범체계를 미래의 한반도 단위에 대한 고려를 포괄하는 방식으로 수정하는 사회적 대화를 기획할 수 있다. 남북관계 차원에서도 기존의 합의서 정비와 병행하여 미래 한반도 공영을 지향하는 관점에서 대화채널을 제도화하고 국회의 의지를 천명하는 신호를 제시할 필요가 있다. 필자는 대통령과 정부 주도의 남북관계가 정체상태인 현시점에서 국회의 역할을 강조하는 위 주장에 찬성한다.[12] 한편 이 법상 북한주민의 정의는 명확하지 아니하다. 일정한 선 이북지역의 주민이란 불분명한 형식이 아니라 특정 국가의 국민이라는 표현이 더욱 명확할 것이다.

국가보안법은 형법에서 정한 범죄를 가중처벌하는 특별법 형태로 이 시기에도 유지되고 있으나, 국가인권위원회는 2005년 국가 기구로서는 처음으로 국가보안법의 전면 폐지를 정부와 국회에 권고하였다. 그 이유로 국가보안법은 사상·양심의 자유를 비롯한 민주사회의 기본권을 침해하여 '인간의 존엄성'을 해쳐 왔던 대표적인 법률이고, 몇 개의 조문을 개정하는 것으로 그 반인권 법률이라는 본질을 면할 길이 없다. 따라서 "그 법률의 자의적 적용으로 인한 인권 침해 역사, 법 규정 자체의 인권 침해 소지로 인해 끊임없는 논란을 일으켜 온 현행 국가보안법은 '전면 폐지'하는 것이 시대적 요구라고 판단된다."라고 하였다.

2) 북한 헌법 등 법제도

2019년 8월 29일 수정보충된 사회주의헌법 제9조는 "조선민주주의인민공화국은 북반부에서 인민정권을 강화하고 사상, 기술, 문화의 3대혁명을 힘있게 벌려 사회주의의 완전한 승리를 이룩하며 자주, 평화통일, 민족대단결의 원칙에서 조국통일을 실현하기 위하여 투쟁한다."라고 함으로써 헌법에서 조국통일을 국가목표로 정하고 있다.

2005년 채택된 북남경제협력법은 "남측과의 경제협력에서 제도와 질서를 엄격히 세워 민족경제를 발전시키는 데 이바지"하려는 것이며, 북남경제협력에는 북과 남 사이에 진행되는 건설, 관광, 기업경영, 임가공, 기술교류와 은행, 보험, 통신, 수송, 봉사업무, 물자교류 같은 것이고, 북남경제협력물자에는 관세를 부과하지 않는다고 규정하였다. 북한도 남북경제협력을 위해 법률을 제정하였고, 남북사이에는 관세를 부과하지 않는 등 남한을 외국과 달리 취급하고 있다. 다만 남한에 대한 규정이 명확하지 아니하다. 남북한 모두 상대방을 어떻게 규정할지 정리할 필요가 있다.

2002년에 채택된 개성공업지구법은 "공화국의 법에 따라 관리운영하는 국제적인 공업, 무역, 상업, 금융, 관광지역"인 개성공업지구를 창설하는 법이다. 공업지구에는 남측 및 해외동포, 다른 나라의 법인, 개인, 경제조직이 투자할 수 있다. 이 법에 따라 창설된 개성공단은 남북경협의 상징이었다. 10년간 120여 개의 남한 기업이 천 명의 직원을 상주시키면서 5만 여명의 북한 노동자를 고용하는 경제활동을 하였다. 공단 운영을 위해 수십 개의 하위규정과 시행세칙이 제정되었고, 남북이 하나의 공간에서 단일한 법제도를 실제로 운영하는 경험을 하였다. 이러한 경험을 바탕으로 향후 공단을 확대운영하는 방안을 모색할 필요가 있다.

3) 남북합의서

1991년 12월 13일 채택된 '남북사이의 화해와 불가침 및 교류·협력에 관한 합의서'는 전문에서 "남과 북은 분단된 조국의 평화적 통일을 염원하는 온 겨레의 뜻에 따라 7.4 남북 공동 성명에서 천명된 조국통일 3대원칙을 재확인하고, 정치군사적 대결상태를 해소하여 민족적 화해를 이룩하고, 무력에 의한 침략과 충돌을 막고 긴장완화와 평화를 보장하며, 다각적인 교류·협력을 실현하여 민족공동의 이익과 번영을 도모하며, 쌍방사이의 관계가 나라와 나라사이의 관계가 아닌 통일을 지향하는 과정에서 잠정적으로 형성되는 특수관계라는 것을 인정하고[13] 평화통일을 성취하기 위한 공동의 노력을 경주할 것을 다짐하면서 다음과 같이 합의하였다." 제1장 남북 화해에서 서로 상대방의 체제를 인정하고 존중하고, 상대방의 내부문제에 간섭하지 아니하며, 상대방에 대한 비방·중상을 하지 아니한다고 규정하였다. 이 합의서의 마지막은 "1991년 12월 13일 남북고위급 회담 남측대표단 수석대표 대한민국 국무총리 정원식, 북남고위급 회담 북측대표단 단장 조선민주주의인민공화국 정무원총리 연형묵"으로 되었는바, 합의서 체결 당사자의 국호를 명확히 하였다. 이는 상대방을 인정하고 존중하기로 한 것이다. 상대방을 사실상의 국가로 인정하면서도 둘 사이의 관계는 잠정적으로 형성되는 특수관계로 규정하였다. 이 합의서는 성질상 조약이나, 헌법재판소는 위 합의서를 신사협정이라 판단하였고 이러한 판단의 배경에는 정부가 제출한 의견이 있었다. 그 이후 2018년 4월 27일의 '한반도의 평화와 번영, 통일을 위한 판문점선언'도 "대한민국 문재인 대통령과 조선민주주의인민공화국 김정은 국무위원장은 평화와 번영, 통일을 염원하는 온 겨레의 한결 같은 지향을 담아 한반도에서 역사적인 전환이 일어나고 있는 뜻깊은 시기에 2018년 4월 27일 판문점 평화의 집에서 남북정상회담을 진행하였다..."라고 하였다. 남북정상회담은 5차례 열렸는바, 향후에는 회담의 정례화를 추구함으로써 민족공동체 통일방안의 2단계로 진입해야 한다.

4) 판례 등

"...북한은 조국의 평화적 통일을 위한 대화와 협력의 동반자이기도 하지만 다른 한편 남·북한 관계의 변화에도 불구하고 여전히 적화통일 노선을 고수하면서 우리의 자유민주주의 체제를 전복하고자 획책하는 반국가단체로서의 성격도 아울러 가지고 있고, 그 때문에 반국가단체 등을 규율하는 국가보안법의 규범력도 계속 유효하다는 것이 대법원의 확립된 견해이다."(대법원 2010. 7. 23. 선고 2010도1189 전원합의체 판결)라는 입장이 현재까지 유지되고 있다. '이중적 지위'라는 견해가 1990년대 초반에 발명되었고 현재까지 이어지고 있다. 그런데 대화와 협력의 동반자인 그 상대방이 국가인지는 명확하지 않다. 이중적 지위라는 것은 상대방을 규정하는 방법이지만 그 상대방의 법인격이 무엇인지는 별개의 문제이다. 예를 들어, 그는 나와 친구이자 경쟁자인 이중적 지위가 있다고 할 때, 그가 사람인지 동물인지는 별개의 객관적 사실이다.

또한 1994년 8월 15일 선언한 민족 공동체 통일 방안이 있다. 남한 정부의 통일방안은 점진적 방법을 통해 상호 신뢰를 조성할 수 있는 과도기를 거쳐 기능적으로 통합되면서 궁극적으로 통일을 실현하려는 접근방법이다. 1982년 민족화합 민주통일방안에 이어 1989년 한민족공동체 통일방안을 거쳐 1994년 민족공동체 통일방안으로 공식화하였다. 이 통일방안은 '선 평화정착 후 평화통일'의 입장을 체계화한 것으로 남북한이 우선 화해협력을 통해 상호 신뢰를 형성한 후 민족공동체를 건설해 가면서 그것을 바탕으로 정치통합의 기반을 조성해 나가려는 방안이다.[14)]

남한 정부가 발표한 통일 방안은 자주·평화·민주를 기본 원칙으로 단계적·점진적으로 하나의 공동체를 형성함으로써 민족 통일 국가를 이룩하려는 것이다. 첫 단계로 '화해·협력 단계(남북한이 상호체제를 인정하고 존중하는 가운데 분단상태를 평화적으로 관리하면서 경제 사회 문화 등 각 분야의 교류협력을 통해 상호 적대감과 불신을 해소해 나가는 단계[15)])'를 설정하고 적대와 대립 관계를 화해·협력 관계로 전환하며, 두 번째로 '남북 연합 단계(통일로 가는 중간과정으로 남북한이 공동으로 구성하는 기구인 남북 정상회의, 남북 각료회의, 남북 평의회, 남북연합 사무처 등에서 국가통합을 위한 여러 가지 방안을 논의하는 단계. 남북이 서로 다른 체제와 정부하에서 통일 지향적인 협력관계를 통해 통합과정을 관리[16)])'에서는 공존공영과 평화 정착을 통한 경제·사회 공동체를 형성·발전시키며, 세 번째로 '통일 국가 완성 단계(남북연합 단계에서 제정한 통일헌법에 따라 남북 자유총선거를 실시해 통일국회를 구성하고 통일정부를 수립해 '1민족 1국가'의 통일국가를 완성하는 단계[17)])'에서는 1민족·1국가·1체제·1정부의 완성된 통일 국가를 이룩한다. 통일방안이 선언된 지 30년이 되는 현시점에서 통일방안의 전제가 유지되고 있는지 재검토해야 한다. 남북관계의 성격 변화에 걸맞게 한국도 '투 코리아 정책'에 입각한 통일방안을 마련하자는 주장이 있다. 즉 통일방안 중 남북연합 단계의 국가성을 애매하게 가져갈 것이 아니라 통일국가의 최종국면을 열어 둔 상태에서 국가연합을 잠정적 최종형태로 제안하는 용단을 내리자는 주장이다.[18)]

또한 기존 통일방안을 유지할 경우에는 1단계를 넘어 2단계에 대한 구체적인 계획을 세우고 실행방안을 모색해야 한다. 구체적으로 목표 시한을 정하고 추진할 수 있다. 예를 들면, 우주항공청을 설립하여 2032년에는 달에 착륙하고, 광복 100주년인 2045년 화성 탐사 목표 달성을 통해 글로벌 우주강국으로 도약하는 위대한 발걸음을 시작[19)]하듯이 분단 100년이 되는 2045년을 통일원년으로 목표하고 그 목표에 도달하기 위한 구체적인 단계를 설정할 수 있을 것이다.

5) 검토의견

이 시기에는 남북한이 서로의 존재를 인정하고 공식화하였다. 둘 사이의 관계를 특수관계로 설정함에 따라 상대방의 지위는 명확하지 아니하였지만 교류와 협력을 30년간 지속하였다. 그럼에도 지속가능한 제도를 만들지는 못하였고, 정치상황에 따라 교류와 중단을 반복하고 있으며 분쟁발생 시 합리적으로 해결할 시스템을 만들지 못하였다. 이 점은 중국과 대만 사이의 양안관계와 비교해 보면 명확하다. 최근 북한은 남한 정보의 차단 목적으로 반동사상문화배격법(2021), 청년교양보장법(2021), 평양문화어보호법(2023) 등을 제정하고 있어 남북관계는 더욱 악화되고 있다. 지난 30년간의 상황이 향후에도 반복 또는 지속될 것이라 전망하기 어려운바, 새로운 접근방식이 마련되어야 한다. 그것이 현 단계의 문제다. 남북분단의 역사와 30년간의 교류경험을 비판적으로 재검토하고 새로운 제도를 설계하고 운영해야 할 시점이다. 정리하면, 이 시기에는 현실과 명분의 조화를 시도하였고, 남북한은 다수의 합의를 하고 합의서 이행을 위한 실천과 함께 각자의 법제도에도 반영하였으나 남북교류가 지속되지는 못하였다.

(3) 남북관계의 미래(북한의 두 국가 주장 이후: 2024~)

현실을 인정하고 남북관계를 재설정해야 한다. 대북정책을 구체화하고 법제도에도 반영하자.

현재의 과제는, 7.7 선언 이후 시작된 남북교류협력법 시대의 존속이 가능한지 재검토하고 새로운 틀을 찾아가는 것이다. 그 시작은 남한 내의 합의도출이다. 여야 합의를 바탕으로 한 새로운 선언을 모색해야 할 시점이다. 기왕의 남북합의사항과 남북이 법률로 정한 원칙은 존중되어야 한다. 현재까지 쌓아온 성과는 평화통일로 가는 방향이다. 남북이 합의한 내용은 어느 한쪽이 일방적으로 파기할 수 없다. 김정은의 최근 발언은 북한의 헌법 및 법률과도 다른바, 향후 북한의 법제 변화도 지켜보아야 한다. 남북한 간의 관계의 변화는 정치적 선언으로 시작될 가능성이 크다. 국력이 60배 앞선 남한이 선제적으로 그리고 주도적으로 남북관계를 형성해 나갈 필요가 있다. 남북관계 개선에서 북한과의 관계개선 못지않게 국내 수준의 합의 도모와 성과 추구도 중요하다. 비핵화 논의 부진과 남북대화 소강상태에서도 통일 대북정책에 대한 국내 차원의 정치적 사회적 합의 도출 등의 성과는 중요하며, 그 의미가 크다. 따라서 남북관계의 가시적 획기적 성과라는 최대강령적 접근 못지않게 남북관계의 중장기적 발전을 위해 국내적 토대를 다지는 최소강령적 접근도 중요하고 유의미한 정책이다.[20)]

현재의 남북관계 악화는 북한만의 잘못인지, 남한사회도 책임질 부분이 있는지도 생각해 보아야 한다. 유럽 전역에서 일어난 대규모 농민 시위에 대응하는 과정에서 가브리엘 아탈 프랑스 총리는 정부의 잘못부터 인정했다. “우리는 농민들의 불편함에 잘 대응했는가? 분명히 아니다. 우리가 실수했는가? 분명히 그렇다.”라고 했다.[21)] 생물학자 최재천은 "동물사회의 으뜸 수컷은 2인자에게도 배분을 잘 해 줘야 권력이 유지된다는 것을 알고 있는데 인간은 한번 쥐면 너무 많이 쥐려고 한다. 90을 가지려고 하면 다 놓치는 것이고 70만 갖고 30 정도는 다른 이와 나눠야 더 오래 갈 수 있다."[22]라고 했다. 필자의 문제의식은 기왕의 사건에 대한 잘잘못을 가리기 위한 것에만 관심 가지지 말고 통일이라는 미래로 나아가기 위해 현재를 점검해 보자는 제안이다.

지금 우리가 해야 할 질문은 이런 것들이어야 하지 싶다. 남북한을 두 국가라 하면 무슨 일이 생기는가? 두 국가로 규정하면 통일에 장애가 되는가, 장애라면 남북통일에 어떤 불리한 점이 있는가? 남북한이 특수관계라는 주장은 지금도 유효한가, 특수관계라는 것은 객관적 사실인가 혹은 약속인가, 약속이라면 일방이 그 약속을 파기하면 어떻게 되는가? 남과 북 두 정치체가 서로를 규정하는 방식은 어떠해야 하는가, 이때 적용될 법원칙이 있는가? 어떤 정치체가 국가라는 것은 누가 어떻게 규정하는가? 지금은 이런 근본적인 질문을 다시 해 볼 때라 생각한다. 새로운 시대는 새로운 질문에서 시작할 수 있다. 경제인 최태원이 말한 "과거 해 왔던 대로 계속 가면 대한민국 괜찮은 겁니까? 이 질문을 전 사회에 한 번 던져야 할 때라고 생각합니다."[23] 필자는 통일문제에도 이 질문이 유효하다고 본다.

최근 북한의 태도 변화는 남한이 북한에 줄 수 있는 편익이 줄어들었고, 남한에 기대했던 역할을 중국, 러시아와 일본으로 대체하려고 하며, 김정은 권력유지를 통일보다 중요시함에 따라 북한주민의 마음에서 남한을 지우려는 시도라는 분석이 있다.[24] 이런 분석의 전제는 기왕에는 남한의 역할이 중요했었는데, 최근의 정치경제적 상황변화로 남한의 역할이 줄어들었다는 것이다. 결국 통일문제에서 남한의 역할이 중요한 요인이라는 점은 부인할 수 없다. 지금 우리가 할 일은 통일논의를 활성화하고 시대변화에 맞는 새로운 통일방안을 모색하는 것이다.

3. 결론

북한이라는 상대를 어떻게 인식할 것인가? 현실 그대로 인식하고 통일을 지향하는 방향으로 관계를 맺어가야 한다. 2023년 5월 기준으로 남한 수교국 192개국, 북한 수교국 159개국, 남북한 동시수교는 156개국이다. 국제적 기준으로 북한은 국가다. 그렇다면 국가로서 실체가 있는 북한을 어떻게 대할 것인가? 국가로서 실체를 인정하고 독립된 두 나라가 통일을 지향한다고 선언하고 둘 사이의 관계는 제3국과 다른 특수한 점이 있다고 합의하는 방안이 가능하다. "통일을 지향하지만 잠정적으로 국가 대 국가 관계로 보는 잠정일반관계",[25] "미래의 통일국가를 지향하면서 그때까지 잠정적으로 주권적 정치체로서 활동하는 별개의 주체",[26] 남북관계는 '국가와 국가 간의 특수 관계,'[27] '두 개 국가론'의 수용[28] 등도 같은 의견이다. "남과 북은 2국가론에 입각해 서로를 공인하고 보편적인 국제관계를 축적할 필요가 있다. 양독기본조약처럼 한조기본조약이 필요하고, 통일방안도 '국가와 국가 간의 특수관계'에 입각한 국가연합을 목표로 변화될 필요가 있다."라는 주장이다.[29]

남북관계가 중단된 현 상황에서 할 수 있는 일이 있다. "지금부터라도 남북기본협정의 핵심 내용과 형식을 국민협약에 담아 국내적 합의도모는 물론 남북기본협정 체결 환경을 미리 가늠해 보고, 남북기본협정을 위한 기반조성을 기할 필요가 있을 것이다. 또한 남북관계와 대북정책에 대한 공유영역 합의와 컨센서스 도출은 비단 정치사회 영역에 국한되지 않는다. ...요컨대 남북관계 설정 및 대북정책 방향에 대한 초당적 합의와 사회적 합의가 그 무엇보다 급선무라고 하겠다."[30]

법률에는 북한을 어떻게 반영할 것인가? 북한을 국가로 인정하고 남한의 법과 정책에도 북한에 대해서는 어떻게 하겠다는 내용을 포함해야 한다.[31] 북한을 정의함에 있어 막연히 군사분계선 이북지역이라 할 것이 아니라 정식 국호를 사용하는 것이 법적용을 명확하게 할 것이다. 환경, 재난, SDGs 등 남북이 공통으로 영향을 받는 부분부터 시작할 수 있을 것이다. 30년 교류의 경험은 어떻게 법제화할 것인가? 현행 남북교류협력법제를 전면적으로 개편해야 하고, 새로운 상황에 대비한 법제도를 신설해야 한다. 또한 남북관계의 제도화,[32] 법제화를 추진해야하고, 북한이 반국가단체라는 전제로 만든 법제를 정비해야 한다. 국내 수준에서 무엇을 할 것인가라는 질문을 제기하고 4가지 제안을 한 의견이 있다. 첫째, 민족공동체통일방안의 발전적 계승 논의, 둘째, 기존의 잠정특수관계로 설정된 남북관계를 재설정하는 문제, 셋째, 북한 인권개선과 북한이탈주민정착지원 문제, 넷째, 남북기본협정과 통일국민협약 등 제도화의 문제다.[33]

정책적으로는 통일 목표를 구체화할 필요가 있다. 통일이 국가목표라는 것을 명확히 선언하고 법제도로 구체화해야 한다. "분단 100년이 되는 2045년을 통일 원년으로 만들자"라고 선언할 수 있다. "백 년으로 안 되면 천 년이 걸리더라도 통일한다"라는 의지가 필요하다. 마지막으로, 통일된 한국은 어떤 나라가 되어야 하는가? 지금까지는 이 부분에 대한 논의가 부족했다. 국가구조뿐만 아니라 기본권 차원에서 현재의 남북한보다 나은 통일된 나라를 꿈꾸어야 한다. 세계인권선언 등 보편적 기준의 목표를 달성하기 위해서 지금 우리는 어떤 노력을 해야 하는지 논의해야 한다. 사회연대, 공화주의, 제3세대 인권, 난민, 기후변화, 인구감소 문제를 논의하고 청년세대의 참여를 유도해야 한다.

III

두 국가론과 법제변화 방향[1)]

요약

2023년 말 김정은이 주장한 '두 국가론'에 따른 변화는 계속 진행 중이다. 이 글은 법과 제도의 측면에서 이 문제를 검토한다. 기존의 남북한 관계는 '남북한 특수관계론'으로 설명하였다. 이것은 1990년대에 형성된 주장을 법제화한 것인데, 북한 일방의 주장으로 기존의 상황이 변화하고 있다. 이 글에서 기존의 남북한 특수관계론을 살펴본 후 북한의 두 국가론을 어떻게 보아야 할지, 장래 남북한 법제는 어떻게 변화해야 할지 살펴본다. 장래의 방향을 모색함에 있어 기준은 무엇이며, 우리는 무엇을 어떻게 해야 하는가를 검토한다.

먼저 북한의 두 국가 주장의 배경인 '우리국가제일주의'의 내용을 검토하고 이어서 최근까지의 북한동향을 살펴본 다음 남북한 특수관계론의 내용을 검토한다. 다음으로, '두 국가' 주장이 특수관계론에 어떤 변화를 가져올 것인지, 남한은 어떻게 대응해야 할지를 살펴본다. 구체적으로 특수관계론 종료 이후의 법제를 헌법, 남북관계 법률 및 남북합의서로 구분하여 살펴본다. 필자는 현실에 기반한 남북관계 법제를 만들자고 제안한다. 남북한이 현실적으로 두 개의 국가라는 점에 유의하면서 남한 법제를 정비하고 북한 법제의 개정방향도 제안하자는 주장이고, 이를 위해서는 먼저 남한 내부의 합의 추구에 노력해야 한다.

1. 들어가며

2023년 말 김정은이 주장한 '두 국가론'에 따른 변화는 계속 진행 중인 상황이다. 이 글에서는 법과 제도의 측면에서 이 문제를 검토한다. 기존의 남북한 관계는 '남북한 특수관계론'으로 설명하였다. 이것은 1990년대에 형성된 주장과 법제였는데, 북한의 일방적 주장으로 기존의 상황이 변화하고 있다. 여기서는 기존의 남북한 특수관계론을 살펴본 후 북한의 두 국가론을 어떻게 보아야 할지, 장래 남북한 법제는 어떻게 변화해야 할지 살펴본다. 장래의 방향 설정을 모색함에 있어 기준은 무엇이며, 우리는 지금 무엇을 어떻게 해야 하는가를 검토한다.

북한이 2023년 연말 '두 국가' 주장을 한 이유에 대해서는 다양한 분석이 있다.

먼저, 대내 단속 차원이라는 분석이다. 즉 북한은 젊은 세대의 사상이완을 단속하고 당에 대한 충성심을 고양시키려 노력하고 있고, 외부문화를 막기 위해 반동사상문화배격법, 평양문화어보호법, 청년교양보장법 등 3대 법률을 통해 한류를 차단하기 위해 노력하는 것과 관련이 있다는 주장이다. 또한 처벌과 단속만으로 문화를 막는 데는 한계가 있기 때문에 남북을 아예 적대적인 관계로 만듦으로써 남한의 문화가 소비될 수 있는 환경을 차단했다는 분석이다.[2)]

다음으로, 북한의 대내외적 위협인식에 대한 대응이란 분석이다. 즉 2017년 이후 계속된 대북제재와 코로나19로 인한 경제문제, 미·중 디

커플링하에서 한·미·일 군사협력의 가속화에 따른 위협인식에 대한 대응으로 대남 대적관계로 전환하여 남북관계를 단절하고 민족적 동질성마저 부정하였다는 주장이다.[3]

한편 북한의 두 국가 주장을 국제적 차원에서 보면, 남북한을 제외한 동북아 주요 국가들의 입장에서는 북한의 주장이 동북아 지역 안정을 위한다는 논리로 이어질 수도 있어 남한 정부가 어떻게 논리적으로 대응하며 외교무대에서 통일지지세력을 어떻게 확보할 것인지 고민해야 한다는 주장도 있다.[4] 북한의 두 개 국가 주장은 '적대관계의 극대화'를 통한 남북 외교의 자율성 증대를 목표로 한 것이라는 주장도 같은 맥락이다.[5]

국책연구기관인 통일연구원은 4가지 이유를 들었다. 첫째, 남한과의 체제경쟁 실패를 자인, 둘째, 북한 주도의 평화적 방법에 의한 통일 불가능, 셋째, 남북관계 개선 및 발전이 자신들에게 이익이 되지 않는다는 정세판단, 넷째, 신냉전적 국제관계의 대립구도 심화 등이 복합적으로 작용하였다. 이 중 근본적인 이유는 남북한 체제경쟁이 사실상 끝났기 때문이며, 북한의 입장에서는 남북관계의 개선과 발전이 북한에 이익이 되지 않는다고 인식한 것으로 보인다는 평가다.[6]

2. 북한의 '두 국가' 주장과 현실의 변화

여기서는 북한의 두 국가 주장의 배경과 최근의 현실 변화를 살펴본다.

(1) 두 국가 주장의 배경 '우리국가제일주의'

북한의 우리국가제일주의는 2017년 11월 핵무력완성 선언 전후로 조선로동당 기관지 로동신문에 구호처럼 등장한 후 2017년 12월 전략

국가 선포를 전후하여 내각 기관지인 민주조선에서 체계화되었다. 이어서 2018년 한반도 평화과정이 진행되는 동안 『조선녀성』, 『철학, 사회정치학연구』, 『김일성종합대학학보』 등의 비주류 매체에서 재체계화되었다. 그 후 2019년 1월 1일 김정은의 말을 통해 로동신문에서 생산하는 공식담론이 되었고, 이어서 시대담론이 되었다.[7)]

북한이 말하는 우리국가제일주의는 "주체조선의 강대성과 우월성에 대한 긍지와 자부심이며 우리 식 사회주의조국의 존엄과 위상을 더 높이 떨쳐나가려는 각오와 의지"[8)]라고 하거나, "우리국가제일주의는 사회주의 조국의 위대성에 대한 긍지와 자부심이며 나라의 전반적 국력을 최고의 높이에 올려세우려는 강렬한 의지이다. 우리가 우리국가제일주의를 내세우는 기본취지는 전면적인 국가부흥시대에 맞게 더욱 분발하여 천하제일강국을 일떠세우기 위한 총돌격전에 매진하자는 데 있다."[9)]라고 한다. 이것이 공식화한 것은 2019년 1월 1일 로동신문에 발표된 김정은의 신년사였다. "전체 당원들과 근로자들은 정세와 환경이 어떻게 변하든 우리국가제일주의를 신념으로 간직하고 우리 식으로 사회주의경제건설을 힘 있게 다그쳐나가며 세대를 이어 지켜온 소중한 사회주의 우리 집을 우리 손으로 세상에 보란 듯이 훌륭하게 꾸려나갈 애국의 열망을 안고 성실한 피와 땀으로 조국의 위대한 력사를 써나가야 합니다."[10)]

김정은 시대의 우리국가제일주의는 사회주의 강국건설을 통해 국가의 존엄과 위상을 높이겠다는 것이며, 선 강국건설 후 국제적 인정이라는 시대담론이다.[11)] 우리국가제일주의는 국력의 차이가 생산하는 비대칭적 국제관계를 수용하지 못하겠다는 북한 특유의 인식의 소산이며 인민의 애국심을 동원하여 북한이란 국가의 생존가능성을 높이려는 전략이다. 그런데 우리국가제일주의에는 특수한 국제관계인 남북관계와 남한에 대한 내용은 없다. 이는 우리국가제일주의가 북한의 자국 중심적 사고이기 때문이다.[12] 한편 우리국가제일주의가 통일을 포기한 것인지 여부에 대해 논란이 생기자 재일조선인총연합 기관지인 조선신보가 "자체의 힘으로 평화를 보장하고 조국통일을 앞당기려는" 입장에는 변함이 없다[13]고 주장함으로써 북한의 입장을 대변했다. 조선신보 보도는 선 힘의 구축, 후 통일로 정리할 수 있다. 이는 한반도 평화과정의 좌초로 만들어진 한반도 인정게임의 구조변환이며 상호인정을 기초로 진행되던 대화와 협상 이전의 단계인 강력한 국력제고 단계로 복귀한 것이라 할 수 있다.[14] 결국 북한은 2023년 12월 말 조선로동당 중앙위원회 제8기 제9차 전원회의에서 남북관계를 재정의하였다. 김정은은 남북관계가 "더 이상 동족관계, 동질관계가 아닌 적대적인 두 국가관계, 전쟁중에 있는 두 교전국관계로 완전히 고착되"었다고 주장했다.[15)

북한의 대남정책 변화는 탈냉전 이래 단계적으로 발전해 온 정책적 흐름으로 볼 수 있고, 민족주의에 기반한 남북관계 담론은 점차 비중이 줄어들면서 '우리국가제일주의' 담론이 기존 민족주의의 자리를 대체했다고 볼 수 있다.[16]

(2) 최근 동향

적대적 두 국가론을 언급한 텍스트로는 2023년 12월 당 전원회의와 2024년 1월 최고인민회의, 2024년 2월 8일 건군절 당시 김정은 위원장의 연설이 있다. 그 이후 실행된 조치로 통일전선부의 편제변경과 산하 조직의 외무성 흡수, 3대 헌장 기념탑 철거, 노동신문 등 관영언론의 '괴뢰한국', '괴뢰대한민국' 용어 사용 일상화 등이 관철되었다.[17] 또한 북한은 2024년 2월 7일 최고인민회의 상임위원회 제14기 제30차 전원회의를 개최하여 북남경제협력법, 금강산국제관광특구법 및 시행규정과 함께 남북경협 관련 합의서들의 폐지를 공식 선언하였다. 한편 사회문화 관련 남북합의서들의 폐지는 공식 선언하지 않았다. 향후 남북대화와 교류협력이 재개될 경우 기존 남북합의서를 대체하는 새로운 남북합의서 체결이 불가피하다는 의견이 있다. 방식으로는 개별 합의문건을 채택하거나 기존 합의서를 모두 인정한다는 취지의 합의서를 채택할 수도 있다.[18)]

2024년 10월 17일 조선중앙통신은 10월 15일 경의선·동해선 남북연결 도로·철도 폭파 소식을 보도하면서 "이는 대한민국을 철저한 적대국가로 규제한 공화국헌법의 요구와 적대세력들의 엄중한 정치군사적 도발책동으로 말미암아 예측불능의 전쟁접경에로 치닫고 있는 심각한 안보환경으로부터 출발한 필연적이며 합법적인 조치"라고 밝혔다. 또 이번 폭파 조치가 노동당 중앙군사위원회 명령에 따른 것으로 "조선민주주의인민공화국의 주권행사 영역과 대한민국의 영토를 철저히 분리시키기 위한 단계별 실행의 일환"이었다고 강조했다. 김 위원장은 20204년 10월 7일 김정은국방종합대학 창립 60주년을 맞아서 한 연설에서도 "과거엔 우리가 그 무슨 '남녘 해방'이라는 소리도 많이 했고 '무력 통일'이라는 말도 했지만 지금은 전혀 이에 관심이 없으며 두 개국가를 선언하면서부터는 더더욱 그 나라를 의식하지도 않는다"라면서 '적대적 두 국가론'을 재차 언급했다.[19)]

노동신문 보도에 의하면, 북한군이 강원도 고성군 감호리 일대 도로 및 철길 60m 구간과 황해도 개성시 판문구역 동내리 일대 도로 및 철길 60m 구간을 폭파했다.[20)]

북한의 두 국가 주장은 선언적인 조치뿐만 아니라 구체적인 행동으로 이어지고 있다. 남북한 육상 연결망이 파괴되면서 6.15 남북정상회담 이후 이뤄진 남북교류협력의 상징들은 모두 사라졌다. 이로써 남북한은 하늘과 땅, 바닷길은 물론 유사시 소통할 통신선마저 모두 끊겨 판문점 군사정전위 채널만 유지됐던 1972년 이전과 같은 상황으로 돌아가고 말았다. 임영수는 "모든 불화는 말에서 시작된다. 북한을 자극

하는 용어 사용은 자제하고 다양한 대북접근을 시도해야 한다. 평화로 가는 좁은 문은 쉽게 열리지 않는 법이다."[21]라고 하였는바, 필자도 위 주장에 공감한다.

3. 남북한 특수관계론의 현실

(1) 남북한 특수관계론의 내용

남북한 당국이 1991년 12월 13일 채택한 『남북 사이의 화해와 불가침 및 교류 협력에 관한 합의서』 전문에는, "쌍방 사이의 관계가 나라와 나라 사이의 관계가 아닌 통일을 지향하는 과정에서 잠정적으로 형성되는 특수관계라는 것을 인정하고, 평화 통일을 성취하기 위한 공동의 노력을 경주할 것을 다짐하면서"라는 내용이 있다. 여기서 남북한 사이의 관계가 나라와 나라 사이의 관계가 아니라 통일을 지향하는 과정에서 잠정적으로 형성되는 특수관계임을 인정한다고 선언한다. 남북한 특수관계론에 대한 법적 분석은 여기서 출발한다. 남북한이 나라와 나라 사이의 관계가 아니라면 법적으로 어떠한 관계로 바라보아야 하는지에 대해서 법적 분석이 필요하기 때문이다.

남북한 관계와 남북한 교류 협력에 적용되는 법규범체계로는 헌법과 「남북교류협력에 관한 법률」 등의 국내 법률과 남북한 당국 간 체결한 남북합의서가 있다. 헌법은 남북통일과 남북한 관계의 기본 원칙만을 선언하고 있고, 그에 관한 국내 법률과 남북합의서도 그 내용과 체계에 있어 질적으로나 양적으로나 모두 남북통일과 남북한 관계에 대하여 적용되는 법규범체계로서는 미흡한 측면이 있다.

남북한 특수관계론의 기본 바탕은 남북한이 헌법 규범적으로 상대방을 국가로 인정하지 않고 있으므로 남북관계는 국가 간 관계라고 할 수 없으면서도 현실적으로 하나의 국내법이 적용되지도 않는 특수한 관계다. 그러면서도 국제사회에서는 남북한이 각각 국가적 실체를 가지고 국제법 주체로 활동하고 있다. 남북한 특수관계론은 이러한 이중적인 관계를 해석하는 이론이다. 결국 남북한 특수관계론은 남북관계가 적용되는 규범 영역에 따라 다른 헌법규범적 의미를 가질 수밖에 없다. 남북한 특수관계론이 국내법적 규범 영역의 경우 다시 소극적 의미와 적극적 의미로 구분할 수 있다. 먼저 소극적 의미를 살펴보면 남북한 관계는 나라와 나라 사이의 관계가 아니므로 국제법 원칙이 적용되지 않는다. 적극적 의미는 북한의 이중적 지위를 반영해 첫째, 북한이 반국가단체로서 활동하는 규범 영역에서는 헌법 제3조와 국가보안법 등의 국내 법률이 적용되며, 둘째, 북한이 평화통일을 위한 대화와 협력의 동반자로서 활동하는 규범 영역에서는 「남북교류협력에 관한 법률」 등 남북한 관계를 규율하는 법률과 남북합의서 그리고 국제법 원칙이 적용된다.[22] 헌법재판소와 대법원도 헌법 제4조 통일조항을 근거로 남북관계에도 상호협력 및 동반자 관계의 측면이 있음을 강조하였다.[23]

한편 2018년, 판문점선언 이행을 위한 남북군사합의서가 국회의 비준을 받지 않았기에 위헌이라는 주장이 제기되었는데, 당시 야당은 그 근거로 헌법 제60조 제1항(국회는 상호원조 또는 안전보장에 관한 조약, 중요한 국제조직에 관한 조약, 우호통상항해 조약, 주권의 제약에 관한 조약, 강화조약, 국가나 국민에게 중대한 재정적 부담을 지우는 조약 또는 입법사항에 관한 조약의 체결, 비준에 대한 동의권을 가진다)을 들었다. 즉, 남북군사합의서의 경우 '상호원조 또한 안전보장에 관한 조약'에 해당하기에 국회 비준을 거쳐야 하며, 만약 국회 비준을 받지 않을 경우 해당 합의는 위헌이라는 주장이었다. 이러한 야당의 주장에 정부는 '남북 관계는 국가 간의 관계가 아니라 통일을 지향하는 과정에서 잠정적으로 형성된 특수관계'이기에 남북군사합의서는 헌법 제60조에서 말하고 있는 조약,

즉 국가 간의 문서에 의한 합의에 해당하지 않는다고 반박했다.

남북합의서에 대해 헌법재판소는 “나라와 나라 사이의 관계가 아닌 통일을 지향하는 과정에서 잠정적으로 이행되는 특수관계임을 전제로 하여 이루어진 합의문서로서 남북당국의 성의있는 이행을 상호 약속하는 일종의 공동성명 또는 신사협정에 준하는 성격을 가짐에 불과하다”라고 하였다.[24] 대법원 또한 “1991년 체결한 남북합의서는 나라와 나라 사이의 관계가 아닌 특수관계 사이에 채택한 합의문서로서 남북한 당국이 각기 정치적인 책임을 지고 상호 간에 그 성의 있는 이행을 약속한 것이기는 하나, 법적 구속력이 있는 것은 아니어서 이를 국가 간의 조약 또는 이에 준하는 것으로 볼 수 없다”라고 판결했다.[25]

남북한 특수관계론은 분단이라는 특수 상황에서 탄생한 이론이다. 북한을 적국으로 바라봐야 하는 때와 대화상대로 바라봐야 하는 때가 함께 있어 왔기 때문에 이를 법적으로 규율할 필요가 생겼고 이에 대응하여 발전한 것이 남북한 특수관계론이다.

필자는 남북한이 특수관계라고 합의한 것은 법적으로 남북한이 서로의 정치적 실체를 인정한 것에 의미가 있다고 본다. 남북기본합의서 제1조는 서로 상대방의 체제를 인정하고 존중한다고 되어 있다. 그렇다고 해서 서로를 국가로 승인한 것은 아니다. 다만 대외적으로 남북한은 유엔에 동시 가입한 회원국으로서 국가성을 유지하고 있다는 현실을 수용하는 합의를 한 것이다. 그럼에도 불구하고 대내적으로는 1국가라 선언한 것이며, 남북이 자결권에 의하여 서로 합의한 1국가성을 국제사회에 대해 주장하자는 의미도 있다. 결국 1991년 당시의 합의는 대외적으로는 2국가, 대내적으로는 1국가임을 천명한 것이라 볼 수 있다.

(2) ‘두 국가’ 주장과 특수관계론

특수관계론은 1990년대 초반의 변화된 현실에 맞추어 형성된 이론이다. 그런데 당시 특수관계론에 합의하였던 일방인 북한이 '두 국가'를 주장하면서 특수관계론을 부인하였다. 이것을 어떻게 보아야 할 것인가? 필자는 남북이 두 개의 국가라는 것은 현실이고 국제사회의 입장이라 본다. 그동안 나라와 나라 사이가 아닌 특수관계라고 합의하였던 일방인 북한이 두 개 국가론을 들고 나온 이상 합의 당사자 일방인 남한으로서는 어떤 입장인지 밝힐 필요가 있다. 대응방향은 북한 주장에 반대하거나 동조하거나 무시하는 3가지 방법이 있을 것 같다. 필자는 현실이 두 국가라고 하여 반드시 북한의 두 국가 주장에 동조하자는 입장은 아니다. 1972년의 7.4 남북공동성명 이후 2018년의 판문점선언까지 46년간의 체결된 남북합의와 그동안 남북한이 각자 국내법으로 만든 특수관계를 전제로 한 수많은 법률의 틀을 북한의 일방 선언으로 파기할 수는 없다. 필자는 현시점에서는 무시 내지는 반대하는 입장을 취하고 싶다. 다만 이런 입장을 영구히 지속하자는 것은 아니다. 현시점에서 남한 내부의 합의추구와 내실 다지기에 주력하여야 한다. 남북한이 두 개의 국가라는 현실에 유의하면서 남한 법제를 정비하고 북한 법제의 개정방향도 제안해야 한다.

한편 북한의 두 국가 주장에 대한 문제를 분단국가라는 측면에서 파악하자는 주장이 있다.[26] 즉 남북관계를 국가 대 국가 또는 일 국가 내의 관계 등과 같이 단편적으로 볼 것이 아니라 분단국가라는 개념을 통해서 보자는 것이다. 분단국가란 본래 상대방을 부정하고 자신만의 정통성을 주장하기 때문에 상호 관계나 교류, 경계, 국제사회에서의 입장 등에 대하여 많은 모순점과 풀리지 않는 실타래와 같은 애매한 문제를 노정하고 있다. 따라서 이를 그대로 받아들이지 않고 법의 형식논리에만 치우치면 어떠한 유효한 협상도 하기 어렵다는 주장인바, 필자도 이 견해에 동의한다. 한편 국내정치에서는 상호 정치적 이념과 이해관계에 따라 정권교체 시 이전 정권의 합의가 존중되지 않는 악순환이 반복

되었고, 이것은 동서독과 남북한의 결정적 차이라는 지적도 새겨들어야 한다.

(3) 독일의 특수관계론

특수관계라는 용어는 독일통일의 기관차 역할을 한 브란트 수상이 동방정책을 펼치면서 사용한 용어이다. 브란트는 1969년 10월 28일 "비록 독일에 2개의 국가가 존재한다고 하더라도 그들은 서로 외국이 아니다. 그들의 관계는 단지 서로 특수한 종류이다."라고 말하면서 1민족 2국가론을 주장했다. 반면 동독은 2민족 2국가론을 주장하면서 서독의 통일정책을 거부하였다. 그럼에도 양국은 1972년 동서독 기본조약을 체결하면서 양국관계를 상호 동등성에 기초한 정상적인 선린관계라고 규정하는 데 합의했는데, 이에 대한 해석이 서로 달랐다. 서독은 국제법적인 국가승인이 아닌 단순한 실체 존중의 의미였고, 동독은 동서독 관계가 외국과의 관계라는 의미로 받아들였다.[27)]

동서독의 경험에 유의하여, 북한의 두 국가 주장에 동조해서는 안 된다는 견해가 있다. 동독은 정치적으로 두 국가성을 강화하는 주장을 지속했지만 서독에 대한 경제의존성으로 서독과의 교류를 함부로 끊을 수 없었고 결국 경제파탄으로 소련과 동구권 전체가 무너지면서 서독에 편입되는 방식으로 통일되었다. 이러한 경험을 참고하여 북한의 두 국가성 주장에 동조해서는 안 되며 북한의 대남 의존도를 높이기 위한 접촉을 통한 변화, 평화공존책을 지속하자는 견해가 있다.[28)]

한편 북한의 두 국가론은 동독의 두 국가론과는 근원적인 차이가 있다는 주장이 있다. 1974년 10월 7일 동독이 헌법개정을 통해 통일조항(제8조)을 삭제함으로써 통일을 포기하고 독일 땅에 두 개의 주권국가를 인정한 이유는 1970년대 빌리 브란트 정부의 동방정책으로 인해 1972년 동서독 기본조약이 체결되었고, 1973년 9월 유엔에 동시가입

함으로써 동독이 국제적으로 별개 국가로서 승인을 받게 되어 더는 헌법에 통일 관련 조항을 유지할 필요가 없었고, 그 결과 상호 우호적 관계하에서 두 국가론을 통해 양국 관계를 발전시킬 수 있었기 때문이었다는 견해다.[29)]

(4) 남한의 입장 변화 가능성

북한의 두 국가 주장에 대해 남한은 어떻게 대응하여야 할지는 학계와 전문가들 사이에서 논의가 진행 중이다. 아래에서 몇 가지 의견을 살펴본 후 필자의 의견을 밝힌다.

남한은 국가로서 대한제국 이래의 전체 한국과 동일한 국가인데, 다만 남한 정부가 전체 한국의 영토와 국민 모두를 실효적으로 지배하지 못하고 있는 상황이다. 이에 군사분계선 남쪽에서만 영토고권, 대인고권의 행사가 가능한 제한된 행위능력을 가지고 있다는 전제하에 헌법 제3조의 영토조항의 효력은 원칙적으로 인정하고, 제4조의 통일조항은 국가목표규정으로 보아 국가기관은 통일을 지향할 의무가 있다는 해석을 택한 다음, 국제법적으로는 남북 2국가론을 인정할 수밖에 없지만 남한 헌법하에서는 2국가론은 허용되지 않고 다만 통일조항에 근거하여 특수한 사정이 있는 경우에는 북한을 외국에 준하는 지위로 인정할 수 있고, 이런 범위에서 사실상 국가에 준하는 실체로 인정할 수는 있다는 견해가 있다.[30)]

현시점에서 우리가 해야 할 일은 북한의 새로운 선언(이른바 두 적대국 관계)이나 공세에 일일이 대응하거나 또 다른 제안을 하는 것이 아니고, 오히려 국내 각 분야의 역량을 배양시켜 과거 서독처럼 통일된 한반도가 택해야 할 규범적 가치를 주도적으로 만들어 내고 선점해야 한다는 견해도 있다.[31)]

남북대화를 부활시키자는 주장도 존재한다. 현재는 남북대화의 가능성이 매우 낮아졌지만 북한이 대화를 필요로 하고 나설 수 있는 여건을 지속적으로 만들어 나가는 것이 중요하고, 또한 평화와 통일에 관한 보수와 진보세력 간 대합의를 이루어 낸 후 그에 기반하여 지속적인 통일 정책을 추구하자는 입장이다. 한반도 경제공동체를 구축함으로써 자연스럽게 평화가 지켜지고 그것이 통일로 이어지도록 하자는 것이다.[32]

현재의 남북한 지도자의 인식은 적대성에 기초한다는 분석하에 통일 지향적인 특수관계론이라는 구 체제가 사실상 붕괴되었으므로 남북관계에 대한 새로운 체제로 남북 평화공존을 추구하자는 견해[33]가 있다. 평화공존의 기초는 국가성 인정이므로 있는 그대로의 북한을 전제로 하여 특수관계론이 붕괴된 자리를 두 국가론으로 대체하자는 주장이다.

필자는 현실에 기반한 남북관계 법제를 만들자는 입장이다. 남북한이 현실적으로 두 개의 국가라는 점에 유의하면서 남한 법제를 정비하고 북한 법제의 개정방향도 제안해야 한다. 이를 위해서는 먼저 남한 내부의 합의추구를 위해 노력해야 한다. 중첩적 합의[34]라는 개념이 통일과 남북한 문제 영역에도 적용될 것이다.[35] 각자가 추구하고 제안하는 방안 중에서 중첩적으로 합의가 가능한 영역을 찾고 그런 영역을 확대해 나가는 노력을 해야 한다. 또한 북한이 두 국가 주장을 한 시대변화에도 유의해야 한다. 과거와 달라진 사정을 유의하면서 미래를 대비해야 한다. 객관적 현실을 근거로 해서 미래를 보아야 한다. 남한이라는 한쪽 눈으로 통일을 보는 것보다 북한이라는 다른 한쪽 눈까지 포함하여 두 눈으로 보는 미래가 더 밝을 수 있다. 필자는 통일을 추구하는 입장이지만 현실을 인정하면서 단계적으로 통일로 나아가자는 견해를 취한다. 통일로 가는 긴 과정에서 일시적으로 2국가 단계를 거칠 수도 있다. 이 글에서는 북한의 주장으로 기왕의 특수관계론이 변화하는 현 상황에서 남북관계 법제의 변화 방향을 모색하는 데 집중하였다. 필자는 북한이 통일을 부정한다고 하여 남한마저 통일을 포기할 수는 없다는 입장이고, 입장이 변한 북한을 상대로 남북관계 법제는 어떻게 조정해야 하는지에 대한 관심을 가지고 있다.

4. 남북 관련 법제의 변화 방향

장래 특수관계론이 종료될 경우에는 남북 관련 법제도에는 어떠한 영향이 있을 것인지 살펴본다.

(1) 기존의 남북한 법제

현행 헌법 개정 시점을 기준으로 하여 2단계로 구분하여 살펴본다. 먼저 1948년 대한민국 헌법 제정 시부터 1987년까지다. 1948년에 남북한은 각자 정부를 수립함으로써, 2개의 국가를 형성하였으나 서로 상대방을 인정하지 아니하였다. 이런 것은 분단국가의 일반적 현상이다. 즉, 남북한은 모두 자신만이 과거 국가를 계승하고 자신만이 전체 한반도를 합법적으로 대표한다고 주장하였다. 이 시기 남북한은 각자 내부 발전에 집중하면서 체제경쟁을 하였고, 남북회담도 각자의 체제 강화에 이용하였다. 그 결과 남북관계에서 현실이나 합리성보다는 체제경쟁의 정치 논리를 우선하였다. 남한의 사법부도 정치현실에 맞추어 북한은 반국가단체라는 판례를 형성하였는데, 판례의 전제는 영토조항이고, 정치논리에 따라 선험적인 판단을 하였다. 그런데 국제법상 국가의 성립여부는 사실문제이고, 국가의 성립요건을 갖추면 국가로서 인정된다. 또한 국가성립을 공인하는 공식절차가 없기 때문에 다른 국가의 승인이 중요한 영향을 미친다. 이 시기는 현실보다 명분이 우선이었고, 쌍방이 자기 주장을 하는 정치 논리가 우선하였다.

다음으로, 1987년 헌법 개정 이후 2023년 말 북한이 두 국가 주장을 하기 전까지이다. 이 시기에는 남북한이 서로의 존재를 인정하고 공식화하였다. 둘 사이의 관계를 특수관계로 설정함에 따라 상대방의 지위가 국가인지는 명확하지 않았으나 30년간 교류와 협력을 지속하였다. 그럼에도 지속가능한 제도를 만들지는 못하였고, 정치상황에 따라 교류와 중단을 반복하고 있으며 분쟁발생 시 합리적으로 해결할 시스템을 만들지 못하였다. 이런 상황은 중국과 대만 사이의 양안관계가 지속되고 있는 점과 비교하여 볼 수 있다. 이 시기에는 현실과 명분의 조화를 시도하였고, 남북한은 다수의 합의를 하고 합의서 이행을 위한 실천과 함께 각자의 법제도에도 반영하였으나 남북교류가 지속되지는 못하였다.

최근 북한은 남한 정보의 차단 목적으로, 「반동사상문화배격법(2021)」, 「청년교양보장법(2021)」, 「평양문화어보호법(2023)」 등을 제정했고 남북관계는 더욱 악화되고 있다. 지난 30년간의 교류와 중단의 반복이 향후에도 일어나지 않도록 새로운 접근방식을 찾아야 한다. 그것이 현 단계의 문제다. 남북분단의 역사와 30년간의 교류경험을 비판적으로 재검토하고 새로운 제도를 설계하고 운영해야 할 시점이다.

(2) 장래의 변화방향

현재의 과제는, 7.7 선언 이후 시작된 남북교류협력법 시대의 존속이 가능한지 재검토하고 새로운 틀을 찾아가는 것이다. 그 시작은 남한 내의 합의도출이다. 여야 합의를 바탕으로 한 새로운 선언을 모색해야 할 시점이다. 기왕의 남북합의사항과 남북이 법률로 정한 원칙은 존중되어야 한다. 현재까지 쌓아온 성과를 평화통일로 가는 길잡이로 삼아야 한다. 남북이 합의한 내용이 쉽게 무시되어서는 안 된다. 향후 북한의 법제 변화도 지켜보아야 한다. 남북한 간의 관계의 변화는 정치적 선언으로 시작될 가능성이 크다. 국력이 60배 앞선 남한이 선제적으로, 그리고 주도적으로 남북 간 관계를 형성해 나갈 필요가 있다. 북한과의 관계개선 못지않게 국내 수준의 합의 도모와 성과 추구도 중요하다. 비핵화 논의 부진과 남북대화 소강상태에서도 통일 대북정책에 대한 국내 차원의 정치적 사회적 합의 도출의 성과는 중요하며, 그 의미가 크기 때문이다. 따라서 남북관계의 가시적 획기적 성과라는 최대강령적 접근 못지않게 남북관계의 중장기적 발전을 위해 국내적 토대를 다지는 최소강령적 접근도 중요하고 유의미한 정책이다.[36]

현재의 남북관계 악화는 북한만의 잘못인지, 혹은 남한사회도 책임질 부분이 있는지도 생각해 보아야 한다. 생물학자 최재천은 "동물사회의 으뜸 수컷은 2인자에게도 배분을 잘 해줘야 권력이 유지된다는 것을 알고 있는데 인간은 한번 쥐면 너무 많이 쥐려고 한다. 90을 가지려고 하면 다 놓치는 것이고 70만 갖고 30 정도는 다른 이와 나눠야 더 오래갈 수 있다."[37]라고 했다. 필자가 이런 언급을 하는 것은 과거사의 잘잘못을 가리는 데 매몰되지 말고 통일이라는 미래로 나아가기 위해 현재를 점검해 보자는 차원이며, 필자의 문제의식이다.

'두 국가' 주장으로 예상되는 문제는 북한주민의 법적 지위 변화,[38] 휴전협정 상태의 강화,[39] 휴전선이 국경선으로 바뀌는 문제,[40] 현재의 남한 법률(국가보안법, 남북교류협력법, 남북관계발전법)의 변경문제 등이다. 기왕의 남한법제는 북한에 대한 교류와 협력를 예외적으로 허용하면서 국제사회의 틀 속에서 공조방안을 찾았는데, 이런 방식의 기존의 입법체계를 변경해야 하는 문제,[41] 남북 통일 시 북한에 대한 관할권 주장이 약화될 우려[42] 등을 예상할 수 있다.[43]

한편, 북한은 남북한이 두 개의 국가라고 선언할 수 있는가의 문제를 자결권의 측면에서 살펴본다. 국제법상 자결권은 국제연합 체제가 들어선 후 탈식민지화 과정을 거치면서 정치적 원칙에서 법적 권리로 발전해 왔다. 탈식민지화 과정에서 자결권 행사는 식민지 거주자들이 독립 등의 방법으로 대외적으로 정치적 지위를 결정하는 의미를 가졌다면, 탈식민지화 이후 자결권 행사는 주권국가에 기속된 인민[44](people)들의 대내적 자결권 행사 차원에서의 의미로 발전되었다.[45] 자결권 행사는 대외적, 대내적으로 구분할 수 있다. 대외적 자결권(external self-determination)은 국가 내 인민이 대외적 정치적 지위 혹은 국제적 지위를 결정할 권리를 의미하고, 대내적 자결권(internal self-determination)은 일국 내 인민으로 하여금 정치적 경제적 사회적 문화적 발전 및 개발을 추구할 수 있는 권리를 가리키며, 대표성 있는 정부를 갖는 권리, 일국 내 인민이 정부의 형태 및 참정에 관한 기타 내부적인 구조를 자유롭게 결정할 권리 등이 포함된다.[46]

이러한 법리에 의하면, 북한주민이 스스로를 별개의 국가라고 선언하는 차원의 자결권 행사는 그 자체로 의미가 있다. 그 행위에 대해 남한주민이 동의하지 않거나 반대한다고 하여 북한주민의 자결권 행사가 효력이 상실되는 것은 아닐 것이다.

자결권의 측면에서 남북통합과정을 연구한 결과에 의하면, 남한과 북한을 각각 국가로 보는 국제법적 관점에서 보면, 북한 내에서 이루어질 수 있는 분리독립 행사와 제3국으로 편입 가능성을 긍정하는 데 자결권이 활용될 수 있다고 지적하면서 남북통합과정에서 대내적 자결권 행사란, 남한뿐만 아니라 북한지역에 보편적 인권보장과 자유민주주의 가치가 실현될 수 있도록 그 기반을 형성하는 데 요청되는 과정적인 측면들, 대표적으로 남한 헌법 제4조에 따라 이루어지는 통일정책 수립과 추진 내용을 포함하는 의미에서 정립하자는 제안이 있다.[47]

이러한 주장의 전제는 남북한 특수관계론이고, 1민족(국가) 2체제라는 구도에서 1민족(국가) 1체제의 법적 통합으로 가는 과도기적 상황에 있는 한(韓)민족의 대내적 자결권 행사를 모색한 것이다. 그런데 위 연구의 전제가 된 남북한 특수관계론은 북한의 명시적 거부로 더 이상 유지되기 어렵다는 점은 앞서 살펴본 바와 같다.

한편 박민의 위 주장에 대한 근거는 남한의 제헌헌법 전문과 영토조항이다. 그런데 제헌헌법 제정 시 북한지역에 대한 UN 감시가 이루어질 수 없었던 현실적 제약으로 북한 지역에 할당된 100석은 공백으로 남겨둔 채 총 198명의 국회의원이 선출되었고, 이렇게 선출된 국회의원이 만든 제헌헌법의 효력을 어떻게 볼 것인지는 생각해 보아야 한다. 박민의 주장은 북한주민이 헌법제정에 참여하지 못하였음에도 불구하고 북한 주민도 대한민국의 공동체 일원으로 인정하고 대한민국 국민으로 보호하고자 했던 헌법제정권자의 의지가 영토조항에 반영되었다고 보는 것이다.[48] 주권국가 내에서 자결권 행사는 주권의 영토보전원칙이 침해되지 않는 범위 내에서 이루어져야 한다는 한계에 의해 소수민 집단의 자결권 실현은 해당 국가 내 국내법적 질서 안에서 포섭되어 보장되어야 하는 것이 일반적인 원칙이다.[49]

필자는 이 주장의 근거에 동의하지 않는다. 제헌헌법 제정 당시 상황은 남북한이 분리된 상황에서 성격이 다른 정치집단이 각자 헌법을 제정하고 정부를 수립하려고 경쟁하는 상황이었고, 그런 과정을 거쳐 현재의 남북한이 형성된 역사를 보면 남한의 제헌헌법이 북한주민에게도 규범력이 있다고 보는 것은 무리다. 제헌헌법의 내용이 남한주민이 추구할 통일방향이 될 수는 있지만 북한주민도 그 헌법에 기속되어야 하고 따라서 그들도 대한민국의 주민이라고 주장하기는 어렵다. 선거에 참여하지도 않은 지역의 주민들과 그 후손들에게 남한의 헌법을 따르라고 할 법적 근거와 명분이 없다. 또한 역사적으로 북한주민에게 남한헌법을 실효적으로 강제하지도 못했다. 그동안의 남북한 교류 역사를 보면 현재의 남북한 관계를 하나의 주권국가 내부의 문제로 볼 수도 없다. 그동안 진행된 5차례의 남북정상회담과 260여 건의 남북합의의 전제는 상호 체제를 존중하다는 것이었는바, 남북한은 두 개의 국가라는 현실에서 다만 둘 사이의 관계를 나라와 나라 사이가 아닌 특수한 관계라고 규정했을 뿐이다.

박민은 최근 북한의 적대적 두 국가 주장에 대해, "이것은 단순 정치적 행위에 불과하며 헌법 제3조와 제4조를 근거로 도출된 남북한 특수관계라는 헌법적 규범 안에서 형성되는 대내적 자결권 행사의 의미에 영향을 줄 수 없다."라고 주장[50]하는데, 이 주장은 북한의 주장을 반박하는 대응 주장은 될 수 있지만 이 주장이 타당하다고 설득할 객관적 근거는 부족하다. 필자는 박민의 견해도 역시 '단순 정치적 행위에 불과'한 것이라 생각한다. 박민의 주장 중 대내적 자결권은 "일국 내 모든 인민의 의사가 자유롭게 표현될 수 있는 기반과 인민을 대표할 수 있는 민주적 정체가 존재할 때 진정한 자결권 행사가 가능하다. 해당 권리 행사를 제한하거나 왜곡하는 성격의 정치체제가 자결권 규범을 통해 정당화될 수 있다는 해석은 지양되어야 할 것이다."라는 내용[51]은 주목할 필요가 있다. 최근 북한의 두 국가 주장이 북한 당국에 의한 일방적인 것인지 혹은 북한주민의 자유로운 의사에 기한 것인지의 구분에 따라 달리 볼 여지가 있기 때문이다. 필자는 최근의 북한 동향으로 보았을 때 두 국가 주장의 주체는 김정은 등 북한 지도층이라고 본다. 따라서 이 지점에서 북한의 두 국가 주장의 의미를 달리 평가할 가능성을 열어 두고자 한다.

(3) 헌법의 변화 방향

기왕의 통일논의에서는 통일이라는 결과론적 측면을 강조한 반면에 과정으로서의 통일에 대한 논의는 상대적으로 적었다. 현행 헌법에도 통일의 과정과 방법에 대한 규정은 부족하다. 헌법 전반을 관통하는 국가적 과제로서 통일을 위하여 남북은 대립과 함께 교류와 협력을 하지 않을 수 없는 관계에 있다. 현행헌법이 제4조에서 평화통일조항을 도입한 것은 평화주의 원리를 표명함과 동시에 국가에게 평화통일 의무를 부과한 것이다. 이 의무는 입법부, 사법부, 행정부에 공히 부여된 의무이므로 모든 국가기관은 통일지향적인 입법, 사법해석, 정책수립을 하여야 한다.[52] 현재 남북한의 헌법에는 통일에 대한 선언적 규정만 있지 통일의 과정과 방법에 대한 규정이 명확하지 않다. 따라서 향후 헌법개정 시 통일의 과정과 방법에 대한 규정을 두는 것이 바람직하다. 그 이전에라도 법률에서 통일과정에 필요한 사항을 정할 수 있다. 한편 입법과정에서는 기존의 남북관계의 결과물인 남북합의서와 남북한의 법률 내용을 반영하는 것을 고려할 수 있다.

한편 독일통일의 과정과 방법은 조약과 협정에 의한 평화적 통일이었다. 동독은 서독기본법 제23조[53]와 제146조[54]에 의한 통일을 받아들였다. 그리고 '화폐 경제 및 사회통합에 관한 국가조약'을 비롯하여 선거조약, 통일조약을 체결함으로써 통일과 관련된 문제를 조약과 협정으로 해결하였다.[55] 남한의 헌법 개정 시에는 독일의 경험을 참고할 수 있다.

(4) 남북관계 법률의 변화방향

남한의 일반 법률은 북한지역에 대한 적용을 예정하고 있지 않는 경우가 많다. 그 결과 남북교류협력이나 북한과 당면한 문제에서 대응이 어려운 경우가 생긴다. 법원의 판단도 일관되지 않는다. 헌법재판소는 북한의 대학이 외국의 대학으로도 국내대학으로도 볼 수 없다는 애매한 판단을 하였다.[56] 이런 현상은 북한을 반국가단체이면서 대화와 협력의 동반자라는 이중적 지위로 보는 남북한 특수관계론의 문제점이자 한계다.

장래의 법제 변화방향을 논의하기 위해서는 북한이라는 상대를 어떻게 인식할 것인가에 대해 입장을 정리해야 한다. 필자는 북한을 현실 그대로 인식하고 통일을 지향하는 방향으로 관계를 맺어가야 한다는 견해다. 2024년 7월 기준으로 남한 수교국 193개국, 북한 수교국 159개국, 남북한 동시수교는 157개국이다. 국제적 기준으로 북한은 국가다. 그렇다면 국가로서 실체가 있는 북한을 국가로 인정하고, 남북한의 독립된 두 나라가 통일을 지향한다고 선언하고 둘 사이의 관계는 제3국과 다른 특수한 점이 있다고 합의하는 방안이 가능하다. "통일을 지향하지만 잠정적으로 국가 대 국가 관계로 보는 잠정일반관계",[57] "미래의 통일국가를 지향하면서 그때까지 잠정적으로 주권적 정치체로서 활동하는 별개의 주체",[58] 남북관계는 '국가와 국가 간의 특수 관계',[59] '두 개 국가론'의 수용[60][61] 등도 같은 의견이다. "지금부터라도 남북기본협정의 핵심 내용과 형식을 국민협약에 담아 국내적 합의도모는 물론 남북기본협정 체결 환경을 미리 가늠해 보고, 남북기본협정을 위한 기반조성을 기할 필요가 있을 것이다. 또한 남북관계와 대북정책에 대한 공유영역 합의와 컨센서스 도출은 비단 정치사회 영역에 국한되지 않는다. ...요컨대 남북관계 설정 및 대북정책 방향에 대한 초당적 합의와 사회적 합의가 그 무엇보다 급선무라고 하겠다."[62]라는 주장에 찬동한다.

그렇다면 법률에도 북한을 국가로 인정하고 남한의 법과 정책 중 북한과 관련지을 수 있는 것에 대하여는 당해 법률을 북한에 대해서는 어떻게 적용하겠다는 내용을 포함해야 한다.[63] 또한 북한을 정의함에 있어 막연히 군사분계선 이북지역이라 할 것이 아니라 정식 국호를 사용함으로써 법적용 대상을 명확하게 할 수 있다. 환경, 재난, SDGs 등 남북이 공통으로 영향을 받는 부분부터 법제 변화를 시작할 수 있을 것이다. 그리고 30년간의 남북교류 경험을 어떻게 법제화할 것인가를 논의해야 한다. 현행 남북교류협력법제를 전면적으로 개편해야 하고, 새로운 상황에 대비한 법제도를 신설해야 한다. 또한 남북관계의 제도화,[64] 법제화를 추진해야[65] 하고, 북한이 반국가단체라는 주장을 전제로 만든 법제를 정비해야 한다.[66] 정책적으로는 통일 목표를 구체화할 필요가 있다. 통일이 국가목표라는 것을 명확히 선언하고 법제도로 구체화해야 한다. "분단 100년이 되는 2045년을 통일 원년으로 만들자"라고 선언할 수 있다. "백 년으로 안 되면 천 년이 걸리더라도 통일한다."라는 의지가 필요하다. 마지막으로, 통일된 한국은 어떤 나라가 되어야 하는가에 대한 논의가 부족했다. 국가구조뿐만 아니라 기본권 차원에서 현재의 남북한보다 나은 통일된 나라를 꿈꾸어야 한다. 세계인권선언 등 보편적 기준의 목표를 달성하기 위해서 지금 우리는 어떤 노력을 해야 하는지 논의할 필요가 있다. 사회연대, 공화주의, 제3세대 인권, 난민, 기후변화, 인구감소 문제를 논의하고 청년세대의 참여를 유도해야 한다.

북한의 민족관계 부정으로 인해 발생하는 문제에 대응하기 위해 남한 정부는 정책적 유연성을 발휘할 필요가 있다. 평화통일에 대한 남북한의 이해관계는 차별적일 수밖에 없고 남한이 주변국의 협조를 얻기 위해서도 평화통일의 목적이나 한반도 문제에 대한 당사자 지위를 포기할 수는 없다. 따라서 북한처럼 남북한의 민족관계를 부정하는 법개정을 서둘러 고려할 필요는 없다.[67] 한편 동서독의 사례를 보면, 1970년대 당시 동서독관계가 민족내부관계인지 국가 간 관계인지에 대해 각자의 입장 차가 있음을 받아들이고, 입장 차 해결 없이 기본조약체결 및 동서독 간 교류협력을 진행한 바 있다.[68] 동독은 국가 간 관계라 주장하고 서독은 민족내부관계라고 주장하면서 필요에 따라 교류협력을 진행한 역사가 있다. 필자는 남북한 사이에도 1970년대 독일 방식의 적용이 가능하다고 본다. 남북한이 각자 주장하는 국가와 민족의 문제가 다르다고 하여 교류협력을 하지 못할 이유는 없다. 따라서 북한이 두 국가 주장을 하는 현 상황에서도 남한은 자체의 입장을 가지고 남북관계를 통일을 위한 특수관계로 관리해 나가야 한다.[69]

(5) 남북합의서의 변화방향

남북한은 1991년 12월에 채택한 남북기본합의서에서 “쌍방 사이의 관계가 나라와 나라 사이가 아닌 통일을 지향하는 과정에서 잠정적으로 형성되는 특수관계라는 것을 인정”하였고, 그 이후 5번의 정상회담을 비롯하여 260여 건의 남북합의가 있었다. 김정은의 두 국가 주장은 기왕의 남북합의, 특히 2018년 김정은이 서명한 판문점선언과 9월 평양공동선언에서 약속한 내용과도 배치된다. 쌍방이 합의한 것을 일방이 폐기하려면 합의서에서 정한 절차에 따라야 할 것이다. 북한이 두 국가 주장을 하였다는 이유만으로 기왕의 남북합의가 모두 사라진다고 할 수는 없다.

북한의 두 국가 주장이 통일에 미치는 영향은 무엇일지 생각해 본다. 먼저 한반도에는 한민족으로서의 ‘우리’ 아래 ‘작은 우리’로서 남북한이 있다는 구조하에서, 현시점은 한반도에서 ‘작은 우리’ 및 ‘더 작은 우리’의 협의주의적 정치, 제도화가 필요하다는 견해가 있다.[70] 이 견해에 의하면, 두 개 단위에 대한 대내외적 상호 승인 없이는 ‘먹거나 먹히는’ 근대적 주권국가의 정당성 경쟁, 승인 게임이 지속될 수밖에 없다.[71]

이런 경쟁상황을 극복하려면 한반도에서 실존하는 현실을 인정해 조선민주주의인민공화국과 대한민국 쌍방이 서로를 국가로 상호 승인하는 문제를 검토해야 한다. 한반도에서 비대칭 탈냉전은 냉전 이후 전후처리 문제와 관련하여, 승전국 미국은 협조국인 남한이 소련, 중국과 수교를 허용한 반면에 일종의 패전국인 북한의 전후처리는 미결로 남겨둔 상황이라는 분석이 있다.[72] 그 결과 북한은 유엔회원국 승인과 무관하게 미국 중심의 자유주의적 국제질서에서 전후 미처리국, 미수교국으로 소외되었고, 이는 1972년 동서독 기본조약이 1973년 양독의 동시 유엔 별도가입, 동독의 나토 회원국과의 수교 및 1974년 미국과 외

교관계 수립을 통해 교차승인이 이뤄진 사례와 대비된다.[73]

국가승인 문제는 이 글의 연구주제를 넘어서는 복잡한 문제이므로 후속 연구로 넘긴다. 필자는 국가승인문제는 정치적으로 미국과 북한의 수교문제와 관련되어 있으며, 미국의 의사가 중요하다고 본다. 남북한이 상호 간에 국가승인을 하기 위해서는 북미수교가 선행되어야 한다는 견해를 밝힌다.

5. 결론

남북관계는 진행 중인 역사이고, 남북한 주민의 현실이다. 과거의 역사를 존중하되 미래는 새롭게 만들어 가야 한다. 독일통일의 기반이 서독의 튼튼한 경제력이었다면[74] 현재의 남한도 북한에 대비하여 60배가 넘는 압도적인 경제력을 갖추었다. 그렇다면 장래의 남북관계도 남한이 주도하여 새로 형성해 나가야 한다.

그런데 현재 남북관계의 전망은 어둡다. 북한의 핵개발과 유엔의 대북제재가 당분간 변하지 않을 상수라고 본다면 전술적으로 남북관계 개선을 시도하더라도 그 한계는 명확하다. 우리는 향후 남북관계를 어떻게 가져가야 할지 냉정하게 보아야 한다. 이젠 남북경제공동체 형성과 같은 큰 목표보다 유엔의 대북제재하에서도 가능한 인도적 지원과 농업, 보건, 산림협력 등과 일부 사회문화교류를 추진하되 북한의 호응에 매달리지 말자는 제안이 있다.[75] 이런 방안이 현실적일 수 있고, 이를 통해 평화를 유지하는 것도 중요하다. 필자는 남북관계의 현 상황에서도 법률정비는 자체적으로 할 수 있는 문제라고 본다. 남북한이 두 개 국가라는 현실을 법제에 반영하는 절차와 시기를 고민해야 한다. 또한 남북한 당국은 기존의 특수관계론을 어떻게 바꾸어 나갈 것인지, 통일이란 목표를 어떻게 지속할 것인지도 논의해야 한다. 원론적으로 남북한 둘이서 하나로 통일하려면 그 둘이 서로 대화하고 협의해야 한다. 법률 차원에서도 마찬가지다. 법률적 논의가 통일논의의 새로운 계기가 될 수도 있고, 남한 내에서 남남대화를 하는 데도 도움이 될 수 있다.

북한의 두 국가론이 국내외의 위협에 대한 균형을 위한 조치라면, 위협을 해소하거나 줄임으로써 두 국가론으로 향하는 원심력을 약화시키고 통일로 향하는 구심력을 높이려 노력해야 한다. 그 시작은 국력이 앞서는 남한 정부가 열어야 하며, 우선적으로 고려할 것은 대북전단과 오물풍선 사태의 종결이다. 남측이 전단 살포를 중단하고 북측에게도 오물풍선 살포 중단을 요청하는 것이 바람직하다.

현 단계에서 할 수 있는 또 하나의 일은 협의주의적 평화구축의 틀, 정치지형 확보이다. 한반도 맥락에서 두 개의 '소아(小我)'인 남북관계, '소아(小我)' 내부의 국내정치, 그리고 지역의 차원에서 상호 인정과 공존의 제도적 보장을 공고화하는 것이다.[76] 이런 노력을 통해 남북한 사이도 "화해를 넘어 화합으로, 분단을 넘어 통일로"[77] 나아가야 한다. 그러기 위해서는 한반도에 사는 구성원들이 평화롭게 사는 공동체를 형성하는 차원에서 다양한 가치들과 조화된 통일철학이 필요하다. 통일은 민주주의, 사회정의, 복지, 자유, 평화, 평등, 사회연대, 인권, 휴머니즘 등의 다른 보편적인 가치와 친화적으로 조화를 이루어야 할 가치이며, 현재의 군사적 대결과 분단의 모순을 해결하기 위해 반드시 이루어야 할 과제이다.[78] 또한 장래의 남북한 법제가 변화해 나가야 할 방향이다.

제2장

통일헌법의 방향 모색 – 사회연대

이 장은 미래에 대한 이야기다. 남북관계 연구는 과거와 현재에 대한 것이 대부분이지만 필자는 미래를 꿈꾸자고 제안한다. 미래를 구체적으로 꿈꾸면서 그 꿈을 현실로 만들어 가려 노력해야 한다.

I

통일 한국 헌법과 사회연대[1)]

요약

현재의 남북관계가 나쁘다고 하여 통일 논의를 방치할 수는 없다. 현실에서 한발 떨어져서 통일 한국의 미래를 생각해 보는 것이 중요하다. 남북한이 하나로 통일된 나라, 통일 한국은 어떤 나라가 되어야 할까. 우리가 그리는 구체적인 그림은 무엇인가. 남북한의 당면문제를 극복하고 한 단계 더 나은 새로운 나라를 건설하려면 지금 우리는 무슨 준비를 해야 하는가. 끊임없이 질문하고, 우리의 미래를 상상해야 한다. 이 글은 그런 상상을 해 보는 시도다. 2025년 현재 분단 80년을 살고 있는 대한민국 시민은 현재의 상황을 당연하게 여긴다. 통일을 아련한 목표로 여기거나, 통일에 무관심한 것은 두려움 때문일지도 모른다. 두려움은 회피한다고 없어지는 것이 아니다. 미래를 상상해 봄으로써 막연한 두려움의 실체가 무엇인지 살펴보고, 그런 두려움이 극복 가능한지도 생각해 보아야 한다. 두려움을 극복하기 위해서, 그리고 희망을 찾기 위해서라도 통일에 대해 논의해야 한다. 이 글은 사회연대라는 헌법원리를 통해 미래를 전망해 본다. 사회연대 원리의 역사적 변화과정과 현대적 의미, 그리고 이를 바탕으로 통일 한국에서 발생할 분야별 사회연대

적용가능성을 검토하였다.

1. 들어가며

북핵위기, 미·중 갈등으로 인한 극한의 남북대치 상황에서 미래에 다가올 '통일 한국의 헌법'을 논의하는 것이 어색할 수도 있지만 상황이 나쁘다고 하여 통일 논의를 방치할 수는 없다. 필자는 현실에서 한발 떨어져서 통일 한국의 미래를 생각해 보는 것이 중요하다고 생각한다. 남북한이 하나로 통일된 나라, 통일 한국은 어떤 나라가 되어야 할까? 우리가 그리는 구체적인 그림은 무엇인가? 남북한의 당면문제를 극복하고 장래 한 단계 더 나은 새로운 나라를 건설하려면 지금 우리는 무슨 준비를 해야 하는가? 이 질문을 달리하면, 우리는 장차 어떤 나라에서 살기를 원하는지 상상하는 것이다. 이 글은 그런 상상을 해 보는 시도다.

2021년 국립통일교육원이 초, 중, 고등학교 학생을 대상으로 벌인 설문조사[2]는 북한을 협력해야 할 대상(60.6%)으로 보는 응답이 경계해야 할 대상(34.8%)보다 높고, 통일이 필요하다는 응답(61.2%)이 불필요하다는 응답(25%)보다 높다. 통일이 불필요하다는 응답자들은 통일에 따른 경제적 부담(29.8%), 통일 이후 생겨날 사회적 문제(25%), 남북 간의 정치 사회 문화적 차이(27.8%)를 그 이유로 들었다. 청소년들은 통일에 대한 두려움을 갖고 있는 것으로 보이고, 그런 두려움은 성인들도 마찬가지다. 사실 냉정하게 말하자면 남한주민들은 청소년이든 성인이든 통일된 나라의 미래를 생각해 볼 기회가 많지 않았다. 한편 세대별로는 IMF 세대(1981~1990년 출생)의 68.3%, 밀레니얼 세대(1991년 이후 출생)의 74.1%가 남북 관계에 관심 없다고 답변했다.[3] 미래세대들은 남북관계를 부정적으로 전망하기보다는 기대 자체를 접은 무관심층이라 할 수 있다. 이런 현상은 당위성을 앞세우던 통일이 아닌, 현실적인 상황인식에 기반한 평화적 공존을 추구하는 경향이 더욱 뚜렷해졌기 때문으로 보인다.[4]

2025년 현재 분단 80년을 살고 있는 대한민국 시민은 현재 상황을 당연하게 여긴다. 통일은 아련한 목표일지도 모른다. 마치 소련 시절을 살던 주민들이 그 체제가 영원할 것처럼 느꼈듯이. "소비에트연방에서 무언가가 바뀔 수 있다는 생각은 한 번도 해본 적이 없어요. 그게 사라질 거라는 생각은 고사하고요. 누구도 그걸 기대하지 않았어요. 어른이건 아이건 말이에요. 모든 게 영원할 거라는 완전한 인상이 있었죠."[5] 브레즈네프 집권기(1964~1982)를 다룬 책에서 이렇게 말한 소련 주민은 그로부터 10년이 지나지 않아 소련연방이 해체되는 경험을 했다. 우리에게도 급격한 변화가 언젠가 닥칠 것이다. 지금 우리는 모든 가능성을 열어두고 생각을 자유롭게 해야 한다. 상상력을 발휘하여 미래에 내가 살 나라를 꿈꿀 권리는 모든 시민에게 있다. 우리 사회는 그런 꿈 이야기를 더 자주, 더 많이 해야 한다.

사실 지금 우리가 통일에 무관심한 것은 두려움 때문일지도 모른다. 두려움은 회피한다고 없어지는 것이 아니다. 미래를 상상해 봄으로써 막연한 두려움의 실체가 무엇인지 살펴보고, 그런 두려움이 극복 가능한지도 생각해 보아야 한다. 한국의 신문사 특파원이 독일의 게르하르트 슈뢰더 전 총리에게 물었다. 한국의 젊은 층이 통일에 관한 관심이 줄어들고 있다고 하자, 슈뢰더가 답변했다.

> "한국의 젊은 세대가 만일 통일에 관심이 없고 오히려 반대한다면 원인이 있을 텐데, 가장 큰 것은 두려움이 아닐까 합니다. 부모 세대는 급속히 성장하는 사회를 겪었는데 아이들은 그러한 성장 신화의 환경과는 거리가 멉니다. 현재 청년들은 부모 세대보다 더 교육받았는데도

> 일자리를 찾기 어렵습니다. 특히 한국의 교육은 굉장히 팍팍하기로 유명하지 않습니까. 이런 상황은 정치적으로 굉장히 위험합니다. 옛 동독 지역 일부 시민들이 난민에 대해 느끼는 것처럼, 젊은 층은 통일이 됐을 때 '내 것을 나눠야 하는가?'라는 두려움이 있는 거예요. 젊은 세대가 미래에 대해 희망을 품도록 하는 게 급선무입니다."[6)]

두려움을 극복하기 위해서, 희망을 찾기 위해서라도 통일문제를 논의해야 한다. 필자는 사회연대라는 헌법원리를 통해 미래를 전망해 보고자 한다.

2. 통일 한국 헌법 구상의 기본원리

(1) 헌법의 역할

헌법은 나라의 기본 틀이다. 헌법은 국민의 기본권을 보장하고 국가 최고기관의 권한을 정하며 그것을 통제하는 국가의 통치질서에 관한 최고법이다. 입헌주의는 국민의 기본권을 보장하기 위하여 국가공동체의 모든 생활이 헌법에 따라서 영위되어야 한다는 정치원리다. 남북한이 통일하여 통일 한국이 구성될 때 헌법이 중요하다. 헌법 역사를 보면, 근대국가가 들어서는 과정에서 그리고 국가가 생기고 난 후에도 헌법은 희망이었다. 대한민국의 역사도 마찬가지다. 대한민국 임시정부를 살펴보면, 그 규모나 영향력은 미미했을지라도 임시정부가 만든 헌법은 위대했다. 왕조 국가가 아니라 민주적인 공화국으로 헌법의 틀을 만든 덕분에 지금의 대한민국이 존재하게 된 것이다. 마찬가지로 통일 한국의 헌법에 대한 논의도 시작해야 한다. 1919년 중국 상해에서 광복된 조국에 적용할 헌법을 구상한 선배들이 있었듯이 지금 대한민국 서울에는 통일헌법을 구상하는 연구자가 있어야 한다.

임시정부 헌법제정에 참여한 조소앙, 이동녕, 안창호, 김규식 등의 정신은 통일 한국의 헌법에도 이어져야 한다. 특히 조소앙의 삼균주의는 정치, 경제, 교육에서 균등하게 하면 인민은 권력과 재산과 지식에서 균등하게 된다는 주장으로 1948년 제헌헌법의 전문으로 이어졌다. 제헌헌법에는 연대 정신이 배어 있다는 연구[7)]도 있다. 특히 제헌헌법에서 규정한 이익균점권은 사회연대의 범위를 근로자를 넘어 사용자 내지는 주주로 확장했다는 점에서 획기적인 제안이었다. 제헌헌법 제정 당시 전진한은 "우리 대한민국이 근로입국으로서의 그 진면목을 발휘하였을 뿐 아니라 정치적 형식적 민주주의에 경제적 실질적 민주주의를 병행하여 인류최고이상인 자유평등사회를 정치적 경제적 사회적 각 부면에 실현을 보게 되는 것으로 이 조문이야말로 대한민국 전 헌법을 통하여 화룡점정의 의의를 가진 것"이라고 하였다.[8)]

제헌헌법 제정에 참여한 조봉암이 한 "헌법은 혁신적이고 진취적이여 현대적이고 민주적이어야 한다."라는 말은 지금도 유효하고 통일 한국이라는 새로운 나라의 헌법을 만드는 데도 적용될 수 있다. 제헌헌법에서 근로자의 이익균점권과 같은 노동 관련 조항과 농지개혁, 국가의 역할과 공공성을 중시하는 경제 관련 조항 등 혁신적인 요소들이 헌법에 포함되었고, 이런 헌법규정들은 신생 취약 국가를 공산주의적 계급혁명으로부터 보호했고, 역동적인 한국경제의 기본구조를 만들었다.[9)]

현재 통일에 관한 관심이 낮더라도 해야 할 일이 있다. 그것은 통일 한국은 장차 어떤 모습을 하고(국가기구), 어떤 가치를 추구할 것인지(기본권), 남과 북의 통합을 위해서는 무엇을 할 것인지(새로운 제도)를 논의하는 것이다.

북한주민의 관점에서도 통일 이후의 문제는 중요하다. 만일 북한 체제가 붕괴된다면 서사의 문제가 대두될 수 있다. 지금까지 북한은 사회주의 국가의 탄생, 유지와 발전, 번영의 미래라는 국가서사를 가지고 있었다. 그런 상황에서 체제 붕괴의 인과, 정책 실패, 국제정세 흐름을 설명하는 서사가 확실해야만 붕괴 이후의 관리 주체가 어떤 자격으로 신뢰할 수 있는지에 대한 정당성이 생긴다. 그러기 위해서는 통일된 나라에서 북한주민들이 안전하고 평화로운 한반도 주민으로 살아갈 수 있는 이야기를 마련해야 한다.[10] 그런 이야기의 기본 틀은 통일 한국의 헌법이다.

(2) 통일 한국 헌법의 기본원리

통일헌법의 기본원리에 대한 연구[11]에 의하면, 기본원리는 다음과 같은 조건을 충족하는 것이어야 한다. 첫째, 인류 보편적 가치로 인정되는 것이어야 하고, 둘째, 남북 간은 물론 남한 내부에서도 합의할 수 있는 원리이어야 하며, 셋째, 현행 헌법의 통일원칙에 위반되지 않는 것들이어야 할 것이다. 이러한 기준에 맞추어 남북한 헌법의 기본원리들을 비교 검토해 보면, 북한 헌법의 기본 원리들은 집단주의 원리를 제외하면 사회주의, 주체사상, 인민민주주의독재 등 거의 모든 원리들이 보편성도 없고 합의 가능성도 없어 통일헌법의 기본원리로 삼기에는 부적합하다. 결국 통일헌법의 기본원리는 남한 헌법의 기본원리를 바탕으로 한다.

한편 이질화된 남북 간의 통합과 현재 지나치게 파편화되고 개인주의화되는 자유주의의 문제를 수정 보완하기 위하여 북한 헌법의 기본원리 중 집단주의 원리를 수용하자는 논의가 있다. 북한 헌법에서 "하나는 전체를 위하여, 전체는 하나를 위하여"로 표현되는 집단주의 원리는 자유주의 국가의 보험업이나 협동조합운동의 구호인 "일인은 만인을 위하여, 만인은 일인을 위하여"와 같은 것으로 개인과 집단의 조화 공생관계를 의미하는 것이며, 프랑스 혁명에서 강조된 박애정신과도

관련이 있다.[12)]

이런 논의를 하는 이유는 개인과 집단의 조화와 공생을 강조하는 집단주의적 또는 공동체주의적 가치관으로서 공화주의, 공동체주의 사상을 통일헌법의 기본원리로 추가하기 위함이다. 필자가 이 글에서 제안하는 사회연대는 공동체주의에 근거한 것이므로 같은 맥락이다.

남한의 통일방안은 1994년에 완성된 민족공동체통일방안이다. 점진적 단계적 통일방안으로 여야가 합의한 것이며 지난 30년간 남한 사회에서 통일방안으로 존중받았다. 그런데 3단계로 된 그 통일방안의 단계별 구체적인 모습에 대한 논의는 많지 않았고, 통일 한국의 헌법에 담길 내용에 대한 논의도 부족했다. 현재 남북 관계가 소강상태이지만 이럴 때일수록 긴 호흡으로 장차 도래할 통일 한국의 헌법에 대해 차분히 구상해 볼 필요가 있다.

통일문제를 구상함에 있어 미래의 모습을 상상해 보는 것이 중요하다. 국회미래연구원의 조사[13)]에 의하면, 남북 관계의 미래는 밝지 않다. 그렇다면 어떻게 해야 하는가? 우리 스스로 어떤 나라를 만들어 나갈지 고민해야 한다. 우리가 꿈꾸는 미래 사회에 대해 끊임없이 토론해야 한다.[14)] 우리 사회는 우리 스스로 만들어 나갈 수밖에 없다. 그 방법은 과거와 현재에 대한 치밀한 분석, 강인한 연마와 끊임없는 공부와 학습을 통해서만 가능하다.[15)] 이 글은 그런 노력의 한 시도다.

통일국민협약은 사회적 합의를 바탕으로 통일·대북정책을 추진하기 위해 시민사회의 제안에 의해 시작됐다. 통일국민협약안은 민간이 주도하고 정부가 지원하는 방식으로, 성별·연령·지역·이념을 아우른 시민들이 사회적 대화를 통해 직접 만든 통일·대북정책 분야 최초의 사회협약안이다. 문재인 정부는 2018년 '통일국민협약 체결 추진'을 국정과제(94-1)로 선정해 추진해 왔다. 4년간의 사회적 대화를 진행해 2021년 6월 26일, 국민들이 직접 「통일국민협약안」을 작성하고 채택했다.[16)]

통일국민협약은 시민들의 의사를 모아 통일 한국의 바람직한 미래상을 그리고 미래상 실현의 과정과 방법도 제시하고 있다. 집단지성의 힘이 발현된 사례이다. 필자는 통일국민협약의 내용을 존중하자는 입장이다.

(3) 남한 헌법상의 통일 관련 규정 검토

남한 헌법에는 통일 관련 규정이 다수 존재하나, 통일된 나라가 어떤 형태이며 어떤 이념을 추구할 것인지에 대한 언급은 없다. 1987년에 개정된 현행 헌법은 평화적인 방법으로 통일할 것을 규정하고 있을 뿐이다. 그때로부터 37년이 지난 현시점에서는 통일된 나라의 형태와 구조에 관해서도 연구해야 할 필요가 있다. 현행 헌법상의 통일 관련 조항을 살펴본다.17)

통일과 관련한 조항은 전문을 비롯하여 제3조 영토조항과 제4조 자유민주적 기본질서에 입각한 평화통일조항 등이 있으며 각 통일조항은 대체로 "평화"와 결부되어 있다. 평화는 통일의 과정과 결과에 있어서 모두 원칙으로 삼아야 할 것이며, 특히 과정에 있어서 평화롭게 국민이 생존할 권리와 무력에 의한 통일을 금지한 것으로 해석할 수 있다.

표 1 | 헌법상 통일 관련 조항

조	내 용	비 고
전문	조국의 민주개혁과 평화적 통일의 사명에 입각하여 정의·인도와 동포애로써 민족의 단결을 공고히 하고	근본방향
제3조	대한민국의 영토는 한반도와 그 부속도서로 한다.	영토조항/ 통일의 당위성
제4조	대한민국은 통일을 지향하며, 자유민주적 기본질서에 입각한 평화적 통일 정책을 수립하고 이를 추진한다.	통일의 방법, 한계 – 원칙

조	내 용	비 고
第6조 제1항	헌법에 의하여 체결·공포된 조약과 일반적으로 승인된 국제법규는 국내법과 같은 효력을 가진다.	남북합의서의 효력
第60조 제1항	국회는 상호원조 또는 안전보장에 관한 조약, 중요한 국제조직에 관한 조약, 우호통상항해조약, 주권의 제약에 관한 조약, 강화조약, 국가나 국민에게 중대한 재정적 부담을 지우는 조약 또는 입법사항에 관한 조약의 체결·비준에 대한 동의권을 가진다.	국회동의
第66조	③ 대통령은 조국의 평화적 통일을 위한 성실한 의무를 진다.	대통령의 통일의무
第69조	대통령은 취임에 즈음하여 다음의 선서를 한다. "나는 헌법을 준수하고 국가를 보위하며 조국의 평화적 통일과 국민의 자유와 복리의 증진 및 민족문화의 창달에 노력하여 대통령으로서의 직책을 성실히 수행할 것을 국민 앞에 엄숙히 선서합니다."	취임선서
第72조	대통령은 필요하다고 인정할 때에는 외교·국방·통일 기타 국가안위에 관한 중요정책을 국민투표에 붙일 수 있다.	국민투표부의권
第92조	① 평화통일정책의 수립에 관한 대통령의 자문에 응하기 위하여 민주평화통일자문회의를 둘 수 있다. ② 민주평화통일자문회의의 조직·직무범위 기타 필요한 사항은 법률로 정한다.	통일자문기구

한편 통일을 위한 헌법 개정이 필요하다고 주장하는 연구 중에는 헌법 개정안으로 제2조의 국적조항, 제3조의 영토조항을 구체화, 명확화함과 동시에 제4조에 2항 내지 4항을 추가하자는 제안[18]이 있다.

> 헌법 제4조 제2항 "대한민국은 남북한 주민 모두가 인간으로서 존엄과 가치를 가지며, 자유롭고 평등하게 행복을 추구할 수 있는 통일국가를 만들어야 한다." 제3항 "대한민국은 남북한 주민 모두의 주권적 의

사에 따라 통일헌법을 마련해야 한다." 제4항 "통일정책의 수립과 추진에 필요한 기본적인 사항은 법률로 정한다."

필자는 이러한 시도에 찬성한다. 헌법과 법률의 공백을 채워 나감으로써 예측가능성을 높일 수 있기 때문이다.

(4) 사회연대에 주목하는 이유

프랑스혁명에서 시작된 자유, 평등, 박애의 정신은 세계인권선언을 거치면서 보편적인 기본권으로 확립되었다. 남한은 1948년 헌법 제정 이후 세계적인 흐름을 따르고 있고, 현재까지 자유와 평등 영역의 권리는 대폭 신장하고 제도화되었다. 아직 완전하다고 할 수는 없겠지만 상당한 수준의 권리보호가 이루어졌고, 시민들의 인식도 상당하다. 그런데 박애로 표현되었던 사회연대의 문제는 자유와 평등에 비해 부족하다. 또한 최근에는 각자도생의 분위기가 강조되면서 사회연대 의식이 약화되는 현상도 일어나고 있다.

필자는 장차 남북한 주민이 함께 살아갈 통일 한국의 헌법을 구상함에 있어서는 사회연대 문제가 본격적으로 제기될 것으로 예상한다. 이런 이유로 이 글에서는 사회연대가 통일 한국이 추구할 가치가 있는 이념인지, 만일 그렇다면 어떤 분야에서 어떻게 추구할 것인지를 검토해 보고자 한다. 기왕의 연구 중에는 통일헌법에 사회주의적 요소를 도입할 수도 있으나 사회보장은 국가의 재정적 뒷받침이 충분한 경우에만 실효성이 있을 것이므로 사회적 권리를 헌법규범에 남발하는 것은 헌법의 효력과 권위를 손상한다는 신중론[19]도 있다.

선행연구 중에 통일헌법의 기본권체계 연구[20]에 의하면, 통일헌법의 기본권은 보편적 인권의 보장과 기본권의 상향적 보장이 원칙이 되어야 하며, 이를 바탕으로 자유권, 평등권, 사회권이 보장되어야 하는데,

특히 사회권 영역에서 북한헌법의 내용을 참고하여 통일헌법에 관련 규정을 도입하는 것을 고려하자는 제안이 있다. 보편적 인권보장의 기준은 유엔의 세계인권선언, 국제인권장정, 지역적 인권협약 등 인권조약이 채택하고 있는 기본원리이며, 특히 '시민적 및 정치적 권리에 관한 국제규약'(B규약), '경제적 사회적 문화적 권리에 관한 국제규약'(A규약)과 같이 남북한이 모두 가입(남한은 1990년, 북한은 1981년에 가입하였음)하고 있는 국제규약이 기본이 될 수 있다.[21] 기본권을 상향적으로 보장하려면 통일과 그 이후 사회통합과정에서 많은 비용이 드는데, 남북한 주민이 통일을 지지하도록 하기 위해서는 통일 한국이 모두의 자유, 평등, 복지가 향상되는 모습으로 이루어져야 한다. 또한 남북한 주민의 지지를 받기 위해서는 북한헌법상의 기본권도 고려되어야 하며, 남북한 헌법에서 보장되던 권리는 통일헌법에서 보장된다는 원칙을 확립하는 것이 중요하다.[22]

또한 오랜 기간 국가로부터 교육이나 보건, 탁아 등에 대한 급부를 받으면서 생활 면에서 국가에 의존했던 수급자로서는 이러한 국가의 급부는 재산권과 같은 차원에서 보호가 이루어져야 한다고 지적하는 바, 경청할 의견이다. 한편 위 연구는 북한주민의 경우 개인의 자발적 경제활동에 비해 국가의 급부 비중이 높았다는 점, 만일 국가의 급부가 단절된다면 생활 자체가 곤란하게 되는 점, 이런 상황이 통일반대세력을 형성할 우려가 있는 점 등을 고려해야 한다고도 주장하였는데, 필자도 동의한다. 사회권의 영역에서 언급되는 기본권은 대체로 사회연대의 정신에서 출발하는 것이므로 아래에서 사회연대를 살펴본 후 통일헌법과 연계하여 본다.

3. 사회연대 일반론

(1) 사회연대(Social Solidarity)는 무엇인가

'연대'라는 용어는 의무에 관한 로마법에 뿌리를 두고 있다.[23] 루소[24]는 '타인에 대한 연민'을 말했고,[25] 이후 사회학에서 '인간의 본성에 기초한 상호의존'이라는 논의로 발전했다. 18세기 후반 프랑스혁명 이후에는 법에 기초한 연대 관념이 권리의무관계를 벗어나 사회통합을 위한 상호의존의 개념으로 발달하였다. 1989년 프랑스혁명에서 자코뱅당은 박애를 자유, 평등과 함께 핵심적인 개념으로 만들었다. 그 결과 박애는 1793년 프랑스 인권선언 제21조에서 '사회의 불운한 구성원들을 지원할 신성한 의무'로 구체화되었다. 또한 1793년 혁명 헌법에서 로마의 시민법 이념인 연대는 공적인 사회의 공화적인 원칙과 결합하여 '한 시민의 몰락은 모든 시민의 몰락을 의미한다'는 명제로 일반화되었다. 혁명 헌법 제34조는 "사회의 구성원 중 한 사람이 압제를 받을 때 사회전체에 대한 압제가 있다. 사회 전체가 압제를 받을 때 사회의 구성원 각각에 대한 압제가 있다."라고 규정하였다.[26] 18세기 후반 이래로 빈곤은 점차 아무도 비난할 수 없는 불가피한 운명의 결과라기보다는 사회적 문제로 인식되기 시작했다. 생시몽주의는 "우리는 각자가 그들의 능력에 따라 그들 자신의 근로 능력에 따른 원칙에 완전하게 기반한 사회질서를 원한다. 우리는 땅과 공장의 임차, 자본의 차용이라는 다양한 이름으로 불로소득자들에게 노동자들이 지불하는 모든 대가가 점진적으로 폐지되길 원한다."라고 주장했다.[27]

초기 사회주의자인 푸리에[28]는 4가지 방식으로 연대를 설명한다. 첫째, 보험과 부채의 상환을 위한 집단의 공통 책임에 관한 보험원리, 둘째, 필요한 사람과 자원을 나누는 자세, 셋째, 공동체의 감정을 묘사하는

더 일반적인 적용, 넷째, 보장된 최소 소득의 도입과 가족 지원이다.[29)]

콩트[30)]는 연대를 사회적 결속의 메커니즘으로 보았다. 연대는 분업으로 인한 한 개인의 다른 사람에 대한 의존에 하나의 기원을 두고 있고, 모든 개인의 역사에 대한 의존에 또 하나의 기원을 두고 있다. 인간사회의 특징은 세대 사이의 협력능력인데, 인간사회는 주관적인 유대와 세대 간의 계속성이라는 특징을 가지고 있다. 인간은 이전 세대들의 자원 위에 축적하고 자본화하고 근본적으로 시간에 의해 길들여진 존재다. 부(富)는 여러 사람의 노력으로 창출된 것이므로 개인은 그가 원하는 대로만 그의 재산을 사용할 수 없다고 보았다.[31)]

뒤르켐[32)]은 사회는 사회적 규범들, 공유된 가치들 그리고 관습에 기초하여 있고 연대는 사회 구성원을 통합하는 규범적인 메커니즘의 하나라고 하였다. 그는 전통적인 사회의 기계적인 연대와 현대 사회의 조직적인 연대를 구분하였는데, 전통사회에서는 공통의 의식이 각 개인 속에서 지배적이고 그에 따라 사람들이 비슷하고 생각도 같아 연대가 강하지만 현대사회는 높은 정도의 직접적인 특화와 사회적인 다름이라는 특징을 가진다고 보았다. 뒤르켐은 현대사회에서 분업이 자연스럽게 발전하면 연대가 발전하는데, 자연적인 능력의 분배에 맞추어 사회적 기능들이 분배되고, 개인이 그의 재능에 어울리는 지위를 얻는 데 어떠한 장애물도 가로막아서는 안 된다고 주장하였다. 그리고 하위 계급이 사회에서 새로운 기능에 접근할 수 있도록 기존의 질서가 변화되어야 하며, 시민들 사이에 평등이 확산될수록 연대는 발전한다고 보았다.[33)]

연대의 현대적 전개를 살펴보면, 1948년 채택된 세계인권선언은 인간의 존엄, 자유, 평등 그리고 형제애를 기본원칙으로 하고(제1조), 사회보장에 관한 권리(제22조), 근로에 대한 정당한 보상을 받을 권리(제23조), 본인과 가족의 건강과 복지를 위해서 적정한 생활 수준을 누릴 권리(제25조) 등에서 묵시적으로 연대의 원칙을 표현하고 있다. 2000년

9월 8일 국제연합 총회결의로 채택된 국제연합 새천년 선언은 연대를 "전 세계적 과제에는 형평과 사회정의의 기본원칙에 따라 비용과 부담을 공평하게 배분하는 방식으로 대처해야 한다. 고통받고 있거나 혜택을 조금밖에 누리지 못하고 있는 사람은 가장 많은 혜택을 누리고 있는 사람에게서 도움을 받을 자격이 있다."라고 규정한다.[34] 한편 국제노동기구(ILO)가 1944년 채택한 필라델피아 선언에 의하면, 모든 인간은 연대에 기초하여 각자의 참여, 협력, 기여에 의한 물질적 진보와 정신적 발전을 추구할 수 있다고 함으로써 연대가 사회적 정의로 나아가는 근본원칙임을 천명하고 있다.[35] 유럽기본권 헌장도 전문에서 "유럽연합은 인간의 존엄성, 자유, 평등 그리고 연대라는 나눌 수 없는 보편적 가치 위에 세워져 있다."라고 선언하고, 제4장에서 연대를 규정한다. 제4장에는 단체교섭과 단체행동권(제28조), 부당해고로부터의 보호(제30조), 공정하고 정당한 근로조건(제31조), 사회보장과 공공부조(제34조), 건강돌봄(제35조) 등이 있다. 이렇게 규정된 연대의무는 쉽게 특정할 수 있는 법적 주체에게 부과되며, 법원은 그 위반에 대해서 제재를 가할 수 있다. 세금을 납부할 의무, 사회보장 재정에 이바지할 의무, 근로자들과 협의할 의무, 환경을 보존할 의무, 통상적인 가족생활과 조화될 수 있는 조건 속에서 근로 시간을 조직할 의무 등이 그것이다.[36]

결국 연대의 이념은 다른 사람이나 국가에 대한 은혜를 구하는 것이 아니라 공동체를 구성하는 개인에게 자신의 생존을 향한 적극적인 권리를 부여하는 권리성에 있다. 급부를 필요로 하는 자에게 급부에 대한 권리를 부여하는 작업은 2가지 측면에서 시작해야 한다.[37] 첫째, 헌법적 근거의 탐색과 연구다. 헌법적으로 사회연대 원리에 대한 근거를 사회국가의 원리에서 찾는 것이 일반적이고, 사회보장법 특히 사회보험법 영역에서 사회국가의 원리가 구체화되어 있다. 이때 사회연대의 원리는 목적 달성을 위하여 소득분배, 소득재분배를 전제로 하며, 헌법

제119조 제2항 “국가는 균형있는 국민경제의 성장 및 안정과 적정한 소득의 분배를 유지하고, 시장의 지배와 경제력의 남용을 방지하며, 경제주체간의 조화를 통한 경제의 민주화를 위하여 경제에 관한 규제와 조정을 할 수 있다.”라는 내용과 관련된다. 둘째, 사회연대 원리의 법적 성격을 인접 학문의 다양한 논의를 통해 분석함으로써 연혁적, 이론적인 성과를 도출하는 작업이다.

필자는 통일 한국이라는 새로운 시기에는 다양한 문제가 발생할 것으로 예상하는바, 그중 상당한 부분은 사회연대가 필요하다고 생각한다. 그런데 역사적으로 곤궁하여 무엇인가를 필요로 하는 사람에 대한 급부가 은혜 차원에서 권리로 전환되는 것은 쉽지 않은 일이었다. 그래서 종교의 영역에서 사회연대가 논의되기도 한다. 가톨릭에서는 연대가 사회적 평화와 사회통합을 지향하는 핵심적인 사회교리다.[38] 이때 연대성은 가깝든 멀든 수많은 사람의 불행을 보고서 막연한 동정심이나 피상적인 근심을 느끼는 무엇이 아니다. 그와 반대로 공동선에 투신하겠다는 강력하고도 항구적인 결의이다. 우리 모두가 모두에게 책임이 있는 만큼, 만인의 선익과 각 개인의 선익에 투신함을 뜻한다. 필자는 가톨릭의 사회교리가 통일 한국에도 존중되어야 한다는 입장이다.

(2) 현행 헌법과 사회연대

헌법학자 허영에 의하면, 남한 헌법은 정의 사회를 구현하기 위해서 사회적 기본권의 폭 넓은 보장을 통해서 사회국가원리를 수용하고 있다. 남한 사회는 민주주의와 법치주의 못지않게 사회국가를 건설할 수 있도록 정책 방향을 정하여야 하며 그 근거로는 헌법 제34조, 제35조, 제36조를 든다.[39] 사회국가의 내용으로는 실질적인 자유와 평등의 실현을 들고 있으며 국민 각자가 자율적으로 일상생활을 꾸려나갈 수 있도록 사회적인 생활환경을 조성하는 것이다. 다른 원리와의 상호관계를 보면, 민주주의는 자유와 평등의 통치형태적 실현수단이고, 법치국가는 자유와 평등의 국가기능적 실현수단인 반면 사회국가는 생활여건을 조성해 주는 사회구조의 골격적 테두리라 한다.[40]

또 다른 견해로는, 남한 헌법은 사회연대를 지향하는바, 사회연대의 헌법적 근거로는 사회국가 원리, 인간다운 생활을 할 권리, 평등의 원칙, 사회적 시장경제질서조항, 재산권의 사회적 구속성을 든다. 사회연대의 중심적 구성요소는 보편성, 집단성, 상호성이다.[41]

대법원 판결과 헌법재판소 결정[42]에서도 사회연대가 거론되고 있지만 그 개념이나 헌법적 근거, 규범적 성격과 적용방식에 관한 설명은 명확하지 않다. 대법원 2011.11.24. 선고 2011두15534 판결은 국민건강보험법 제63조 제4항의 입법 취지와 문언에 따르면 사회보험으로서 건강보험은 사회연대 원칙을 기반으로 하여 경제적인 약자에게도 기본적인 사회보험의 급여를 주고자 하는 것으로서 개인별 등가 원칙이 철저히 적용되지 않고, 동일위험집단에 속한 구성원들에게 법률로써 가입을 강제하고 소득재분배를 하기에 적합한 방식으로 보험료를 부과함으로써 목적이 달성되는 것이라는 사회보험의 제도적 취지를 설명한다.

헌법재판소는 사회연대 원리는 사회국가원리에서 도출된다고 보고 있고, 사회국가원리는 헌법이 명문으로 규정하고 있지 않으나 우리 헌법이 수용하고 있는 원리라 한다. "우리 헌법은 사회국가원리를 명문으로 규정하지 않고 헌법 전문, 인간다운 생활을 할 권리를 비롯한 사회적 기본권의 보장, 경제영역에서 적극적으로 계획하고 유도하고 재분배하여야 할 국가의 의무를 규정하는 경제에 관한 조항 등을 통하여 간접적으로 사회국가원리를 수용하고 있다."라고 판시하였다.[43] 결국 헌법재판소는 헌법이 명시적으로 규정하고 있지는 않지만 간접적으로 사회국가원리를 수용하고 있기에 여기서 도출되는 사회연대 원리도 수용한다.[44] 헌법재판소는 "사회국가란 한마디로, 사회정의의 이념을 헌법에 수용한 국가, 사회현상에 대하여 방관적인 국가가 아니라 경제 사회 문화의 모든 영역에서 정의로운 사회질서의 형성을 위하여 사회현상에 관여하고 간섭하고 분배하고 조정하는 국가이며, 궁극적으로는 국민 각자가 실제로 자유를 행사할 수 있는 그 실질적 조건을 마련해 줄 의무가 있는 국가이다."라고 하였다.[45] 이러한 사회국가 원리로부터 도출되는 원리가 사회연대 원리이다.[46]

한편 사회연대의 규범적 기능은 국가 관여를 정당화하는 근거로 작용한다. 즉 사회연대 원리는 국가 관여에 의한 기본권 제한에 대한 위헌성 조각사유가 된다.[47]

현행 남한헌법에서 사회연대 원리를 명확히 규정하고 있지 않다는 것은 1987년 헌법 개정 당시만 해도 사회연대의 개념이 명확하지 않았고 그 필요성도 높지 않았기 때문일 수 있다. 1987년 헌법 개정 이후 30년 이상의 시간이 흐른 현시점이나 장래 통일 한국의 헌법제정 시기에는 사회연대 원리를 명확히 해야 할 필요성이 더욱 커질 것이다.

(3) 추구해야 할 가치로서 사회연대

사회연대의 기본정신을 개인 존엄성의 원칙, 삶의 상호의존성 원칙, 사회적 부채와 도덕적 책임의 원칙, 자기 결정과 자기 책임의 원칙, 지원의 보조성 원칙, 경쟁의 도구성 원칙, 결사체의 민주성 원칙, 투쟁의 도구성 원칙, 국가역할의 원칙, 지구적 연대의 원칙으로 정리하는 견해가 있다.[48] 한편 사회연대를 추구할 때 유의할 점이 있는데, 연대는 목적이나 수단의 측면에서 변질될 여지가 있으므로 안전장치가 필요할 수 있고 이를 위해서는 개인의 존엄성 원칙과 목적에서의 정당성 확보가 필수적이다. 또한 결사체의 운영측면에서 민주성 원칙이 중요하다. 마지막으로 목적이 수단을 정당화할 수 없다는 점에서 규범적 제도화를 통하여 정당한 목적과 절차적 정당성을 동시에 추구하여야 한다. 결국 사회연대에서 중요한 것은 삶의 상호의존성 원칙(출생과 성장과정을 비롯한 개인적 삶의 조건은 대부분 순수한 자신만의 공이 아닌 타인의 성취와 지원을 통해 제공된다), 사회적 부채와 도덕적 책임의 원칙(개인이 이전 세대나 동시대인으로부터 받은 사회적 혜택은 타인에게나 혹은 자신이 속한 공동체에 되돌려주어야 할 사회적 부채와 도덕적 책임이다), 지원의 보조성 원칙(타인이나 공동체에 대한 지원은 당사자가 문제를 스스로 해결할 권리와 책임을 침해하지 않는 방식으로 이루어져야 한다)으로 요약할 수 있다.[49)]

사회연대가 통일 한국이 추구할 유일한 헌법원리는 아니다. 그렇다고 포기해도 되는 헌법원리도 아니다. 그렇다면 분야별로 사회연대의 정신을 구현해 나갈 수 있을지를 논의하고, 이를 법제화하는 데 의견을 모아야 한다. 통일헌법에서는 남북한 주민의 삶이 상호의존적이라는 점을 선언할 수 있을 것이다. 예컨대, 통일 한국에서 남북한 주민의 삶은 연결되어 있으며, 상호의존적 관계에 있음을 인정하고, 통일 한국은 남북한 주민 누구라도 인간다운 생활을 할 권리를 보장받도록 사회연대의 정신으로 노력한다. 분야별로 사회연대를 규범으로 제도화함에 있어서는 사회보험에서 발달한 법원리를 참고하여 사회적 부채를 법제화할 수 있다. 또한 법제화 과정에서 사회연대적 지원은 보충적이며 절차에서는 민주성의 원리가 강조되도록 설계해야 한다.

Ⅱ

통일 한국 헌법의 특수성

요약

통일 한국의 헌법을 구상함에 있어 헌법제정에 참여할 남북한 주민이 80년 이상 서로 다른 체제하에 있었다는 점을 고려해야 한다. 또한 현재의 상황으로 볼 때 남북한의 국력차이가 60배에 달하는 상황에서 통일 한국의 헌법에는 열등한 환경에 처한 북한주민을 배려하는 내용이 포함되어야 하며, 이를 정당화하는 헌법원리를 찾아야 한다. 필자는 사회연대 원리가 통일헌법에서 중요하게 고려되어야 한다는 입장이다. 이런 논의를 하는 이유는 남북한의 사회가 통합되어야만 통일 한국이 형식으로 이룬 통일이 아닌 실제로 통일된 나라가 될 것이기 때문이다.

1. 서로 다른 두 체제의 만남

668년 통일신라시대 이후 1,300년간 남북한은 같은 역사와 문화 및 언어를 공유하며 하나의 국가를 이루고 살던 민족공동체였다. 그러나 일제강점기에서 해방된 이후 분단과 전쟁을 겪으면서 서로 다른 정치적 실체로 나뉜 채 80년이 지났다. 북한 체제는 정치적으로 주체사상을 통치 이념으로 한 수령 체제이며 노동당 중심의 일당 지배체제이다. 북한의 경제 체제는 생산수단을 국가와 협동단체가 소유하는 사회주의적 소유제도를 유지하고 있으며 자원의 배분을 국가가 담당하는 계획경제이다. 개인소유는 제한적으로 인정된다. 사회적 특징으로는 집단주의 원칙에 의해 구축된 사회로 수령을 어버이로 하는 '사회주의 대가정 체제'이고, 그 결과 수령에 대한 무조건적인 충성과 숭배를 정당화한다.[1)]

한편 남한은 자유민주주의 헌법하에 시장경제를 추구하며 개인의 권리를 존중하는 사회를 형성하고 발전해 왔다. 현재 남북한의 국력 차이가 60배에 달하는 만큼 분야별 남북한의 차이도 현저하다. 이러한 차이는 남한과 북한의 헌법에도 그대로 반영되어 있다. 장래 통일 한국의 헌법을 구상하는 데 참고할 점이다. 역사발전의 원리상 세계적이고 보편적인 기준에서 앞선 남한 헌법을 중심으로 통일 한국 헌법을 제정하게 될 가능성이 높다. 그런데도 통일의 한쪽 당사자인 북한 헌법의 내용과 헌법 원리를 무시할 수는 없다. 현재의 남북한 헌법은 통일된 나라의 헌법을 제정하기 위한 절차나 내용에 대하여 특별히 규정한 바가 없다. 지금부터는 이런 내용에 관해서도 관심을 가져야 한다.

2. 북한주민에 대한 배려 필요성

남북한이 분단의 역사를 끝내고 하나의 나라로 통일하는 것은 역사적 사건이고 대단한 일이다. 그 주역은 남북한의 주민이고 그 완성은 통일헌법의 제정이다. 이 과정에서 통일로 인해 열등감을 느끼는 집단이 없도록 배려해야 한다. 그동안 각자 서로 다른 체제에서 살았던 남북한 주민이 한 나라의 주민으로 같이 살기 위해서는 하나의 공동체 구성원이라는 의식이 필요하다. 또한 하나의 공동체에서는 서로 간에 연대 의식이 있어야 한다. 너와 내가 힘을 합하여 통일 한국을 건설해 나가자는 공동의 목표가 있어야 한다. 그러기 위해서는 사회연대에 기반한 북한주민에 대한 배려가 필요하다. 앞서 살펴본 바와 같이 사회연대를 실현하기 위해서는 법률로 책임과 권리가 규정되어야 한다.

아래에서 분야별로 예상되는 문제점을 정리해 보겠다. 독일 사회민주당이 1989년 베를린 강령을 선언하였는데, 연대를 강조하면서 기존의 연대 개념을 확장하였다. "연대는 법적 의무 이상으로 타인을 위하여 행동하는 것을 의미한다. 연대는 자유와 평등을 위한 투쟁에서 노동운동이라는 특징으로 나타난다. 연대 없이는 인간 사회도 존재하지 않는다. 동시에 연대란 약자의 권리를 위한 투쟁에서 무기가 된다. 곤란을 겪는 사람들은 사회의 연대에 의존할 수 있다. 연대란 또한 제3세계의 사람들에 대한 인간다운 생활을 요구한다. 오늘날을 사는 우리들은 다음 세대의 삶의 조건들을 결정하고 그들은 우리의 연대를 요구한다. 자유, 정의 그리고 연대는 서로 의존하고 상호적으로 지원하는 개념이다."[2] 독일은 현재와 미래세대 사이의 관계도 연대의 문제로 구성하였는바, 통일 한국의 헌법에도 참고할 점이 있다.

3. 사회통합

통일 한국이 추구할 기본원리는 헌법에서 규정해야 한다. 현행 남한헌법이 규정하는 사회국가원리, 법치국가 원리, 복지국가 원리에서 사회연대의 정신을 추출하고 그것을 발전시켜야 한다. 통일헌법에서는 사회연대 원리를 명확히 하고, 이어서 개별 법률에서 사회연대 정신을 구체화해야 한다. 1793년 프랑스 혁명 헌법은 제21조에서 "공적 구제는 하나의 신성한 책무이다. 사회는 불행한 시민에게 노동을 제공하거나 노동할 수 없는 상태의 시민에게 생존수단을 보장해 줌으로써 생계를 유지해 줄 의무가 있다.", 제34조에서 "사회의 구성원 가운데 단 한 사람이라도 억압될 때 사회 전체에 대한 억압이 존재한다. 사회 전체가 억압될 때 사회의 구성원 각각에 대한 억압이 존재한다."[3]라고 규정하였다. 통일 한국의 헌법은 프랑스 혁명 헌법이 규정한 생존의 권리를 넘어서는 헌법규정을 마련해야 한다.

사회연대 원리의 본질은 '인간의 상호의존성에 기초한 책임의 확장'이다. 사회연대 원리는 헌법재판에서 원용되는 실체적인 법 원리로서 규범 영역에서 실천적 원리로 작동하는 원리다.[4] 따라서 사회연대를 헌법과 법률에서 구현한다는 것은 실생활에 영향을 미치는 중요한 일이다. 이런 실천을 통해 사회통합의 길로 나아가야 한다.

Ⅲ

통일 한국 헌법에서 사회연대 구현방법

요약

통일 한국은 분단된 남북한보다 더 나은 '살고 싶은 나라'가 되어야 한다. 그렇게 되기 위해서는 남북한의 이질성을 극복해야 하고 주민이 살기 좋은 나라를 만들어야 한다. 그런 나라에 맞는 통일헌법이 제정되어야 한다. 이때 고려할 헌법원리 중의 하나가 사회연대다.

민주주의는 완성된 것이 아니고, 끊임없이 만들어 가는 것이다. 미래를 예측하는 가장 좋은 방법은 미래를 만드는 것이다. 우리의 미래는 우리 손에 달려 있고, 미래를 낙관적으로 바꾸는 힘은 우리의 의지다. 통일 한국이 어떤 모습일지는 지금 우리의 행동에 달려있다.

사회연대는 위기 인식의 산물이자 사회적 위험에 대한 집단적인 대응이다. 또한 사회연대는 한 국가 내의 모든 사람에게 적용되는 보편적 속성을 가진다. 통일 한국의 헌법이 제정될 무렵에는 남북한 주민은 하나의 공동체에 속할 것이다. 이때 일부 주민에게 닥칠 사회적 위험에 대해서는 공동으로 대응할 의무가 생긴다. 그런 의무의 헌법적 근거는 사회연대가 될 것이고, 주된 수혜자는 북한주민이 될 것이다. 남북한 주민은 숙명적으로 함께 가야 하는 동족이고, 그들 사이에는 동정이 아닌 나눔의 정신이 필요하다.

통일 한국 헌법에서 사회연대가 논의될 사항을 분야별로 살펴본다. 선행 연구가 많지 않기 때문에 필자가 제안 차원에서 제시한다. 법 원리로서 사회연대를 논의하는 데 고려할 점은 다음과 같다. 목적에 있어 사회정의와 인간다운 생활의 보장을 지향한다. 수단에 있어 자유권을 제한하는 것은 궁극적으로 자유를 행사할 수 있는 실질적 조건을 마련해 주는 조치여야 한다. 방법적으로 사회보험 등과 같은 연대적 방법을 통해 이루어져야 한다. 한계에 있어 공동체의 사회연대 의식이 허용하는 범위 내에서 이루어져야 한다.[1)]

사회연대는 인간 사이의 상호작용인바, 사회연대가 상정하는 인간상은 자기중심적이면서도 이타적인 속성을 가지며, 각자의 생활을 자신의 책임 아래 결정하여 자립하고자 하며, 시간적 공간적으로 사회와 연결되어 있다고 인식하며, 공동체에서 공존하려고 한다. 자립하고자 하나 스스로 통제할 수 없는 사회적 위험에 대처하기 위해서 타인에 대한 연민과 부채 의식에 따라 공동체 내에서 서로 도움으로써 공존하려고 하는 인간을 상정한다.[2)] 필자는 통일 한국의 주민들도 위와 같은 인간상을 추구할 수 있다고 생각하며, 통일 한국 헌법에 사회연대 원리가 구현되기를 바란다.

1. 사회보험 문제

사회보험은 질병, 산업재해와 같은 사회적 위험에 대한 상호적이고 집단적인 보장이다. 사회보험은 보험 가입자의 기여(보험료)를 통하여 보험 가입자의 사회적 위험에 대응한다는 점에서는 기본적으로 보험이지만 '사회적 요소'가 있다는 점에서 사(私)보험과는 다른 차이가 있다. '사회적 요소'는 일정한 사람들에게 보험 가입 의무를 부과하고 보험 가입자의 기여가 아니라 구체적인 필요에 따라 일정한 급여를 지급한다는 점에서 사회연대라 할 수 있다.[3)]

헌법재판소는 가입강제를 통한 보험료 납부, 개인별 등가 원칙에 어긋난 보험급여 등을 정당화하는 근거로 사회연대원칙을 들고 있다.[4)]

사회보험의 구조를 분석해 보면, 보편적인 적용(보편주의는 근로자 또는 빈민계층만을 대상으로 하지 않고 국민 전체를 적용대상으로 한다는 원칙이며, 적용되는 대상의 관점 그리고 사회보험의 통합이라는 관점에서 논의된다[5)]), 집단적인 책임(집단적 성격은 강제가입의 형태로 나타나는바, 강제가입은 국가가 법에 정해진 기준에 따라 설정된 인적 집단을 구성원으로 하여 법인을 설립하고 그가 사회적 위험에 대한 생활보장이라는 과제를 자치적으로 이행하도록 하는 법적 수단이다[6)]), 필요에 의한 급여(필요는 우선순위에 따라 생존을 유지하기 위한 기본적 필요와 생존의 위협에서 벗어나서 사회적 위험이 발생하기 전에 유지하였던 생활을 영위하는 생활상 필요로 나눌 수 있다. 사회보험은 보험가입자의 생활상 필요를 충족시켜야 한다[7)]), 능력에 따른 기여(사회보험에서는 개별적인 보험위험은 고려되지 않고 피보험자의 지급능력이라는 사회적 관점에 따라 보험료가 할당된다. 따라서 소득이 많은 사람이 많은 보험료를 부담한다[8)]), 참여에 의한 자치(사회보험가입자는 양적으로 다수이며 질적으로 동질성을 가진다. 이에 따라 민주주의적 의사결정에 참여할 가능성과 능력을 갖는 집단이다. 따라서 민주성은 사회보험의 운영에서 절차적 정의를 실현하기 위한 중요한 사항이다[9)])로 구분할 수 있다. 남한의 사회보험에는 국민건강보험, 국민연금, 산재보험, 고용보험이 있다. 장래 통일 한국에도 이러한 사회보험이 북한주민을 포함한 전체 주민에게 적용되어야 할 것인데, 기왕에 적용대상이 아니었던 북한주민을 적용대상으로 포용하는 과정에서 남한주민을 설득할 논리개발과 사회연대 원리에 위배되는 관련 법령의 정비가 필요할 것이다.[10] 통일헌법 제정과정에서 사회연대문제가 사회갈등의 핵심의제로 대두될 수 있다. 기왕에 보험료를 내지 않았거나 낮은 수준으로 낸 북한주민에게도 남한 수준의 사회보험을 제공해야 하는가? 북한주민이 가입자로 통합됨에 따라 남한주민이 추가로 부담하게 되는 사회보험료를 낼 이유는 무엇인가?라는 질문에 대한 해명이 있어야 한다. 통일 한국이라는 새로운 공동체의 구성원으로서 살아가면서 얻게 될 이익이 분단국가 시절에 부담했던 분단비용에 비하여 현저히 클 수 있다는 현실적 관점과 초기에 다소 과도한 부담을 지더라도 그 비용이 마중물이 되어 장래에는 북한주민도 사회보험료 납부에 동참하게 될 것이고 그 혜택은 장래의 남한주민도 보게 될 것이라는 역사적 관점을 고려할 수 있을 것이다. 사회보험의 관리와 운영은 보험가입자의 참여하에 민주적으로 이루어져야 한다는 점에서 남북한 주민의 의사가 중요한바, 공감대를 얻기 위해서는 대화하고 토론하는 과정을 거쳐야 한다.

사회보험은 보험가입 여부가 강제적이며, 관계 형성의 근거는 법률이고, 보험재정운영은 사회 정책적 관점에서 정해지게 되는 원리인바, 통일이라는 계기로 북한주민이 집단적으로 통일 이전까지 형성했던 남한의 사회보험에 가입하게 된다면, 이것은 기왕의 사회보험이 예상하지 못했던 사건이다. 따라서 남한 인구의 절반에 해당하는 북한 인구가 일시에 사회보험에 편입되는 사건을 어떻게 법률에 반영할 것인지는 기왕의 법리로는 해결하기 어려운 새로운 문제다. 이를 해결하기 위해서는 새로운 법리를 만들어 가야 할 상황인바, 사회연대라는 헌법원리가 적극 논의되어야 할 이유이기도 하다.

독일연방헌법재판소는 자녀 양육이라는 공동체적 기여가 '세대 간

계약'을 통하여 사회보험 체제의 재정적인 안정과 지속적인 유지에 중요한 역할을 하는 만큼 보험료 납부에 상당하는 가치를 지닌 것으로 평가하여야 한다는 판단[11)]을 하였는바, 이런 점도 참고할 수 있다. 이런 논의는 그동안 공론화되지 않았는데, 지금부터라도 남한주민이 북한주민과 연대하여야 할 이유가 무엇일지 끊임없는 논의를 해야 한다.

한편 사회보장 통합문제 연구에 의하면, 통일이 되면 북한에도 남한식 사회보장제도를 도입하되 관련 제도 및 재정을 남북한 간에 장기간 분리운영하고 북한주민을 위한 혜택을 남한주민보다 훨씬 낮은 수준으로 설정하는 차등화방안이 현실적이라 한다. 이 경우 북한에 남아 있는 북한주민에게는 북한 지역 최저 생계비를 별도 산정하여 기초생활보장제도를 적용한다. 통일 초기에는 생계급여를 보편으로 지급하되 경제성장, 소득향상에 따라 점진적으로 지급대상을 축소해 나간다. 남한으로 이주한 북한주민에게는 북한 잔류 주민뿐만 아니라 본래의 남한주민과도 다른 제도를 적용할 필요가 있다. 이런 방식의 분리운영과 차등화방안을 적용할 경우에는 통일 이후 북한주민을 위한 사회보장 지출 수요는 남한 GDP의 3% 이내에서 관리할 수 있을 것으로 추정하였다.[12)]

2. 노동 문제

노동의 측면에서 사회연대의 원리는 사용자와 근로자 간의 상호의존성을 전제로 한다. 헌법에서 노동 3권을 보장하는 것은 사회연대의 원리가 반영된 것으로 볼 수 있다. 노동 3권의 보장의미는 우선 근로자의 연대를 법적으로 인정하고 근로자에게 연대의 권리를 부여한다는 점이며, 다음으로 사용자에게는 근로자 연대를 수용하게 함으로써 사용자의 기본권 제한을 정당화하는 법적 근거가 된다. 헌법재판소도 "노동조합의 적극적 단결권은 근로자 개인의 단결하지 않을 자유보다 중시된다고 할 것이어서 노동조합에 적극적 단결권(조직 강제권)을 부여한다고 하여 이를 두고 곧바로 근로자의 단결하지 아니할 자유의 본질적인 내용을 침해하는 것으로 단정할 수 없다."[13]라고 하거나 "근로자의 단결권은 사회적 성격을 띤 자유권으로서의 성격이고 일반적인 시민적 자유권과는 질적으로 다른 권리로서 설정되어 헌법상 그 자체로서 이미 결사의 자유에 대한 특별법적인 지위를 승인받고 있다."[14]라고 함으로써 노동 3권의 법적 의미를 명확히 한다. 즉 단결권은 사회적 보호기능을 하며, 자유권을 수정하여 사용자와 대등한 세력을 이루어 근로조건의 형성에 영향을 미칠 기회를 제공하게 된다. 사회권은 헌법 제10조의 인간의 존엄성 보장이나 헌법 제34조 제1항의 인간다운 생활의 보장이라는 목적을 달성하기 위한 것으로 사회정의의 이념을 구현한 것이다.

헌법에서 노동 3권을 보장함에 따라 사회연대의 범위가 확장되었다. 즉 사회연대의 범위는 근로자에 대항하는 사용자에게까지 확장된다. 단결권, 단체교섭권, 단체행동권의 노동 3권 중에서 근로자 연대에 대한 단체교섭권의 부여는 교섭의 상대방인 사용자에 대하여 단체교섭응낙의무가 부과되기 때문이다. 교섭이란 상대방의 존재를 전제로 각 상대방의 대응행위들로 동적으로 형성되는 것이므로 상호의존적인 절차다. 또한 노동법의 규정에 따라 단체교섭은 노사 상호 간의 양보하에 단체협약으로 체결되어야 하며, 단체교섭의 당사자도 법률로 정해진다. 또한 합의의 형식도 요식성을 요구하며, 성실교섭의무를 부과함으로써 사용자는 교섭상 행태상의 자유도 제한받게 된다. 결국 단체교섭은 노사관계 영역에서 계약자유의 원칙을 수정한다.[15]

통일 한국에서 발생할 노동과 사회연대의 문제를 생각해 본다. 우선 북한은 스스로 노동자의 나라임을 주장하고 있고,[16] 북한 헌법은 노동에 대한 권리[17]를 규정하고 있다. 노동자의 권리에 대한 인식과 보호의 정도가 남한과는 다른 북한 체제에서 살았던 북한주민은 노동의 문제에서 사회연대를 주장할 가능성이 높을 것 같고(안정된 일자리와 노동조건의 보장을 요구할 수 있다), 또한 단위 사업장을 넘어선 지역적 차원에서 단결권을 주장하려는 시도가 있을 수도 있다(북한 헌법에서 보장했던 무상치료제, 무상교육을 요구할 수 있다). 다만 노동 3권의 역사에서 보듯이 단결권 등의 사회권적 권리는 법률적인 근거하에서 보장되는 것이었던바, 통일 한국에서도 북한주민의 단결권 등 사회권적 권리의 보장을 어느 수준에서 허용할 것이며 어떻게 법제화할 것인지 논의할 필요가 있다.

한편 저출산 고령화 시대를 맞은 현시점에서는 통일의 비용과 편익 모두 과거에 생각했던 것보다 훨씬 커질 가능성이 높다. 노동시장 통합이 남한 인력부족문제를 완화하면서 통일 한국 경제성장에 도움이 될 가능성이 생기는 반면, 고령화와 통일에 따른 사회보장 부담이 커지는 문제도 함께 나타날 것이다. 편익을 극대화하고 비용을 억제하기 위한 지혜로운 통일정책이 요구된다.[18]

3. 균형발전과 토지 문제

남한의 사회문제 중 하나는 수도권과 지방 간의 인구 및 경제 불균형이다. 수도권 인구가 전국 인구에서 차지하는 비중은 2008년 48.8%에서 2022년 50.5%로 증가하고 있으며 청년인구 중 수도권 청년인구 비중도 지속해서 증가하고 있다. 지역균형발전을 위하여 역대 정부는 다양한 정책을 추진해 왔고, 윤석열 정부는 '기회발전특구'를 도입하면서 그 근거 법률로 2023년 6월 9일 「지방자치분권 및 지역균형발전에 관한 특별법」을 제정하였다.[19] 이 법률의 주요 요지는 '지역이 주도하는 균형발전'을 강조하면서 지자체로부터 상향식 의사결정 구조를 가지는 기회발전특구 제도를 추진하고, 기존의 지방자치분권과 지역균형발전 정책 추진체계의 통합을 시도한다.

통일 한국에서도 지역균형발전은 사회문제가 될 가능성이 있다. 이와 관련한 연구로는, 통일비용 측면에서 국가적 차원의 재정투입이 어려울 수 있다는 점을 고려하여 국내외 민간자본의 투자방안 마련, 북한 소유권제도의 정비, 경제적 지역 격차 해소 방안을 마련하자는 제안이 있다.[20] 또한 현행 남한 헌법상 북한지역에 대한 경제적 격차를 해소하기 위한 지향방향이나 법적 근거가 명확하지 않으므로 향후 헌법 개정 등의 방법으로 남북지역균형정책을 직접 규율하여 적극적으로 남북한의 경제적 격차 해소를 위해 노력하자는 의견이다.[21]

남북한은 지난 70년 이상 서로 다른 체제로 성장하였다. 그런 경험이 통일 후에 장애가 아니라 상호보완적인 다양한 경험의 역사로 국가형성에 긍정적으로 작용하도록 유도하고, 수도권 집중으로 인한 폐해를 해소하기 위해서도 지역균형발전은 중요하다. 이 문제는 통일헌법에서 기본방향이 정해지고 별도의 법률로 구체적인 기준이 정해져야 할 영역인바, 현재의 남한에서 시행되는 관련된 법률의 경험을 활용하여 북한지역을 균형 있게 발전시킬 법제도가 마련되어야 한다. 이때 북한지역에 세제 혜택, 규제 혁신 등의 정책지원이 있어야 할 것이며, 남한의 지역균형발전법과 같이 상향식 운영방식을 도입하여 북한지역 주민들의 의사가 적극 반영되도록 노력해야 한다. 이런 법 제정의 밑바탕에는 사회연대의 정신, 특히 새롭게 형성된 통일 한국이라는 공동체 내의 삶은 상호의존적이라는 점, 지원은 당사자가 스스로 해결할 권리와 책임을 침해하지 않는 방식으로 이루어져야 한다는 지원의 보조성이 강조되어야 한다. 보조성 또는 보충성의 원칙은 지방자치의 기본원리이기도 하다. 유럽에서는 초기에 상위권력이 지역에 개입하는 것을 억제하는 수단으로, 이후에는 상위권력의 타당한 개입을 인정하고 부족한 부분을 보충하는 상호협력의 수단으로, 때로는 지역이 스스로 자신들의 책임을 달성하기 위해 자율적인 혁신을 단행하는 합리성의 수단으로 활용되는 다면적인 양상을 보였다.[22)]

재산권과 관련하여 어떤 헌법원리가 적용되어야 할 것인지를 생각해 보면, 우선 재산권 보장, 평등원칙, 인간답게 살 권리, 그리고 사회연대 등을 생각할 수 있다. 재산권 보장은 종전 소유자의 권리를 보장하자는 것이고, 평등원칙은 남북한 주민을 동등하게 대우하자는 것이며, 인간답게 살 권리는 남북한 주민 모두 보장받아야 할 권리다. 한편 사회연대는 통일 한국이라는 새로운 국가의 국민 간에 서로 연결된 하나의 공동체 구성원으로서 함께 살아갈 권리에 대한 문제다. 사회연대의 측면에서 북한 토지문제를 생각해 본다. 현재 북한 지역에서 주민이 거주하는 주택은 통일 한국에서도 그대로 거주해야 할 공간이다. 북한주민이 경작하는 농경지는 그 지역 주민들의 생산수단이며, 공장이나 기업은 그곳에 소속된 근로자들의 생활수단이다. 이와 관련한 토지는 북한법상 모두 국유이거나 협동조합 소유로 개인 소유는 허용되지 않는다. 그렇다면 통일 한국에서는 어떻게 해야 할까? 어떤 원칙과 기준으로 재산권을 정리해야 할까 논의해야 한다. 다양한 논의가 있지만 사회연대 원리의 측면에서도 생각해 보아야 한다. 통일 후 북한지역의 부동산 소유제도와 공시제도의 통합방향은 북한주민의 법적 지위를 보호해 주어야 하고, 통일 한국의 시장경제는 더욱 활성화되어야 하며, 남북한 주민 간의 정서적 통합과 한반도 전체의 발전에 이바지할 수 있도록 합리적으로 설정되어야 한다는 주장[23)]이 있는데, 필자도 이와 같은 의견이다. 외국사례로 캄보디아의 토지소유권 분쟁은 사회주의경제 체제에서 시장경제로 급격히 변화하는 과정에서 발생한 문제의 심각성을 보여

준다. 캄보디아에서 사회주의경제를 버리고 시장경제로 전환하면서 토지의 사적 소유권 확립이 문제 되었다. 그런데 국민들은 토지 소유 경험이 없어 소유권등록을 하지 않는 경우가 많았고 그 땅은 국유지로 편입되었다. 또한 해외투자 유치를 위해 국유지를 최장 99년간 저가로 임대하는 정책을 허용하는 토지법이 시행되면서 그 땅에 살던 주민들이 쫓겨나는 현상이 발생하고 이로 인한 분쟁이 격화되었다.[24] 일제강점기 한반도에서 일어난 토지조사사업과도 유사한 점이 있다.

다양한 사례를 통해 신중히 접근할 일이다. 한편 북한도 2014년 12월 라선경제무역지대에 적용되는 부동산규정을 제정함으로써 토지이용권의 유상양도를 허용하는 등의 제도적 변화를 추구하는바,[25] 북한의 법·제도적 변화과정에도 관심가져야 한다.

남한 사회에는 과거 북한지역에서 보유하였던 토지에 대한 권리를 주장하는 견해가 있는바, 향후 통일과정에서 이 문제가 명확히 정리되지 않으면 남북 주민 간 화합의 분위기를 저해할 우려가 있다. 이와 관련하여 기왕에는 독일이 취한 원물반환 방식,[26] 헝가리 등 동구권이 취한 보상증서를 통한 방식[27]에 대한 논의가 있었지만, 최근에는 원상회복이나 보상이 필요하지 않다는 견해[28]도 제기되고 있다. 필자는 원상회복보상불요설의 입장이다. 이 문제는 민법상의 소유권 문제로만 볼 수 없는 복잡성이 있다. 즉 과거의 역사와 미래의 통일 한국 건설이라는 양 측면을 모두 살펴야 하는 주제이므로 깊이 있는 논의가 필요하다. 김성욱은 분단시기 남북한에서 이루어진 토지소유제도는 모두 유효하다는 전제하에 통일 한국의 소유제도를 재편하자고 제안한다. 북한 농지는 무상으로 사유화하되 일시적으로 처분권을 제한하여 주민을 보호하고, 기타 토지는 사회간접자본과 도시개발용 토지는 국공유화시키고 그 외의 토지는 점진적으로 사유화하는 방안을 제안한다.[29]

또한 다른 나라의 사례도 참고해야 한다. 이러한 토론과는 별개로 통일 전 남한의 헌법개정을 통해 북한지역의 토지는 몰수피해자에게 원물로 반환하지 않는다는 점을 헌법에 분명히 밝힘으로써 남북한의 이해당사자들에게 정책방향을 미리 인식시키자는 제안[30]이 있다. 다만 이런 내용이 북한당국과 주민들을 자극할 역효과가 있을 수 있으므로 추상적이고 원론적인 표현으로 아래와 같이 추가하자는 의견이다. "통일은 국토의 효율적 이용에 적합한 방향으로 추진되어야 하고 토지에 관한 법적 관계를 불안하게 하여서는 안 된다." 필자는 위 견해에 찬동한다. 토지는 그곳에 사는 주민의 삶의 터전이라는 점과 기왕의 권리관계가 존중되어야 한다는 측면, 그리고 과거의 역사보다는 미래에 더불어 살아야 할 사람의 인간다운 삶을 살 권리에 초점이 맞추어져야 한다고 보기 때문이다.[31]

과거 재산권처리문제는 통일의 과정에서 입법을 통해 해결하는 것이 바람직하다는 주장[32]이 있다. 즉 통일헌법상의 재산권 보장이 곧 분단상황에서 발생한 한쪽 국가에 의한 무보상 수용 등의 불법행위에 대하여 원상을 회복하여야 한다는 의미는 아니며, 재산권보장과는 별도로 입법권자에게는 과거의 불법에 대한 처리방법을 선택할 수 있는 재량이 있으므로 그 한도 안에서 조치가 이루어진다면 당연히 헌법적으로 인정되어야 한다. 이와 관련하여서는 독일연방헌법재판소가 재산권보장 원칙으로부터 곧바로 피수용재산의 반환을 통한 원상회복이 인정되는 것은 아니며 과거의 불법을 원상으로 회복시키는 규정에 대하여 법치국가 또는 사회국가 사상에 근거하여 입법권자는 광범위한 형성의 자유가 있다고 판시하였다.[33] 이러한 문제를 보다 명확히 하기 위해서는 헌법에 "어떠한 개인도 통일로 인하여 뜻하지 않게 기존의 재산과 관련된 권리를 박탈당하지 않는다."라는 취지의 최소한의 규정을 두자는 주장[34]이 있는바, 필자도 이 주장에 찬동하며, 그 정신은 사회연대에 기반하는 것으로 본다.

4. 교육 문제

남한 사회에서 민감한 문제 중의 하나는 교육, 특히 대학입시다. 장래 통일 한국에서 북한지역 주민에게 대학 진학 시 입학 우대정책을 사용할 수 있을지를 생각해 보자. 나라의 미래를 위해서는 인재를 양성해야 하고, 북한지역 주민들도 통일 이후 인재로 성장할 기회를 부여받아야 한다. 남북한 주민이 같은 수준의 의무교육을 받기까지는 상당한 시간이 소요될 것인바, 통일 초기 단계에서는 남한 내 대학 신입생 선발에서 북한주민을 우대하여 일정 비율만큼 우선 선발하는 것도 고려할 수 있을 것이다. 다만 대학입시 차별을 정당화하는 것에는 상당한 저항이 있을 수 있어, 북한 주민에 대한 우대정책을 명확히 하기 위해서는 관련 법률에 해당 내용이 반영되어야 할 것이다. 이런 내용의 법 제정이 필요한 이유에 대해서는 사회적 합의가 있어야 할 것이며, 그 이유 중의 하나는 사회연대에서 찾을 수 있을 것이다. 특히 남북한 사이에 존재했던 통일 이전의 교육환경 차이는 개인 차원에서 극복하기 어려운 문제였던 점과 장래 하나의 국가로 성장하기 위해서는 공동선의 관점에서 인재 양성이 필요하다는 측면에서 '사회적 부채와 도덕적 책임'과 '국가 역할의 원칙'이라는 사회연대 정신을 고려할 수 있다. 국가역할의 원칙은 개인이 이전 세대나 동시대인으로부터 받은 사회적 혜택은 타인에게나 혹은 자신이 속한 공동체에 되돌려주어야 할 사회적 부채와 도덕적 책임이라는 원칙이다. 또한 국가는 개인이나 결사체로서 어려운 문제의 해결을 위해 공동선의 관점에서 그러나 시민의 기본권과 민주성을 침해하지 않는 방식으로 적극적인 임무를 수행해야 한다는 '국가역할의 원칙'도 고려할 수 있다.

한편 교육 분야 이외에 생활 수준의 통일을 보다 높은 수준에서 달성하려면 남북한 두 지역의 경제력 차이를 극복하려는 조치로 차별적 규율을 할 수도 있다. 즉 특정 지역에 대한 지원이나 당해 지역 내의 기업에 대한 우대 등 상당한 정도로 불평등한 정책과 법 제도를 통한 '적극적 평등 조치'가 사회통합의 수단으로 사용될 수도 있다. 이러한 조치는 불평등을 허용함으로써 결과적으로 실질적 평등을 추구한다는 점에서 위헌이라 하기 어렵다.[35]

참고로, 미국 연방 대법원이 2023년 6월 29일 소수인종 우대입학 제도에 대해 위헌 결정을 내리자, 미국정치권이 곧바로 찬반 목소리를 내며 부딪치고 있다.[36] 이와 관련한 문제는 통일 한국에서도 일어날 가능성이 있는바, 법과 제도를 만드는 과정에서 세밀한 정책조율이 필요하다. 인구 숫자에 비해 대학진학율에 현격한 차이가 있었던 1960년대의 미국에서는 우대정책을 채택하였고, 그로부터 60여 년이 경과한 현시점에서는 법의 일반 원칙으로 돌아와 우대정책을 위헌이라 하였다. 이 문제는 근본적인 법 원칙의 문제라기보다는 시대상황에 맞는 정책의 선택 문제로 볼 수도 있다. 통일 한국의 사회통합을 위해서는 어떤 정책을 펴야 할지도 생각해 보아야 한다. 이때 기준은 사회통합을 위한 합리적 방안인지 아닌지 여부이다. 동시에 새로운 제도의 시행으로 불이익한 상황에 처하게 된다고 느낄 집단에 대한 배려도 중요하다.

한편 통일 이후 법 교육의 관점에서 생각해 볼 것이 있다. 남북한 주민이 서로 다른 체제하에서 살다가 통일 한국이라는 하나의 나라를 만들어도 금방 하나의 가치로 통합되기는 어렵다. 통일 한국 헌법이 제정되면 그 헌법에서 정한 가치를 교육하고 실천하는 노력을 해야 한다. '통일을 대비한 법 교육의 방향 탐색'에 대한 연구[37]에 의하면, 통일 이후 마주할 갈등 속에서 사회통합을 위한 시민교육의 한 방법으로 법 교육이 필요하다. 이때의 법 교육은 인권, 자유, 평화와 같은 보편적 가치를 추구하는데 필요한 역량을 함양하기 위한 교육이어야 하며, 법의 본질에 대한 이해가 강조되어야 하고, 가치갈등과 같은 논쟁적 문제를 다룸으로써 비판적으로 사고하고 능동적으로 가치를 탐구하는 법 교육이 행해져야 한다. 서독 시절에 사회적 합의로 도출한 보이텔스바흐 합의를 참고할 수 있다.

보이텔스바흐 합의는 1976년 서독의 보수와 진보를 망라하는 교육자·정치가·연구원 등 학자 등이 독일의 소도시 보이텔스바흐에 모여 정립한 교육지침이다. 좌우 진영 관계자들은 치열한 토론 끝에 이념과 정권에 치우치지 않는 교육을 목표로 하는 교육지침을 마련하고, 정치교육의 원칙에 대해 합의에 이르렀다. 본래 학교 정치교육의 지침으로 만들어졌으나, 모든 공교육 영역으로 확대·적용되어 독일 정치교육의 헌법으로서 기능하고 있다. 이 합의는 다음 세 가지 원칙을 골자로 한다. ① 강제성의 금지(강압적인 교화 교육 또는 주입식 교육의 금지), ② 논쟁성의 유지(수업시간에도 실제와 같은 논쟁적 상황을 드러낼 것), ③ 정치적 행위 능력의 강화(학생 자신의 정치적 상황과 이해관계를 고려한 실천 능력을 기를 것) 등이다.[38]

통일을 대비하여 지금 당장 할 일은 남한 사회에 존재하는 편견과 차별, 혐오를 타파하고 사회통합을 꾀하며 통일 한국을 준비하는 것이다. 이러한 통일 교육의 내용 중에 사회연대가 포함되어야 한다.

통일 교육에서 지속가능한 발전을 추구하자는 주장[39]도 경청할 만하다. '지속가능한 발전'은 미래세대의 필요를 희생시키지 않으면서 현세대의 요구를 충족시키는 발전을 말한다. 이는 분단된 세대의 요구를 충족시키는 동시에 통일 한국을 살아갈 미래 세대를 위한 사회 통합, 공존, 상생을 추구하는 평화 통일 교육의 목표에 부합하는 개념이다. 지속가능한 발전의 핵심 문제는 빈곤 퇴치, 사회 경제적 정의, 문화 다양성 및 문화간 대화, 민주주의, 인권, 생물 다양성, 재해위험 감소, 기후변화 등이다. 이런 문제는 현재의 남북한 주민이 함께 겪는 문제이며 남북한이 상호의존적이며 상호연계적이기 때문에 공동으로 해결해야 할 문제다. 결국 사회연대원리에 기반하여 함께 해결해야 할 일이다.

5. 과거청산 문제

통일 한국 헌법을 제정할 경우, 과거사 청산 문제가 대두될 것이다. 분단 시대에 남북 양측에서 벌어진 인권침해 사례를 어떻게 처리할 것인지의 문제다. 누가 어떤 절차를 거쳐서 재판할 것인지, 그때 재판의 원칙은 무엇일지 모두 통일헌법에서 규정할 사안이다. 남한의 제헌헌법에서는 반민족행위를 처벌하는 특별법의 제정을 위한 근거 규정을 두었고,[40] 1948년에 반민족행위처벌법이라는 특별법[41]을 만들어 시행한 경험이 있다. 한편 이 문제는 우리나라만의 문제가 아니라 다른 나라에서도 다루어진 문제이다. 특히 남아프리카공화국의 진실과 화해위원회는 참고할 점이 많다.[42] 그런데 한 나라의 역사와 과거의 불법에 대한 청산작업은 기업의 청산과는 달리 문을 닫기 위한 것이 아니다. 운명공동체로서의 동일성을 유지하면서 다시 문을 열고 앞으로 나아가기 위함이다.[43]

과거청산의 주된 내용은 주로 북한의 정권 차원에서 행해진 비법치국가적 가해행위에 대한 처벌과 이로 인한 피해자의 보상 문제일 것이다. 피해자의 인권회복이 중요한 문제이지만 그것만 고려하기는 어렵다. 북한의 기득권층은 통일 후 처벌을 두려워하여 통일에 반대하는 투쟁을 벌일 우려도 있기 때문이다. 피 흘리지 않는 평화적 통일을 이루어야 할 국가적 사명과 통일된 나라의 사회통합이라는 국가이익도 고려해야 한다. 이러한 양 측면을 고려하여 헌법에 분단시대의 가해행위에 대한 정치적 보복금지와 사면 가능성을 내용을 하는 조항을 두자는 제안이 있다. 즉 "통일은 분단에 의한 민족적 고통을 민족적 화해와 용서의 숭고한 정신에 의하여 해소하는 것이 되어야 하며 보복의 기회로 활용되어서는 안 된다."[44]라는 조항을 두는 것이다. 과거청산 문제는 서로 대립하는 주장이 있을 수 있고, 각 주장은 모두 헌법적 근거가 있다. 결국 어느 가치를 우선할 것인지에 대한 사회적인 논의가 필요한바, 이때 논의의 기준으로 사회연대도 고려하자는 것이 필자의 주장이다.

국제재판소의 경험을 참고할 수 있다. 과거사 청산은 일반법정이 아니라 특별법정에서 진행될 가능성이 있고, 이 경우 재판절차를 누가 어떻게 정할 것인지가 문제 된다. 한반도에서 통일과정에 발생할 전환기 정의는 국내적·국제적 요소가 혼합된 특별형사법원에서 이루어질 가능성이 크다는 것이 다수 의견이며, 혼합법원의 설계과정에서 공유되어야 할 지도 원칙은 정치적 영향력으로부터 기관의 독립성 확보, 피해자와 관련국의 필요 및 상황에 부합, 가능한 목표 범위 간에 선택과 우선순위 설정, 지속적 평가 등이다.[45]

과거사 청산이라는 특별한 일은 특별법정에서 특별한 절차에 따라야 할 수 있다. 이 경우 법률에서 모든 것을 정하기보다는 재판관들에게 맡기는 것도 선택가능한 방법이다. 그럴 때 재판관을 어떻게 선정할 것인지가 중요하게 된다. 재판을 받을 가능성이 있는 사람도 동의할 수 있는 선출방식이 중요하고, 국제사회의 선례와 투명한 절차가 보장되어야 할 것이다. 두 가지 방식이 있다.[46]

첫째는 해당 재판소가 정하는 방식이다. ICTY[47]가 채택한 방법이다. 재판절차와 증거법칙의 중요한 골격은 입법기관이 법률로 정하고, 그 시행에 필요한 세칙을 사법기관이 하위 법규인 규칙의 형태로 정하도록 하는 것이 보통이다. 그렇지만 유엔안보리가 만든 법률이라고 할 수 있는 ICTY 규정은 재판소의 구성과 피고인의 권리 등 기초적인 사항만 정했을 뿐, 재판절차와 증거법칙에 관해서는 아무런 언급이 없었다. 따라서 재판절차와 증거법칙은 재판관들이 소송규칙의 형태로 정하도록 맡겨졌는데, 이처럼 재판관들에게 전적인 입법권을 부여한 것은 흔치 않은 예였다. ICTY 규정 제15조는 재판관들이 재판절차와 증거, 증인과 피해자의 보호, 기타 필요한 사항에 대하여 소송규칙을 채택할 수 있다고 선언했다. 이에 따라 제1기 재판관들은 1994년 2월 11일 최초의 소송규칙을 제정했다. 이렇게 제정된 소송규칙 중 제6조는 그 개정에 관해서 규정하고 있다. 이에 의하면, 소송규칙의 개정은 재판관(1인), 소추관, 또는 사무총장이 제안할 수 있고, 개정안은 재판관 전원회의(Plenary)에서 11명의 재판관 중 7인 이상이 찬성하는 경우에 채택될 수 있었다. ICTY에서는 1994년에 제정된 소송규칙이 2017년 12월 31일 재판소가 공식적으로 문을 닫을 때까지 20여 년의 기간 동안 무려 50차례에 걸쳐 개정됐다.[48] 재판관들에게 입법권까지 허용한 결과, 소송규칙의 개정이 재판관 위주의 편의주의적인 내용으로만 이뤄졌다는 비판도 있지만, 임시재판소의 입장에서는 다른 대안도 없었을 뿐만 아니라, 재판관들은 철저한 검토와 숙의절차를 통하여, 한편으로는 신속한 재판의 필요성에 응하면서도, 다른 한편으로는 공정한 재판을 받을 피고인의 권리를 최대한 보장하려는 점에서 균형을 이뤄 냈다고 평가할 수 있다. ICTY의 소송규칙은, 실무를 통한 진화과정에서, 세계 각국에서 모인 재판관들이 서로 토론하고, 타협하며 이룬 산물이었다.

둘째는 특별법에서 정하는 방식이다. 상설 재판소인 국제형사재판소(ICC)의 경우다. ICC에서는 그 설립 조약인 로마규정(Rome Statute)뿐만 아니라, 소송규칙도 당사국총회(현재 123개국)에서만 개정할 수 있도록 되어 있다. 더구나 ICC 당사국총회에서는 관례상 모든 결의를 컨센서스에 의해서 통과시키고 있기 때문에, 재판소가 일치된 의견으로 요청한 소송규칙의 개정안이라고 하더라도 당사국총회에서 한 나라라도 반대하면 통과될 수 없다. ICC가 2003년에 출범한 이래 2023년 현재까지 20년 동안 소송규칙 개정이 오직 다섯 차례밖에 없었다는 사실이 그 경직성을 말해 준다.

과거청산을 재판으로 해결할 경우에도 유죄인정합의를 한 경우에는 낮은 형을 선고하는 등의 조치가 필요할 수도 있다. 사람이 행한 죄를 어떻게 볼 것인지의 근본적인 문제도 있지만 법집행의 효율성도 고려해야 한다. 이런 문제도 국제재판소 경험을 참고할 수 있다.[49)]

6. 평등 문제

통일헌법에는 북한주민이라는 이유로 차별받지 않는다는 원칙을 둘 수 있다. 통일헌법에서 차별금지사유와 특별보호 영역을 명시할 것인지는 논의대상이다. 헌법재판소는 "헌법이 스스로 차별의 근거로 삼아서는 아니 되는 기준을 제시하거나 차별을 특히 금지하고 있는 영역을 제시하고 있다면 그러한 기준을 근거로 한 차별이나 그러한 영역에서의 차별에 대하여 엄격하게 심사하는 것이 정당화 된다.[50)]"라고 판시하였다. 위 판시에 의하면, 헌법에서 차별금지사유를 추가하면 그 사유에 대해서는 차별에 의한 기본권 침해로부터 국민의 기본권보호가 향상되는 측면이 있다. 다른 한편으로 차별금지사유가 증가하게 되면 입법자가 개별법에서 그 적용 범위를 정할 때 입법형성권이 비례하여 축소되는 문제가 있으므로 차별금지사유를 평등규정에 받아들이는 것은 신중해야 한다.[51)] 통일 한국헌법에서 평등조항에 추가할 수 있는 차별금지사유로는 '북한지역 출신', '북한주민'을 생각할 수 있다. 이러한 조항을 두는 이유는 통일 한국이라는 사회에 같이 살아가는 사람들에 대한 배려이고, 그 정신은 사회연대와 관련이 있다.

한편 직업선택의 자유와 관련하여, 비시각장애인은 안마사 자격을 취득할 수 없도록 규정한 의료법이 위헌인지 여부가 논란이 되었고, 안마사들의 집단행동이 있었다. 이 문제에 대해서는 헌법재판관들 사이에도 견해가 나뉘었다.[52] 그런데 이 문제를 사회연대의 측면에서 살펴보면, 의료법에서 비시각장애인은 안마사를 할 수 없도록 한 것은 직업선택의 자유를 본질적으로 침해하기 때문에 여기에서 예외를 인정하려면 헌법 제37조 제2항의 기본권 제한규정 외에 다른 논리가 있어야 하는데, 그것은 사회국가원리에서 도출되는 사회연대라는 주장이 있다.[53] 이때의 사회연대는 규범적인 사회연대원리의 토대가 되는 법률 이전의 것이고 사회적이다. 또한 시각장애인에게만 안마사를 허용하는 것은 비시각장애인의 입장에서는 자신의 직업선택의 자유를 포기하면서까지 맹인의 생존권을 보장하고 사회통합을 배려하는 것으로 상호의 존성에 입각한 책임의 통감, 배려의 정신이다.

7. 기타

통일 한국 헌법을 구상할 때 고려할 점은 위에서 예를 든 것 외에도 많을 것이다. 거주이전의 자유와 관련하여, 북한주민의 이동을 일시적으로 제한하는 것이 가능한지 문제 될 수 있다. 통일 이후 노동시장의 통합방향에 대한 연구에 의하면, 이주허가제와 이주자유화를 고려할 수 있는데, 이주허가제는 노동시장 통합수준을 정책적 고려에 따라 조절할 수 있다는 장점이 있는 반면에 북한주민의 거주이전의 자유와 직업선택의 자유를 침해하고 통일 취지를 훼손한다는 단점이 있다. 이주자유화는 이와 반대의 장단점이 있기 때문에 어느 한 쪽을 정답으로 제시하기 보다는 통일 시점의 통일여건과 국민여론에 따라 정책을 선택하거나 단계적으로 초기에는 이주 허가제를 선택하다가 일정 기간 이후에 이주 자유화로 이행하는 방안을 고려할 수 있다.[54] 또한 제3국인을 어떻게 대우할 것인지도 문제다. 환경문제[55]도 중요하다. 남북한의 환경이 서로 연결된 상황에서 기후변화로 인한 환경문제를 해결하기 위해 함께 노력해야 하는데 이를 위해서는 공감대 형성이 선행되어야 하는바, 공감대 형성에는 사회연대의식이 필요하다. 통일 이후 북한주민의 정신건강도 살펴야 한다. 통일과정에서 북한주민들은 사회적 불평등, 차별을 경험할 가능성이 크고, 이러한 요소는 '외상 후 울분장애'와 '아노믹 우울'을 악화시킬 수 있다. 정신건강의 국제기준이 '회복 패러다임'을 지향하기 위한 법과 정책의 변화도 고려해야 한다.[56] 역사교육과 관련하여, 남북한 양측 모두에서 폐쇄적인 민족 담론을 극복함과 동시에 근원론적 민족 정체성을 성찰하고 미래 지향의 교육개혁을 하자는 제안도 참고할 수 있다.[57]

그밖에도 여러 가지 문제가 있을 것이고 해법도 다양할 것이다. 이런 다양한 문제를 드러내고 토론해야 한다. 가만히 있어서 문제가 해결되지는 않는다. 우리의 미래라면 우리가 문제를 찾고 해법도 찾아야 한다.

한편 사회연대 원리가 추구하는 사회정의 실현을 위해서는 국가가 관여해야 한다. 이때 국가의 관여는 자유권 제한[58]으로 나타날 수 있다. 국가가 어떤 방식으로 관여할 것인지에 대한 설계와 입법은 광범위하게 입법형성권에 맡겨져 있다. 국가의 예산활용 등 우선순위에 따라 그 내용이 달라질 것인데, 통일헌법 제정 당시의 사회연대 정신의 수준에 따라 정해질 것이다. 따라서 지금부터라도 사회연대 문제를 지속해서 논의해야 한다.

외국사례에 대한 연구도 지속해야 한다. 특히 독일의 통일사례를 보면, '제도가 아닌 인간 마음의 통합'이 중요하고, '속전속결이 아닌 지구전'으로 보아야 함을 알 수 있다. 남북한은 분단 78년간 상이한 정치, 경제제도하에서 이질화된 두 개의 생활세계를 형성하여 왔는바, 이를 통합하는 과정에서는 정체성의 혼란, 불신의 극복 문제 등 많은 과제가 예상된다. 결국 사회통합을 위해서는 통일이 불투명한 미래의 어떤 시점에서 발생하는 하나의 사건이 아니라 이미 진행 중인 장기적인 통합의 과정이자 실천이라는 인식의 전환이 필요하다. 필자는 사회연대라는 관점이 이러한 인식전환의 근거가 되어야 한다는 생각이다.

Ⅳ

결론

지금 남한 사회의 중요 문제는 인구감소다. 통일보다는 10배쯤 더 관심 끄는 주제이다. 저출산 문제의 해법으로 '살고 싶은 나라'를 만들자는 제안[1]이 있다. 그 구체적인 방안이야 다양하겠지만 큰 틀에서는 그렇게 가야 할 것 같다. 통일문제도 마찬가지다. 통일 한국이 분단된 남북한보다 더 나은 '살고 싶은 나라'가 되어야 한다. 그렇게 되기 위해서는 남북한의 이질성을 극복해야 하고 지금보다 남북한 주민이 살기 좋은 나라를 만들어야 한다. 그런 나라를 만들기 위해서는 그에 맞는 통일헌법이 제정되어야 하는데, 그 헌법원리 중의 하나가 사회연대다.

능력주의라는 측면에서 살펴볼 수도 있다. '누구나 자신의 재능과 노력이 허용하는 한 성공할 수 있다.'는 능력주의 담론이 오히려 '우리는 자신의 운명에 대한 책임자이며, 우리가 얻는 것에 대한 책임을 가진다.'는 메시지를 통해 사회적 연대를 약화하고, 실패한 자들의 굴욕감을 고착화한다는 진단이 있다.[2] 통일 한국에서도 이와 관련한 사회갈등이 예상된다. 그런데 남한주민이 남한에서 태어나서 자란 것과 북한 주민이 북한에서 태어나서 자란 것은 우연일 수 있다. 그렇지만 분단을 극복하고 통일 한국의 헌법을 만들기로 결단한 것은 행운이 되어야 한다.

"내가 가진 재능이 우연히 사회에서 높은 가치를 쳐주는 재능인 것은 나의 노력에 대한 결과가 아니며 도덕적 문제도 아니다. 단지 행운의 결과일 뿐이다."[3]라는 말을 존중해야 하고, 그 말을 실천하기 위해서는 통일 한국의 헌법에 사회연대 원리를 명확히 할 필요가 있다.

민주주의는 완성되는 것이 아니고, 끊임없이 만들어 가는 것이다. 미래를 예측하는 가장 좋은 방법은 미래를 만드는 것이다. 한국 민주주의와 대한민국의 미래는 우리 손에 달려 있고, 비관적 시나리오를 낙관적 시나리오로 바꾸는 힘은 국가 비전·정치적 리더십·국민의 의지다.[4] 필자는 통일 한국의 미래도 마찬가지라 생각한다. 통일 한국이 어떤 모습일지는 지금 우리가 만드는 것에 달려있다고 믿는다.

남아공에서 1994년 4월 27일에 전 국민이 참여하는 투표가 있었다. 그날 모든 인종의 사람들이 투표에 참여하면서 스스로 변했다. 백인들도 "내 어깨를 짓누르던 짐이 벗겨졌습니다. 나는 자유로워졌고 변화되었고 새사람이 되었습니다."라고 말했다. 투투 주교는 "남아공 사람들 전체가 살아남아 번영할 길은 같은 환경과 역사로 묶여 있는 흑인과 백인이 힘을 모아 인종차별주의라는 늪에서 빠져나가기 위해 함께 노력하는 것뿐이다. 흑인과 백인이 같이 올라가고 같이 나가야 한다. 어느 쪽도 혼자만으로는 그 일을 해낼 수 없다."라고 했다.[5] 그의 말은 우리에게도 유효하다. 분단의 폐해를 극복하기 위해서는 남북한 주민이 힘을 모아 분단을 극복하는 길뿐이다. 혼자서 잘 살기는 어렵다. 역사가 증명한 일이다.

사회연대는 위기 인식의 산물이자 사회적 위험에 대한 집단적인 대응이다. 또한 사회연대는 시민권을 통하여 한 국가 내에서 일정 기간 거주할 의사로 생활하는 모든 정주자에게 적용되는 보편적 속성을 가진다.[6] 통일 한국이 성립할 시점에는 남북한 주민은 하나의 공동체에 속할 것이며 그들 중 일부에게 닥칠 사회적 위험에 대해서는 공동으로 대응할 의무가 생긴다. 그런 의무의 헌법적 근거는 사회연대가 될 것이고, 주된 수혜자는 북한주민이 될 것이다. "아무리 거부해도 남북은 숙명적으로 함께 가야 하는 동족입니다. 동정이 아닌 나눔의 정신이 필요해요."[7] 이 말은 사회연대를 잘 표현하고 있다. 필자는 분야별로 다양한 문제가 발생할 것으로 예상하는데, 아직 본격적인 논의가 부족한 상황이다. 이 글이 토론의 시작이 되기를 바란다.

참고자료

I. 헌법애국주의[8)]

통일된 나라, 통일 한국은 어떤 가치를 추구하여야 하며, 이때 적용할 헌법 원리는 어떤 것이어야 하는가? 이 질문은 지금부터 해야 한다. 정답이 있는 것도 아닌 만큼 현재와 미래의 문제를 예측하면서 통일 한국의 시민들이 각자의 개성을 발휘하며 행복하게 사는 데 적합한 원리를 찾아야 한다. 이런 논의를 위해 헌법애국주의라는 개념을 소개한다. 현재 세대가 제정한 헌법원칙 중심으로 통일을 추구하고 통일된 나라를 운영하자는 견해다. 민주적 원칙과 보편적 가치를 추구할 수 있고, 미래세대에 대한 배려도 가능하다. 남북한 주민이 모두 참여하는 개방된 형태로 논의를 시작할 수 있다.

1. 헌법애국주의란

헌법애국주의(Constitutional Patriotism)는 주로 독일에서 발전한 정치 철학 및 이론으로, 국가 정체성과 애국심의 기반을 역사적 전통이나 평판이 아니라 헌법과 같은 민주적 가치 및 법치주의의 원칙에 두는 것을 의미합니다. 이 개념은 독일의 철학자 위르겐 하버마스(Jürgen Habermas)에 의해 유명해졌으며, 특히 제2차 세계 대전 이후 독일의 역사적 맥락에서 중요한 역할을 했습니다.

- **역사적 배경:** 독일은 두 차례의 세계 대전과 나치 시대의 경험을 통해 민족주의적 애국심이 얼마나 위험할 수 있는지를 목격했습니다. 따라서 그 후 국가를 재구성하는 과정에서 새로운 형태의 애국심이 필요하다고 생각했습니다.
- **기본 원칙:** 헌법애국주의는 사람들이 서로 다른 역사적 배경과 문화적 유산을 가질 수 있지만, 모두가 공통적으로 지지할 수 있는 민주적 원칙과 헌법 가치에 대한 충성심을 통해 통합될 수 있음을 강조합니다. 이러한

가치는 인간 존엄성, 자유, 평등, 법치주의 등을 포함합니다.

- **실천적 적용**: 헌법애국주의는 시민들이 자신의 국가 헌법과 그에 기초한 민주적 질서를 존중하고 유지하려는 태도와 행동을 장려합니다. 이는 또한 사회적 통합과 시민적 참여를 증진시키고, 다양한 문화적 배경의 사람들이 하나의 공동체로서 함께 살아가도록 돕는 역할을 합니다.
- **글로벌 확장 가능성**: 이 개념은 독일 외의 다른 국가에서도 고려될 수 있습니다. 각기 다른 민족적, 문화적 배경을 가진 사람들로 이루어진 현대 사회에서 민주적 가치를 중심으로 한 애국심은 갈등을 줄이고 사회적 조화를 촉진하는 데 기여할 수 있습니다.

헌법애국주의는 애국심을 재해석하여 더 포괄적이고 민주적인 사회를 이루고자 하는 철학적 접근이며, 다양한 문화와 전통이 공존하는 오늘날의 글로벌 사회에서 중요한 의미를 가질 수 있습니다.

2. 헌법애국주의와 하버마스

Jürgen Habermas는 헌법애국주의라는 개념을 통해 현대 민주사회에서 애국심과 정체성의 문제를 새롭게 접근했습니다. 하버마스의 주장은 주로 다음과 같습니다.

- **시민적 정체성**: 하버마스는 현대 사회에서 시민적 정체성이 문화적 또는 민족적 배경보다는 민주적 헌법과 법치주의의 원칙에 기반해야 한다고 주장했습니다. 이는 각기 다른 문화적 배경을 가진 사람들이 공존하는 사회에서 다양성을 존중하면서도 통합을 이룰 수 있는 길을 제시합니다.
- **합리적 토론과 공론장**: 하버마스는 민주주의의 핵심으로 합리적 토론과 공론장을 강조합니다. 그는 헌법애국주의가 시민들이 공공 영역에서 자유롭고 이성적인 대화를 통해 우리의 삶을 함께 형성할 수 있도록 해야 한다고 봅니다.
- **역사적 책임 인식**: 특히 독일의 맥락에서는, 헌법애국주의가 과거의 역사적 책임을 인식하고 그것을 극복하려는 노력을 포함해야 한다고 주장했

습니다. 이는 국가 정체성이 과거의 잘못을 반복하지 않도록 역사적 교훈을 지속적으로 반영해야 함을 의미합니다.

하버마스의 헌법애국주의에 대한 주장은 "사실성과 타당성"("Between Facts and Norms")이라는 저서에서 포괄적으로 다루고 있습니다.

학계 및 언론의 평가

• 긍정적 평가

- **통합적 접근**: 다양한 인종과 문화가 공존하는 사회에서 갈등을 줄이는 데 기여할 수 있는 통합적 접근이라는 점에서 긍정적으로 평가되었습니다.
- **민주주의 강화**: 시민적 결속과 민주주의 강화라는 관점에서 이론적 틀을 제공하여 높은 평가를 받았습니다.

• 비판적 평가

- **추상성**: 일부 비평가들은 헌법애국주의가 지나치게 추상적이며, 실제 사회적 결속을 이루는 데 필요한 문화적 요소를 간과한다고 비판하기도 합니다.
- **실행 가능성**: 현실 정치에서의 실천 가능성과 적용 범위에 대한 의문을 제기하는 의견도 있습니다. 특히 헌법에 대한 이해와 해석이 다를 경우 어떻게 문제를 해결할 것인지에 대한 논의가 충분하지 않다는 지적이 있습니다.

3. 중첩적 합의와 헌법애국주의

존 롤스의 "중첩적 합의"와 독일의 헌법애국주의는 모두 다양성을 가진 사회에서 어떻게 공동체적 통합과 합의를 이룰 수 있는지를 탐구합니다. 두 개념은 서로 다른 철학적 배경과 목표를 가지고 있지만 몇 가지 관련된 측면이 있습니다.

- **다양성 인정**: 중첩적 합의는 많은 개인들이 서로 다른 신념 체계와 도덕적

견해를 가지고 있다는 현실을 인정합니다. 마찬가지로, 헌법애국주의는 다양한 문화적, 종교적, 정치적 배경을 가진 사람들이 공통의 법적, 민주적 가치를 통해 단결할 수 있다는 전제를 기반으로 합니다.

- **공통의 기초 찾기**: 롤스의 이론에서 중첩적 합의는 사람들이 각자의 다양한 신념 체계에도 불구하고 공통적으로 수용할 수 있는 정치적 원칙에 합의하는 것을 목표로 합니다. 이는 헌법애국주의와 유사하게, 다양한 배경의 시민들이 헌법적 가치나 민주적 원칙을 공유하는 것을 추구합니다.
- **정의로운 사회**: 롤스의 중첩적 합의는 정의로운 사회의 기초를 마련하고자 하며, 이는 헌법애국주의가 지향하는 시민들이 법과 민주적 원칙에 기반한 공동체 속에서 조화롭게 공존하는 모델과 비슷한 목표를 가집니다.

결론적으로, 중첩적 합의와 헌법애국주의는 모두 다원적 사회에서 평화롭고 공정한 공동체 삶을 위한 철학적 메커니즘을 제공하며, 서로 다른 가치와 신념을 가진 사람들이 어떤 공통된 기준에 기초해 함께 살아갈 수 있는지를 고민합니다.

4. 헌법애국주의를 남북한의 새로운 공동체 건설에 활용하려면

남북한과 같이 오랜 분단과 적대 관계 속에서 서로 다른 이념과 경제 체제를 경험한 공동체가 다시 하나로 통합될 때, 헌법애국주의는 유용한 틀을 제공할 수 있습니다. 헌법애국주의는 다양한 배경을 가진 사람들이 공통의 민주적 가치를 중심으로 단결할 수 있는 가능성을 열어주기 때문입니다. 이를 통해 새로운 공동체 건설을 지원하려면 다음과 같은 접근이 필요할 수 있습니다.

- **공통의 법적 틀 마련**: 남북한이 서로 다른 체제를 경험한 만큼, 새로운 헌법적, 법적 기초가 필요합니다. 이는 개인의 자유와 권리를 보장하며, 법의 지배를 근간으로 삼아야 합니다. 민주적 절차와 인권을 강조하는 헌법적 틀이 마련된다면, 다양한 이념을 가진 사람들이 그 틀 안에서 협력할 수 있는 환경을 조성할 수 있습니다.
- **민주적 가치에 대한 교육과 홍보**: 헌법애국주의는 시민들이 헌법과 그 가

치에 강하게 애착을 갖도록 하는 것을 목표로 합니다. 이를 위해서는 교육과 홍보가 중요합니다. 통합 후 한국 사회의 미래 세대에게 민주적 가치와 시민권, 책임의 중요성을 교육하는 프로그램을 개발해야 합니다.

- **공동의 역사와 문화 재구성**: 남과 북의 사람들이 공유할 수 있는 역사적, 문화적 요소를 재구성하고 강조하는 것이 필요합니다. 이는 통합된 정체성을 형성하고, 상호 이해와 신뢰를 구축하는 데 도움을 줄 것입니다.
- **다양성 존중과 대화 촉진**: 서로 다른 이념과 체제를 수용하면서도 차이를 존중하는 문화가 필요합니다. 이를 위해 공개된 대화의 장을 마련하고, 시민들이 직접 참여할 수 있는 토론과 협의 메커니즘을 구축해야 합니다.
- **경제적 기회와 사회적 안전망 강화**: 경제적 불평등을 줄이고, 사회적 안전망을 강화함으로써 모든 시민이 제도 통합의 혜택을 받을 수 있도록 해야 합니다. 그래야만 헌법애국주의의 기반이 되는 평등과 정의의 가치를 실현할 수 있습니다.

이와 같은 접근 방식을 통해 헌법애국주의는 남북한 통합이라는 복잡한 과정에서 새로운 공동체를 형성하는 데 기여할 수 있습니다. 궁극적으로는 민족적, 문화적 다양성을 포용하면서도 공통의 민주적 목표와 가치를 중심으로 단결하는 사회를 만들어 갈 수 있도록 도와줍니다.

II. 재정조정제도[9)]

남북한이 통일할 경우에는 경제적 격차로 인한 문제를 해소해야 한다. 독일의 재정조정제도를 참고할 수 있다. 우리나라의 지방교부금에 해당하는 제도인데, 자세히 살펴볼 가치가 있다.

참고로 남한의 교부금(교부세)을 살펴본다. 국가 또는 지방자치단체가 특정한 목적을 위하여 교부하는 금전을 총칭하는 말이다. 교부세(交付稅)라고도 한다. 교부금은 국가가 지방자치단체의 재정을 지원하기 위한 것, 국가 또는 지방자치단체가 그 사무의 일부를 위임하고 이에 소요되는 비용을 충당해 주기 위한 것, 국가 등이 특정한 행정목적을 위해 지급하는 것 등으로 구분할 수 있다. 지방교부세는 국가가 지방교부세법의 규정에 의하여 지방자치단체의 행정 운영에 필요한 재정지원을 위하여 지급하는 교부금으로서 지방교부금이라고도 한다. 지방교부세는 보통교부세와 특별교부세로 구분되는데, 보통교부세는 매년 기준 재정수입이 기준 재정수요에 미달하는 지방자치단체에 그 미달액을 기초로 하여 교부한다. 또한 지방교육재정교부금은 초·중등 교육의 재정지원을 위해 지방교육재정교부금법의 규정에 의하여 지급하는 교부금을 말한다. 이 교부금은 지방자치단체가 교육기관 및 교육행정 기관을 설치, 경영하는 데 필요한 재원을 국가가 지원하여 지역 간 교육의 균형 발전을 도모하기 위한 것이다.

1. 연방 재정 조정제도란

독일의 지방자치 제도 중 하나로, 주(州) 간 재정 불평등을 완화하기 위한 제도로 "연방 재정 조정제도" 또는 "Länderfinanzausgleich"라는 제도가 있습니다. 이 제도는 부유한 주와 가난한 주 간의 재정 불균형을 조정하여, 국가 전체적으로 보다 균형 잡힌 발전을 도모하기 위해 마련되었습니다.

이 시스템은 몇 가지 주요 과정을 통해 운영됩니다.

- **세수 조정:** 연방 정부는 소득세와 부가가치세(VAT) 등의 중요한 세수를

연방과 주정부 간에 나눕니다. 특히 부가가치세는 각 주의 인구 규모와 재정 필요성에 따라 배분됩니다.

- **주 간 재정 이전**: 세수 조정 후에도 여전히 재정적으로 열악한 주가 있다면, 보다 부유한 주가 재정을 추가로 이전하게 됩니다. 이를 통해 각 주의 재정력을 어느 정도 평준화합니다.
- **연방 정부 지원**: 만약 주 간 재정 이전만으로도 부족한 경우, 연방 정부가 추가적인 지원을 제공합니다. 이를 통해 재정적으로 어려운 주가 필수적인 행정 서비스를 제공할 수 있도록 돕습니다.

이 제도는 독일의 연방주의와 지방자치의 핵심적인 요소로 작용하며, 독일 전역의 평등한 생활 수준을 유지하는 데 기여하고 있습니다. 다만, 이 제도는 때때로 부유한 주와 그렇지 못한 주 사이의 긴장을 초래하기도 하며, 이에 대한 논의와 조정이 지속적으로 이루어지고 있습니다.

2. 구체적 사례와 평가

독일의 "Länderfinanzausgleich" 시스템은 매년 각 주의 경제 상황과 재정 수입에 따라 변하기 때문에, 특정한 연도의 세부 지원 내역은 연방 통계청이나 독일 내 각 주의 재무부에서 발표하는 공식 자료를 통해 확인할 수 있습니다. 일반적으로 이러한 자료에는 어느 주가 얼마나 기여했고, 어느 주가 얼마나 지원을 받았는지에 대한 정보가 포함됩니다.

예를 들어, 2020년의 경우 다음과 같은 몇 가지 예시를 살펴볼 수 있습니다.

- 바이에른 주(Bavaria): 전통적으로 독일에서 가장 부유한 주 중 하나인 바이에른은 종종 많은 금액을 다른 주로 이전하는 '기여 주' 역할을 했습니다.
- 바덴뷔르템베르크 주(Baden-Württemberg): 이 주 역시 경제적으로 강력하여 정기적으로 다른 주에 재정을 지원하는 편입니다.
- 베를린(Berlin), 작센안할트(Saxony-Anhalt): 상대적으로 경제적으로 약한 주들은 주로 수혜를 받는 편입니다. 특히 베를린은 대도시임에도 불구하고 독일 내 다른 지역에 비해 경제적 어려움이 있어 재정 지원을 받는

경우가 많습니다.

재정조정제도에 대해 평가

독일 내 “Länderfinanzausgleich” 제도에 대한 반응은 찬성과 반대 의견으로 명확히 구분됩니다. 각 입장은 경제적, 정치적 배경에 따라 다소 복잡하지만, 주요 논점은 다음과 같습니다.

- 찬성 입장

- **경제적 평등과 연대:** 제도의 주요 지지자들은 독일 전체의 경제적 평준화를 강조합니다. 이들은 이 제도가 독일 전역에 걸쳐 비슷한 수준의 공공서비스를 보장함으로써 모든 시민에게 공평한 기회를 제공한다고 주장합니다. 이는 독일 연방국가로서의 연대 원칙에 부합합니다.
- **사회적 안정:** 경제적으로 어려운 주에 대한 지원은 이들 지역의 사회적 안정을 도모하고, 궁극적으로는 전체 국가의 안정을 도모한다고 봅니다. 불균형한 경제 발전은 사회적 불안을 초래할 수 있으며, 이를 예방하는 데 기여한다는 것이 찬성 측의 주장입니다.

- 반대 입장

- **형평성 문제:** 부유한 주에서는 이 제도가 자신들의 경제적 성과에 대한 불공정한 징벌로 여겨질 수 있습니다. 특히 세금을 많이 내는 주민 입장에서는 ‘일하는 만큼의 보상을 받지 못한다’고 느낄 수 있으며, 경제적 성과를 자율적으로 사용할 기회가 제한받는다고 생각할 수 있습니다.
- **의존성 문제:** 일부 반대자들은 이 제도가 수혜 주로 하여금 자립적 경제 성장을 추구하기보다는 계속해서 지원에 의존하게 만들 수 있다고 주장합니다. 이는 장기적으로는 발전적인 해결책이 아니라는 의견입니다.
- **정치적 갈등:** 부유한 주와 지원이 필요한 주 간의 정치적 긴장을 악화시키는 원인이 될 수 있습니다. 이러한 논쟁은 주 간 협력보다는 갈등을 불러일으킬 가능성이 있다는 점에서 비판받습니다.

이러한 찬반 논의는 독일의 정치 및 경제 담론에서 지속적으로 다루어지는 주제로, 각 주의 경제 상황과 정책 방향에 따라 논의의 초점이 변화할 수 있습니다. 논쟁과 토론을 통해 주기적으로 제도의 개혁 또는 조정이 이루어지기도 합니다.

3. 남북한 통일과정에서 활용가능성

남북한 통일과정에서 독일의 "Länderfinanzausgleich"와 같은 제도를 도입하는 것은 재정적 균형을 맞추고 경제적 불평등을 완화하는 데 유용할 수 있습니다. 그러나 많은 요소들을 신중히 고려해야 합니다. 다음은 주요 고려 사항입니다.

- 역사적 및 정치적 고려

- **통일과정의 차이점**: 독일 통일은 비교적 평화적으로 이루어졌고, 양측 모두 같은 정치 체제(민주주의)를 수용하였지만, 남북한은 정치 · 경제 체제의 차이가 큽니다. 통일과정을 어떻게 설계하느냐에 따라 재정 지원 시스템도 달라져야 할 것입니다.
- **주권과 자치의 부여**: 독일에서는 각 주가 상당한 자치권을 가지고 있지만, 남북한의 경우 각 지역에 어떤 수준의 자치권을 부여할 것인가에 대한 정치적, 행정적 계획이 필요합니다.

- 경제적 고려

- **경제 격차**: 남북한의 경제적 격차는 동서독보다 훨씬 큽니다. 북한 지역에 대한 대규모 인프라 투자, 산업 재건, 교육 및 의료 개선을 위한 기금 마련 등이 필요합니다.
- **재원 마련**: 통일 후 재정 지원을 어떻게 마련할 것인지에 대한 명확한 계획이 필요합니다. 남한 내 반발을 최소화하면서 어떻게 자금을 배분할지에 대한 사회적 합의가 필요합니다.
- **의존성 문제 해결**: 지원이 일시적이 아니라 북한 지역의 자립을 돕는 방향으로 계획되어야 하며, 재정 지원이 의존성을 초래하지 않도록 신중히 설

계되어야 합니다.

- 사회적 고려

- **인식과 통합**: 남북한 주민들 간의 인식 차이를 줄이고, 통일 국가의 정체성을 형성하기 위한 사회통합 정책도 병행해야 합니다.
- **교육과 직업 훈련**: 북한주민들이 시장 경제에 적응할 수 있도록 교육과 직업 훈련 프로그램을 제공하는 것이 중요합니다.

- 국제적 협력

- **국제 지원 및 협력**: 국제적 지원과 협력이 필수적입니다. 독일 통일과정 역시 국제 사회의 지원이 중요했으며, 남북한 통일 역시 비슷한 수준의 국제적 협력과 지지가 필요합니다.

독일의 통일 경험에서 배울 점이 많지만, 남북한 고유의 상황과 환경을 반영한 독자적인 접근법이 필요합니다. 이러한 복잡한 문제들은 다각도로 접근하여 신중히 계획을 세워야 현실적인 해결책을 마련할 수 있습니다.

제3장

토지제도의 방향 모색 – 주거권 보장

I

통일시대의 토지법제: 통합방향성과 원칙[1)]

요약

통일은 북한의 토지제도에 어떤 영향을 미칠까? 북한 헌법과 토지법상 토지는 국유이고 거래가 금지되는데, 통일 이후 북한 토지제도는 어떻게 변할까? 이 문제는 정답이 있는 것이 아니라 답을 찾아야 할 문제다. 북한 토지가 북한주민, 나아가 통일 한국의 전체 주민의 이익증진에 도움이 되려면 토지제도는 어떻게 변해야 할까? 통일이 소유제도를 개편하는 계기가 될 수 있는가? 다양한 질문에 대한 답을 찾아야 한다.

현재 남북한의 토지소유제도는 서로 다르다. 남한은 사유재산제를 근간으로 하는 자본주의 체제인 반면 북한은 토지 등의 생산수단에 대하여 일체의 사적 소유를 인정하지 않는 사회주의 체제다. 남북한의 상이한 부동산소유제도는 향후 통일과정에서 문제 될 것이다. 여기서는 통일이라는 정치 환경의 변화가 북한의 토지소유제도에 어떤 영향을 미칠지 검토하고, 향후 북한토지제도의 변화방향을 모색한다.

1. 들어가며

최근 남한사회는 토지문제로 홍역을 치르고 있다. 일부 지역의 주택 가격이 급등하면서 대부분의 국민이 좌절감을 느낀다. 청년세대들은 미래에 대한 희망을 포기하고 있어 우리 사회의 미래가 밝지 않다.

그런데 이런 현실은 북한도 마찬가지다. 만성적인 주택보급 부족상황에다가 최근의 경제상황 악화로 신규 주택의 공급이 지지부진하다. 2020년 여름 큰물피해로 인한 주택파손으로 기본적인 권리인 주거권을 보장받지 못하고 있다. 국가가 공급해야 할 살림집이 현실에서는 교환의 방법으로 거래가 되면서 돈주라 불리는 일부 계층은 주택건설과 매매로 돈을 벌고 있지만 대부분의 주민은 주거 공간 부족으로 고통받고 있다.

현재 남북한 모두 토지문제로 고통을 받고 있다. 그렇다면 통일시대에는 토지문제를 어떻게 해야 할까? 통일시대가 언제 다가올지 알 수 없지만 바람직한 방향과 제도를 모색해 볼 필요는 있다.

그동안 남한사회의 북한 토지와 관련한 연구, 특히 통일에 대비한 연구는 국유인 북한 토지를 남한처럼 사유화하는 방안에 대한 것이 주된 내용이었다. 필자도 처음에는 토지의 소유에는 국유와 사유만 있는 것으로 생각했다. 그런데 최근 남북한의 주택 및 토지와 관련한 일련의 사건을 겪으면서 생각을 바꾸게 되었다. 토지 소유권이 절대적으로 보호해야 할 권리인지, 그런 소유권 절대의 원칙은 언제부터 어떤 이유로 주장되기 시작했는지, 남북한의 현행 토지제도는 어떤 방향으로 바뀌는 것이 바람직한지, 이때 고려해야 할 원칙은 무엇인지 등에 대해 생각하게 되었다. 여기서는 현행 남북한의 토지법제가 장차 다가올 통일시대에는 어떻게 변화하여야 할지에 대해, 통합의 방향성과 원칙을 모색하는 데 중점을 두었다.

2. 통일시대를 대비해서 할 일

(1) 통일은 언제쯤, 어떤 방식으로 다가올까

통일시대를 대비하여 무엇을 할 것인지를 생각하면 먼저 떠오르는 질문이다. 통일이 조만간 다가온다면 통합된 법제도에 대한 연구를 구체적으로 해야 할 것이고, 그와 달리 만일 통일이 30년 이후에야 다가올 것이라면 현재의 연구자들은 통일에 대비한 연구보다는 교류협력을 목표로 한 연구를 하는 것이 바람직할 것이다.

필자가 북한대학원 대학교에서 북한법을 강의하면서 수강생을 상대로 통일시기가 언제쯤일지 설문조사를 한 결과에 의하면, 현재는 평균적으로 '40년'이다. 10년 전에는 30년이었는데 그 시기가 길어지고 있다. 남한주민을 대상으로 한 통일의 당위성과 필요성에 대한 찬성의견도 갈수록 낮아지고 있고, 특히 미래세대인 청년들은 먼 장래의 통일보다는 현재의 삶이 더 중요하다고 여긴다. 이런 현실이라면 현재의 연구방향은 구체적인 법제의 통합방안보다는 통일의 방향성이나 원칙에 집중하는 것이 옳다. 필자는 통일의 방식에 대해서는 남북한 주민의 자유로운 의사에 의한 합의통일을 전제로 한다. 따라서 통합의 방향성이나 원칙을 정함에 있어서도 남북한 주민 모두의 동의를 얻는 방향이 되어야 할 것이므로 남북한 주민이 진정으로 원하는 것이 무엇인지, 그런 목표를 달성하기 위해 무엇을 희생해야 하는지에 대한 논의도 해야 한다. 또한 동서고금 역사를 통해 토지문제 해결을 위해 노력한 다양한 이론을 점검하고 그것을 통일 한국에 접목하려는 시도를 해야 한다.

(2) 통일과정에서 논의할 사항과 기왕의 논의 방향

통일과정에서 부동산 문제에 대한 기왕의 논의 내용을 살펴본다. "통일 이후 북한의 현행 부동산 소유권제도를 어떻게 바꿀 것인가?", "통일 이후 국유인 북한 부동산을 어떻게 배분할 것인가?", "북한의 부족한 주택상황은 어떻게 해결할 것인가?", "북한토지에 대해 권리를 주장하는 남한주민의 주장은 어떻게 처리할 것인가?" 등의 문제들이 주로 논의되었다.

법학계에서는 1946년 북한 토지개혁 이전의 원소유자의 권리와 관련한 논의가 있다. 반환할 것인지 또는 보상을 할 것인지 아니면 현 점유권자 권리를 보장할 것인지 여부다. 필자는 북한의 토지개혁 현실을 존중해야 한다는 입장[2)]을 취한다. 토지개혁과정과 그 이후 북한토지의 소유관계 및 이용실태를 살펴보면 이때 형성된 권리관계를 되돌릴 수 없다는 결론에 이르게 되었다. 따라서 원소유자 권리보호를 거론할 여지가 없다. 참고로 설문조사[3)]를 살펴보면, 원소유자에게 보상 또는 반환하는 것에 대체로 부정적이었고 국유 부동산의 사유화와 관련해서는 사유재산제 실시와 거주자 우선 배분 의견이 높았다. 시기별로도 의견이 조금씩 달랐다. 1990년대 주로 논의됐던 북한 토지의 사유화 방안은 점진적 유상분배로 이용자를 중심으로 북한주민에게 일정기간 토지를 임대한 다음 북한주민의 경제적 수준이 토지를 매입할 만큼 향상되면 우선적으로 유상 분배 또는 매각하는 방안이 검토됐다. 2000년대 들어서도 원소유권 반환보다는 북한주민의 현재 이용권을 우선하는 사유화 방식에 대한 논의가 지속되고 있다.

북한의 부동산 사유화에 대하여는, 급격히 진행하기보다는 단계적·점진적 사유화 진행이 바람직하고 일관된 정책이 시행될 수 있도록 사회적 합의를 이끌어 낼 필요성이 있다. 이는 급격한 사유화 과정에서 발생할 비용 부담의 증가와 북한주민들의 혼란 등 부작용에 대비할 수 있기 때문이다. 신규 주택공급과 기존 주택의 현대화와 관련해서는 남한이 그동안 추진해 온 주택 공급 전략을 활용할 필요가 있다. 향후 북한지역에는 대규모의 주택공급이 필요하고 기존주택의 개량 및 개축 등도 절실하다. 주택공급 및 기존 주택 개량화를 위해 제시된 방법[4]도 있다.

> ① 빠른 도시화가 예상되는 만큼 새로운 도시를 개발할 때 주택공급이 가능한 신시가지 계획을 포함하여 계획적으로 개발을 유도할 필요가 있다. ② 경제특구 등 고용이 많은 곳은 대량의 주택공급을 위해 신도시 개발 방식의 주택공급도 고려해야 한다. ③ 과거 한국과 같이 도시화 과정에서 나타날 수 있는 이촌향도(離村向都) 문제는 과거 새마을 운동과 주거환경개선사업 등을 참고하여 농촌의 불량주거지 정비 방안에 초점을 맞출 필요가 있다. ④ 대도시는 주로 아파트 공급이 예상되고 있어 과거 한국의 아파트 공급시스템(선분양, 입주자 저축제도, 단지형 개발)을 적용할 필요가 있고 이를 지원하는 금융(장기저리의 모기지 제공, 사원주택과 같은 고용기업의 참여 등) 지원이 필요하다.

또한 통일 이후 주택공급 기간을 최소화하고 주거불안을 해소하기 위한 전담 조직 신설, 관련 법제 정비, 금융조달 시스템 등의 인프라 구축이 필요하고, 저렴한 주택 공급을 위해 택지의 대량 공급과 분양가에 대한 규제도 고려해 볼 수 있다.

3. 남북한 토지제도의 현황과 문제점

통일시대의 토지제도를 논의하기 위해서는 현재의 남북한 토지제도를 먼저 살펴볼 필요가 있다.

(1) 남한 토지제도의 현황과 문제점

1) 농지개혁의 성과

남한에서는 1949년 6월 농지개혁법을 제정하였다. 1950년 봄 남한 정부는 일체의 소작농지와 3정보 이상의 소유농지를 유상으로 매수하여 이를 소작인등에게 유상으로 분배하는 농지개혁을 실시하였다. 분배농지에 대한 보상방법은 지주에게 연평균 소출의 150%를 액면가치로 하는 지가증권을 발행해 주고 그중 30%씩을 매년 정부고시 가격으로 환산하여 향후 5년간 현금으로 보상하도록 하였고, 상환방법은 농지를 분배받은 농민에게 상환증서를 발급한 후 위와 같은 액수를 5년간 현물로 균분 상환하게 하였다. 농지개혁으로 분배된 농지는 59만 정보로 전체 농지의 26%, 소작지의 40%였다.[5] 해방 직후에 비하여 분배대상 소작지가 줄어든 이유는 지주가 농지개혁이 실행되기 이전에 농지를 사전에 방매하였기 때문인데, 사전 방매한 농지는 대략 71만 정보로 추산된다. 1945년 말에 전체 농지의 35%였던 자작농지는 농지개혁 후인 1951년에 96%로 급증함으로써 지주제가 무너지고 자작농 체제가 성립하였다. 농지개혁의 결과 혁명의 온상이었던 농촌을 보수화하고 지주자본의 산업자본으로의 전환도 일부 촉진하여 반공-자본주의 체제가 수립되는 데 큰 영향을 미쳤다. 농지개혁으로 자작농이 된 농민이 반공체제의 지지층이 된 반면에 지주층은 소멸하였고 양반신분제 및 종족집단의 결집과 유대도 함께 약화되는 사회변화가 촉진되었다.[6]

농지개혁은 농민들에게 토지를 소유하게 함으로써 세계 최고 수준의 토지균등성을 빠른 속도로 이룩해 냈다. 농민들에게 희망을 안겨 줘 혁명을 포기하게 만들었고 1950년 한국전쟁시기 나라 전체가 공산화되는 것을 막는 원인이 되었다. 토지소유자가 된 농민들의 힘이 자녀 교육에 집중됐고 이것은 지금 우리가 누리는 비약적인 경제성장의 동력이 되었다. 농지개혁은 남한주민들 특히 농민들에게 역사상 한 번도 경험해 보지 못한 '평등주의'가 실현되는 과정을 목격하게 하였다. 농지개혁을 통한 '평등주의의 정착'은 남한사회의 성격을 근본적으로 규정한 요인으로 작용하였다. 농지개혁은 경제적으로는 산업화과정에 경제잉여를 투입하라는 정부의 지시에 자발적으로 순응하면서도, 정치적으로는 민주화에 대한 강렬한 열망을 가진 한국사회의 특징을 형성하게 된 주요 원인이다.

2) 아파트 가격 급등과 보유세 상승논란

최근 뉴스보도의 제목 몇 가지를 보면, 부동산 투기 부당이득 '최대 5배 환수', 김상조 '전셋값 논란' 하루 만에 경질, 투기 목적 농지 1년 유예기간 없이 즉시 처분명령, 투기처벌 소급적용 위한 논란에도 밀어붙이나, 땅 1년 내 팔면 양도세 70% 중과,[7] 다주택자 투기꾼 몰아 시장 왜곡… '정치 위한 정책'으로 4년 허송세월, 지위고하 막론 투기 엄벌… 또 제 탓 없이 남 탓인가[8]… 등 부동산 문제가 남한 사회에 큰 영향을 미치고 있음을 알 수 있다. 현재의 제도를 변화시켜야 할 필요가 있고, 그 방향성에 대해서는 논의가 필요하다.

3) 현재의 남한 토지제도가 통일된 한국의 토지제도로서 바람직한 모델인가

남한 사회는 토지의 사적 소유를 보장하는 근대 민법 제도를 유지하고 있지만 부의 불평등 문제가 심화되면서 소유권을 일부 제한하거나 증가된 가치를 세금으로 환수하려는 시도가 지속되고 있다. 이런 현상을 보면서, 부동산이 사회 전반에 미치는 영향이 매우 크다는 점과 현재의 제도는 그대로 유지되기 어렵다는 점, 개선 방안을 찾기 위해서는 다양한 의견의 제시와 토론이 필요하다는 생각에 도달하였다.

(2) 북한 토지제도의 현황과 문제점

1) 토지개혁의 성과, 그 이후의 국유화 과정

1946년 3월 5일 북조선인민위원회가 '토지개혁에 관한 법령'을 공포해 즉시 토지개혁을 단행했다. 그 결과 일정 면적(5정보) 이상의 개인소유 토지만을 대상으로 무상으로 몰수하고, 무상으로 분배했다. 1954년부터 시작한 "농업 집단화 사업"을 1958년에 완성함으로써, 북한지역 내에서 토지 사유권을 완전히 소멸시키고 사회주의적 토지소유제를 확립하였다. 1963년에 토지법을 제정했고, 1972년에는 헌법에서 추인했다. 1977년 토지법에서 토지를 "혁명의 고귀한 전취물"로 규정하고, 모든 토지는 국가 및 협동단체소유로 규정하고, 토지에 대한 매매를 금지했다.

2) 토지에 대한 북한법의 인식

토지에 관한 기본법인 북한 토지법은 "토지개혁과 농업협동화 방침이 철저히 수행되어 농촌에서 봉건적인 토지소유관계와 온갖 착취가 영원히 없어졌으며 사회주의적 토지소유관계가 전면적으로 확립되었다"라고 선언하고, 그 결과 "토지에는 토지개혁을 위하여 고귀한 생명을 바친 혁명선렬들의 붉은 피가 스며 있으며... 나라를 지키기 위하여 영웅적으로 싸운 인민들의 혁명정신이 깃들어 있다."라고 규정한다. 또한 "나라의 모든 토지는 인민의 공동소유로서 그것을 누구도 팔고사거나 개인의 것으로 만들 수 없다."라고 토지거래를 금지한다. 이것이 현재까지 이어지는 북한 토지제도의 기본구조다.

최근 제정된 부동산 관련 주요법으로는 살림집법[9]과 부동산관리법[10]이 있다.

살림집법에 의하면, 국가는 살림집소유권과 리용권을 법적으로 보호한다. 살림집리용신청을 받은 인민위원회와 해당 기관은 신청리유와 거주조건, 살림집이 비여있는 정형 같은 것을 정확히 검토확인하고 살림집을 배정받은 공민에게 살림집리용허가증을 발급해주어야 한다. 공민은 필요에 따라 살림집을 교환하려 할 경우 인민위원회 또는 해당 기관에 신청할 수 있다. 살림집을 리용하는 공민은 정해진 사용료를 제때에 물어야 한다. 부동산관리법은 북한의 부동산 관리에 관한 일반법이다. 기관, 기업소, 단체와 공민은 부동산을 리용하려 할 경우 대상에 따라 부동산리용허가기관의 허가를 받아야 한다. 부동산가격은 부동산가치의 화폐적 표현이며 부동산사용료를 기관, 기업소, 단체와 공민이 부동산을 리용하는 대가로 국가예산에 납부하는 자금이다.

3) 북한 부동산 실태

"북한의 주거실태 – 주택 보급률 75% 수준, 20년 넘은 노후 주택 80% 이상"

2008년 기준 북한의 주택 보급률은 75% 수준으로 평균 가구원수는 4.08명이다. 1990년 경제난 이후 주택 공급이 크게 떨어지면서 주택이 절대적으로 부족해 평양의 경우 한집에 2~3가구가 동거하는 현상이 증가하고 있고 신혼부부는 합숙생활(웃방살이)을 하는 경우도 많다. 일반적으로 한집에 2개 세대가 거주하며 3~4가구가 거주하는 경우도 흔하다. 주택의 노후도도 심해 20년이 넘은 주택이 80%를 넘는다. 유엔인구기금(UNFPA)의 북한 인구센서스 결과(2008년)에 의하면, 방 2칸 이하인 주택이 전체의 80%를 넘는다. 주택임대료로 정해진 사용료를 납부하는데, 평균적으로 생활비 지출의 1% 미만이고, 연료, 전기, 수도 포함 시 3% 내외 정도 수준이다.

주택공급은 국가주도 방식이다. 국가계획에 의한 주택건설은 대도시와 탄광, 제철소와 같은 대형 기업소 등 재정이 풍부한 지역에서 시행되었으며 국가계획에 의해 모든 자금과 건설자재를 국가로부터 공급받아

추진된다. 1990년 경제난 이후 국가가 정상적으로 주택을 공급하지 못하게 되자 최근에는 비정상적인 민간 주도 방식이 증가하고 있다. 이와 함께 주택 부족이 이어지면서 주택의 사적 거래도 늘어나는 상황이다.

북한은 소속된 계층에 따라 주택소비가 상당히 불균형한 상태다. 권력계층 및 신흥자본가들과 일반 주민들 간의 주택소비 격차가 상당한 것으로 조사되었다. 따라서 통일 이후 계층 간 주택소비 균형이 필요하며 다양한 계층에게 다양한 주택 공급을 고려해야 한다. 북한의 주택 사용료 또한 통일 이후 고민해야 할 사항이다.

4) 현재의 북한 토지제도가 통일된 한국에서 바람직한 모델인가

주민의 주거권을 보장하지 못하는 현실을 보면 현재의 북한제도를 통일 한국의 제도로 수용하는 것은 바람직하지 않다.

(3) 미래를 향한 새로운 길 찾기

필자가 발견한 제안들을 살펴본다. 각 방안의 장단점을 논의해 볼 필요가 있다.

1) 현행 북한 토지제도를 개선하자는 제안[11)]

남북한 두 체제의 공존을 전제로 북한 토지의 안정된 거래가능성과 확실성을 담보함으로써 투자를 보장하자는 제안이 있다. 이를 위하여 북한의 토지이용권을 독립된 비전형적 물권으로 보고 이를 등기할 수 있는 방안을 확보하는 것이 필요하며, 토지이용권을 남한 민법 제185조의 물권법정주의 법체계로 포섭하여 공시방법[12)]을 마련하자는 제안이다. 이를 통해 부동산 거래의 적정성과 함께 금융기관에 대한 담보제공가능성을 확보함으로써 남북한 권리주체 간의 경제적 평등을 이룩할 수 있다는 주장이다. 경청할 만한 주장인바, 구체적 실천방안을 더 논의해 볼 일이다.

2) 공공토지임대론 제안[13)]

공공토지임대제는 사회주의 경제에서 체제전환하는 국가의 토지제도이다. 토지이용권의 대가로 토지사용료를 환수하는 방식이다. 토지사용료를 일시불로 받는 중국의 출양제(出讓制) 방식보다는 매년 환수하는 연조제(年租制) 방식이 바람직하다는 견해가 있다. 북한은 경제특구와 개발구에서 토지임대제를 적용한다. 북한은 향후 이런 원리를 경제특구와 개발구는 물론이고 일반 도시 및 농촌에서 개인과 기업을 대상으로 확대 적용할 필요가 있다. 단기적으로, 살림집의 불법 양도를 규제하고 살림집 사용료를 인상할 수 있다. 살림집 사용료는 국가가격제정기관이 정하는데, 살림집을 보수하는 데 충당하지도 못할 정도의 매우 낮은 수준이다. 장기적으로, 도시 살림집 토지사용권 및 건물소유권을 합법화할 수 있다. 북한에서 발생하는 살림집 거래는 현행법상 불법이지만 시장경제 원리상 자연스러운 현상이다.

3) 기본소득형 국토보유세로 부동산 세제를 전면 개편하자는 제안[14)]

기본소득형 국토보유세는 기존의 용도별 분류를 통폐합해 토지를 기준으로 보유세를 매긴 다음 그걸 재원으로 일정한 기준, 예컨대 15억 미만 1주택 이하로 보유한 사람들에게 기본소득을 지급한다. 토지를 가진 사람은 국토보유세를 내지만 다주택 보유자를 제외한 대부분은 기본소득으로 돌려받도록 설계해 조세저항을 줄인다. 최종보유세율을 1.5% 정도로 맞추면 토지 없는 세대까지 합치면 85.9%가 기본소득수혜대상이 된다.

표 2 | 종합부동산세와 국토보유세의 비교

세목	종합부동산세	국토보유세
과세대상	주택의 경우 토지+건물, 별도합산토지, 종합합산토지, 분리과세대상 토지는 제외	민간보유토지 전체
용도별 차등과세	주택, 별도합산토지, 종합합산토지로 구분해 차등과세	폐지
과표	공시지가(공시가격)×공정시장가액비율	공시지가
인별합산	인별합산	인별합산
과표 및 세율	용도별로 과표 및 세율 상이	누진세 혹은 비례세로 설계
비과세·감면	있음	감면만 폐지
특이사항	재산세 공제	재산세 토지분은 전액 차감

4) 싱가포르 방식

"주택자가율 90%, 중대형 공공주택 2억 원대 공급, 국민 80%가 공동주택 거주, 도심은 시세의 70% 가격에, 외곽지역은 반값 이하로 공급, 누구나 평생 2번의 분양 기회, 분양금액 90%까지 정책 대출"15)

싱가포르는 중앙연기금(CPF; Central Provident Fund는 초기에는 근로자의 은퇴 후 안정적 삶을 지원하기 위한 국민연금 목적으로 시작하였으나 자가 주택 구입지원과 의료, 교육 등으로 사용처가 확대되었다)이 대출지원을 하고 있고, 투기방지는 부패행위조사국(CPIB; Corrupt Practices Investigation

Bureau는 내부자 또는 시민제보를 바탕으로 투기를 조사하며 조사결과를 홈페이지에 게시하여 공개한다. 또한 부패혐의로 조사받을 때는 무죄추정의 원칙이 아닌 유죄추정의 원칙이 적용되고 자신이 취한 이익이 뇌물이 아님을 입증해 내지 못하면 뇌물로 간주된다)이 담당한다. 강력한 통제를 기반으로 한 이런 제도는 얼마나 유용할까, 논의해 볼 문제다.

5) 새로운 길 찾기는 가능한가

다양한 역사경험과 여러 학자들의 의견을 참고하여 새로운 대안을 만드는 것은 가능한가? 그 가능성을 단정할 수는 없으나 그런 노력은 계속되어야 한다.

참고할 만한 사항은, 공유지를 재원으로 미래에 투자하기(1862년 미국은 모릴 법Morrill Act을 통해 주별로 기증받은 국유지를 재원으로 주립대학교 설립했고, 이를 토대로 미국은 20세기 지식경제를 선도하게 되었다),[16] 4차 산업혁명 시대를 맞아 인공지능에 기반한 새로운 토지제도를 모색하기 등이다. 모든 자료가 디지털화되어 실시간으로 자료 파악이 가능한 사회라면 토지이용권과 수익권 그리고 조세제도까지 기존 제도에 얽매이지 않는 이상적인 실험을 해 볼 수도 있을 것이다.

4. 통합방향성과 원칙

(1) 역사와 현실 존중

1948년 남북한 정부수립 이후의 현실을 존중하고, 수십 년간 형성된 제도를 존중해야 남북한 주민의 동의를 얻을 수 있을 것이다.

2차 세계대전 이후 남북한 모두 토지개혁을 실시했다. 1946년 북한의 토지개혁, 1949년 남한의 농지개혁은 그 당시 동아시아 각국에서 동시에 일어난 보편적 현상이다. 그 이전의 토지소유관계로는 새로운 국가건설이 어렵다는 인식하에 혁명적인 방법으로 토지개혁이 진행되었고, 그 결과 새로운 국가가 건설되었다. 토지개혁은 2차 세계대전 이후의 시대정신이었고 그런 역사적 흐름은 당시에도 존중되었다. 그것을 분단 80년이 넘은 현시점에서 부인하기는 어렵다. 그것은 이미 확립된 역사적 사건이다.[17]

이런 입장에서 원소유자 반환 또는 보상원칙을 선택한 견해[18]에는 반대한다.

(2) 사유재산권 보호의 한계와 책임 설정

프랑스 혁명으로 촉발된 근대 소유권제도는 만고불변의 진리가 아니다. 근대국가의 토지소유제도는 어떻게 형성되었는가? 이 문제를 연구하다가 프랑스 혁명에 의한 소유권제도 변화에 주목하게 되었다.

> "1789년과 1791년 사이 국민의회에 의해 도입된 개혁은 상징적이면서도 실질적인 것이었으며 프랑스 역사상 가장 인상적이고 창조적인 것이다. 입헌군주제가 정착되었다. 그 결정은 과거를 백지화하는 것을 의미하였다. ... 국가의 고위직은 이제 더 이상 특정한 집단의 전유물이 아니었고 정치인뿐만 아니라 성직자와 법관의 선출에도 선거제도가 적용되었다. 소위 '능력에 따른 출세'가 가능한 시대가 온 것이다. ... 1789년의 보편적인 선언은 모든 이들에게 적용될 것처럼 보였지만 하류계급의 사람들이 출세하는 것은 사실상 거의 불가능하였다. 부르주아지는 혁명의 성과물을 독차지하려 하였다. 선거권을 재산 소유자들에게만 부여한 것은 결국 혁명시의 토지 개혁으로 가장 많은 이익을 본 부르주아지와 대토지 소유자에게 특혜를 준 것이다. <u>국가는 교회의 재산을 국유화하였고(경작가능한 토지의 6~10%), 이 토지들은 헐값에 매각되어 도시 부르주아지와 대토지 소유자들이 재산을 불리는 데 결</u>

정적인 기여를 하였다. 농업에서의 집단적 권리들 중 일부는 계속 유지되었지만 소유권은 이제 절대적인 것이 되었다."[19]

"혁명기간 동안 거의 모든 것을 잃게 된 성직자와 귀족들은 이제 새로운 사회 환경에 적응해야만 번창할 수 있게 되었다. 부르봉 왕가는 혁명 전에 지니고 있었던 국가 권력의 절대적인 권리를 빼앗겼다. 해외로 망명하였던 귀족들이 소유권을 박탈당했던 것과 마찬가지로 성직자들은 토지에 대한 소유권을 포기하여야 했다. 1789년에서 1815년 사이에 전국 토지 가운데 귀족들의 소유지분은 25%에서 20%로 감소하였다."[20]

현재 남한사회의 다수가 당연시하는 소유권 절대의 원칙은 만고불변의 진리는 아니고 특정 시대에 형성된 제도임을 확인할 수 있다. 현대국가에 와서는 수정자본주의 복지국가의 개념에 따라 소유권 행사가 제한되는 추세이지만 사적 소유권 보호의 근본구조는 유지되고 있다. 이런 근본구조를 흔든 것은 2차 세계대전 이후의 토지개혁이었다. 장차 도래할 통일이라는 사건이 사회의 근본구조에 영향을 줄 사건일지는 알 수 없다. 다만 프랑스 혁명이나 토지개혁의 배경을 살펴보면, 기존의 질서로는 더 이상 사회를 유지하기 어려운 상황에 직면하고 거기에 더 하여 변화를 주도하는 세력과 이를 지지하는 다수 시민의 의사가 결합하면 변화가 일어났다. 따라서 향후 변화의 방향과 폭은 사회상황의 변화 및 그 사회를 구성하는 시민의 의사와 관련될 것이다.

한편 현재 남한 사회의 주장 중 인간의 욕망을 인정하자는 주장도 참고할 바 있다. 새로운 제도는 실현가능한 방향으로 구상되어야 지속가능할 것이다. "땅을 갖고 싶어 하는 인간의 솔직한 욕망을 인정하고, 도덕이나 이념을 내세워 이를 부정하는 것은 잘못이다."[21]

결국 땅에 대한 기회를 공평하게 주는 방안을 찾는 반면 반칙과 특권으로 그 기회를 빼앗아가는 것을 막아야 한다. 땅에 대한 기회를 부여하는 방안은 현시점의 부를 기준으로 할 수 있겠지만 미래세대의 기회를 보장하는 방안도 고려되어야 한다. 기독교의 50주년 희년(이스라엘에서 50년마다 공포되었던 해방의 해. 노예에게 자유를 주고, 가난 때문에 조상의 소유를 팔아야 했던 자들에게 그것을 돌려주었고, 땅을 쉬게 했다. 2025년은 한국 천주교회가 선포한 희년이다)과 같은 개념도 연구해 보자. 소유권의 성질 중 처분성, 수익성, 이용성을 구분하여 일부 권리에 대해 사회적 제약을 가하는 방안은 적극 검토할 수 있다.

(3) 북한주민 생활보호 및 민주주의 원칙

"북한 토지는 누구의 것인가?" 북한주민의 것이다. 그렇다면 토지제도의 변화방향은 북한주민의 삶의 질 향상이어야 한다. 주택 부족을 해소하기 위해 더 많은 주택을 건설하고, 부실한 주택은 건강한 삶이 가능하도록 보수해야 한다. 그런 사업을 위한 재원마련도 북한토지에서 해결하는 것이 바람직하다. 스스로 할 수 있는 노력을 모두 한 이후에도 해결할 수 없는 것은 남한 사회와 국제사회가 도와주어야 할 것이다.

현재 남한사회의 일부에서 주장하는 원소유권자 보호문제는 입법적으로 명확히 정리하는 것이 바람직하다. 사회적 혼란을 줄이기 위해서는 입법이 가장 효율적이다. 그 과정에서 위헌논란이 제기될 수 있다. 이에 대비하기 위해서는 북한 토지개혁의 성과를 존중하겠다는 취지의 남북 당국 간의 합의와 그런 합의를 존중한 남한 내 법률제정은 합헌이라는 논리 개발도 필요하다.

통일의 과정에는 협의주의적 민주주의 원칙이 적용되어야 한다는 주장[22]이 있다. 이 원칙에는 대연정, 비례성, 거부권, 고도의 자치가 포함된다. 다수와 소수가 모두 참여해야 하고(대연정), 다수의 이익을 어느 정도 보장하고 참여에 유인을 제공하기 위해 인구비례에 따라 대표를 선출하고(비례성), 그 다수의 폭거를 예방하고 소수에도 참여할 인센티브를 제공할 수 있는 거부권을 보장하며 지리적 분리에 근거한 높은 수준의 지방자치를 허용하여(고도의 자치) 폭력적 분쟁을 최소화해야 한다. 이런 주장에 의하면, 통일 한국이 인구기준으로 소수의 지위에 있는 북한주민을 포용하기 위해서는 자치권과 거부권을 보장해 주어야 하는데, 토지문제에 대한 원칙을 정함에 있어서도 마찬가지일 것이다.

(4) 사회연대의 원리,[23] 보조성의 원리 구현

남한사회가 북한주민을 도와주어야 할 이유를 찾아야 한다.

북한은 남한에 비해 경제적 능력이 부족한 상황이다. 토지제도의 변화방향을 논의할 때 이런 상황도 고려되어야 한다. 북한 토지 주택제도의 개선과정에서 초기에는 남한의 도움이 필요할 수 있다. 이때 남한이 북한을 도와줄 이유가 무엇인지를 논의해야 한다. 도와주어야 할 이유가 명확할수록 그리고 그 수단이 법률로 제정될수록 지원의 효율성은 증가할 것이고 지원제도는 지속가능할 것이다.

남북한이 하나의 국가로 통일되면 국가의 구성요소인 영토의 균형발전과 국민의 기본권 보호의무가 생긴다. 그것은 보호받아야 할 자의 입장에서는 권리가 될 것이고, 다른 쪽에 선 자들에게는 의무가 될 것이다. 독일의 제도 중에서 부유한 주의 세금을 가난한 주에 지원하는 제도를 참고할 수 있다.

독일의 지방자치 제도 중 하나로, 주(州) 간 재정 불평등을 완화하기 위한 제도로 “연방 재정 조정제도(Länderfinanzausgleich)”가 있다. 이 제도는 부유한 주와 가난한 주 간의 재정 불균형을 조정하여, 국가 전체적으로 보다 균형 잡힌 발전을 도모하기 위해 마련되었다. 이 시스템은 몇 가지 주요 과정을 통해 운영된다. 세수 조정에서 연방 정부는 소득세와 부가가치세(VAT) 등의 중요한 세수를 연방과 주정부 간에 나누고, 부가가치세는 각 주의 인구 규모와 재정 필요성에 따라 배분한다. 주 간 재정 이전에서, 세수 조정 후에도 여전히 재정적으로 열악한 주가 있다면, 보다 부유한 주가 재정을 추가로 이전하게 된다. 이를 통해 각 주의 재정력을 어느 정도 평준화한다. 연방 정부 지원에서, 만약 주간 재정 이전만으로도 부족한 경우, 연방 정부가 추가적인 지원을 제공한다. 이를 통해 재정적으로 어려운 주가 필수적인 행정 서비스를 제공할 수 있도록 돕는다. 이 제도는 독일의 연방주의와 지방자치의 핵심적인 요소로 작용하며, 독일 전역의 평등한 생활수준을 유지하는 데 기여하고 있다. 다만, 이 제도는 때때로 부유한 주와 그렇지 못한 주 사이의 긴장을 초래하기도 하며, 이에 대한 논의와 조정이 지속적으로 이루어지고 있다.24)

남한 헌법상 독일의 연방 재정조정제도와 관련된 법리를 연구할 필요가 있고, 사회적 논의를 통해 이를 공론화할 필요도 있다.

1) 중앙과 지방의 역할분담, 통일 한국과 북한 지방자치단체의 역할 찾기

통일 한국의 토지제도, 또는 북한토지제도의 변화를 모색함에 있어 국가 단위에서 할 역할과 지방정부 단위에서 할 역할, 국가가 할 역할과 개인이 할 역할이 무엇인지 구분하고, 상급단체가 하급단체에 어느 정도로 관여해야 하는지 그 기준에 대해서도 생각해 보자. 토지제도와 주택제도의 변화방향에서 주민의 의사와 현지 사정을 고려하여야 한다. 그런 사정을 잘 아는 사람은 그곳에 사는 북한주민일 것인바, 그들의 의견을 존중하고, 그들의 역할을 인정하여야 한다. 제도를 구상함에 있어 각자의 역할을 어떻게 규정할 것인지도 미리 고민할 필요가 있다.

보조성의 원리(보조성의 원리란 어떤 사회적 결정이 이루어질 때, 그 결정의 주체가 가능하면 가장 직접적인 당사자여야 한다는 원리다)는 지방분권에서도 보여지는 유용하고 긍정적인 메커니즘이다. 남한의 '지방자치분권 및 지방행정체제개편에 관한 특별법'(지방분권법)을 참고하자.

> 第7조(자치분권의 기본이념) 자치분권은 주민의 자발적 참여를 통하여 지방자치단체가 그 지역에 관한 정책을 자율적으로 결정하고 자기의 책임하에 집행하도록 하며, 국가와 지방자치단체 간 또는 지방자치단체 상호간의 역할을 합리적으로 분담하도록 함으로써 지방의 창의성 및 다양성이 존중되는 내실 있는 지방자치를 실현함을 그 기본이념으로 한다.

2) 지방분권과 재정분권[25)]

지방분권은 중앙의 권한을 지방으로 이양하는 것이며, 권한의 이양에는 자율과 책임이 뒤따르는데, 지방재정 운용의 독립성과 효율성이 중요하다. 재원확보를 위해서는 지방세의 확충이 필요한바, 재산세 등 재산 보유에 대한 세금이 중요할 것이다. 통일시대의 토지제도를 구상함에 있어서는 지방자치의 역할과 지방세의 문제(세수확보 및 재정격차의 해소방안)도 중요하게 고려되어야 한다.

5. 결론

통일시대의 토지제도는 중요하지만 어려운 문제다. 좋은 제도가 구축되면 전 국민, 더 나아가 후세대까지 혜택을 볼 수 있다. 제도를 설계하고 운영하는 사람들이 전력을 다해 볼 만한 가치가 있는 영역이다. 우리 역사에서는 왕조가 교체될 때마다 토지개혁이 있었고, 가장 최근의 경험은 2차 세계대전 이후, 남북한의 토지개혁이다. 그 당시의 지도자들은 소수 지주와 다수 소작인이라는 토지 문제를 해결하지 않고서는 국가건설과 국민통합을 이루기 어렵다는 판단을 하고 실행했다. 북한에서는 혁명적인 방식으로 피흘리는 투쟁을 거쳤고, 남한에서는 상대적으로 온건한 방식으로 진행했다. 그때로부터 80년이 지나면서 그때 이루어진 성과를 재점검해야 할 시기가 되었다. 장래 남북통일 내지는 전면 교류라는 변화의 시기가 또 하나의 전환점이 될 수도 있다. 그때를 대비하기 위하여 노력해야 한다. 필자가 제안한 것은 하나의 의견이다. 공론의 장에서 다양한 의견이 논의되기를 바란다. 그 과정에서 대중의 지혜가 모이기 바란다. 모든 사람의 삶과 관련된 토지문제인 만큼 많은 사람이 논의하다 보면 현실적인 방안이 도출될 가능성도 있을 것이다.

참고 논문

김진규, "총유제도를 매개로 한 남북한 소유권 법제통합 방안", 통일과 법률 2025.2. 통권 61호

남북한 소유권 법제통합에 관하여 기존 논의가 제시하는 '몰수 후 재사유화' 방안은 북한의 소유제도를 토대로 삶을 영위해 온 북한주민을 세심하게 배려하기 어려운 한계가 있다. 이러한 한계를 극복하기 위한 수단으로 대한민국 「민법」상 총유(總有)제도를 조명한다. 이를 통해 북한의 사회주의적 소유와 총유가 그 연원 및 내용상 유사하다는 사실을 밝혀, 북한의 사회주의적 소유를 총유의 일 유형으로 해석할 수 있다는 점을 논증한다. 이로써 남북한 소유권 법제통합에 있어서 자유민주적 기본질서에 입각하여 대한민국 규범을 북한지역으로 확장 적용하면서도 북한주민을 세심히 배려하는 것이 가능하다는 점을 밝힌다. 또한, 이 과정에서 필요한 시효취득과 등기에 관한 법제를 보완하기 위한 방향을 제안한다.

한편, 총유제도를 매개로 남북한 소유권 법제통합이 이루어질 경우, 다음과 같은 효과를 기대할 수 있다. ① 법인이 아닌 사단의 구성원만이 총유물 처분 이익을 향수할 수 있다는 총유제도의 특성을 통해 한반도 통일 후 북한주민이 남한으로 이주하는 것을 간접적으로 억제하는 기능을 기대할 수 있고, ② 거래 안전보다 진정한 권리자 보호에 무게를 두는 총유제도의 특성을 통해 상대적으로 경제적 강자인 남한의 경제주체로부터 북한주민을 보호하는 기능을 기대할 수 있다.

이 논문은 총유제도를 매개로 한 남북한 소유권 법제를 통합하는 것은 법리적으로 가능하며, 이를 통해 남북한 소유권 법제 통합과정에서 우려되는 문제들, 즉 북한주민의 남한지역으로의 급격한 대거 이주 및 북한주민에 대한 제도적 보호 공백을 방지하는 기능을 기대할 수 있다는 것을 논증한다. (요약문 중에서 인용)

어떤 공동체가 다른 공동체의 법규범을 채용하는 현상을 법의 계수라고 한다. 이는 문화교류의 일종이라는 점에서 계수공동체가 자신의 주체성을 유지하는 것을 전제로 하는 바, 어떤 공동체가 다른 공동체의 주체성을 부인한 채 자신의 규범을 강제하는 것은 폭력에 불과할 뿐 법의 계수로 볼 수는 없다. 이는, 대한민국 공동체와 북한 공동체의 관계에서 요구되는 법제통합의 과정에서도 마찬가지라고 할 것인바, 대한민국의 규범 체계를 북한 공동체에 일방적으로 강제하는 것은, 1910년부터 1945년까지 겪었던 일본제국주의에 의한 식민지의 고통을 민족 내부에서 반복하는 결과를 야기할 수 있다. 그러므로 대한민국의 규범체계 내에서 수용할 수 있는 북한의 법제는 가급적 그 가치를 확인하여 수용하는 방향으로 법제통합을 도모하는 것이 바람직하다고 할 것이다. (중략)

총유의 법리와 그 현실적 기능에 비추어 북한의 사회주의적 소유관계를 총유로 규율하는 것은 의미가 있다. 총유제도는 단체의 의사결정을 매개로 총유물의 처분이 이루어진다는 점에서, 그 단체의 의사결정에 하자가 있는 경우 총유물을 처분하는 거래는 무효가 되며, 이로 인해 거래안전은 위협을 받는다. 그러나 거래안전이 위협받는다는 것은 총유의 주체인 법인이 아닌 사단, 구체적으로 그 법인이 아닌 사단 구성원의 지위가 강하게 보호된다는 것을 의미하는바, 법인이 아닌 사단과 거래하는 상대방이 거래현실에 비추어 강한 우위를 갖는 경우 총유제도는 북한주민을 보호함으로써 실질적인 형평을 도모하는 수단이 될 수 있다. 또한, 총유물의 사용, 수익 및 처분에 따른 수익의 분배는 기본적으로 법인이 아닌 사단의 사원 지위를 요구하므로, 그 총유물의 사용, 수익 및 처분에 따라 분배되는 이익의 규모가 크다면, 그 사원의 지위 포기를 간접적으로 제한하는 효과가 있고, 특히 사원의 지위가 특정 지역에 거주하는지 여부를 기준으로 정해진다면, 거주지 이탈을 억지하는 효과를 기대할 수 있다. (결론 중에서 인용)

Ⅱ

통일과 북한토지제도 변화방향[1]

요약

통일은 정치적인 사건이다. 변화의 폭이 크고 속도가 빠르다면 혁명적인 사건일 수도 있다. 우리나라의 역사를 보더라도 변혁기에는 토지개혁문제가 거론되었고, 1945년 해방 이후에 남북한이 모두 토지개혁을 하였다. 통일을 계기로 북한 토지제도는 근본적으로 변화할 가능성이 높다. 필자는 통일은 북한 토지제도를 변화시킬 수 있는 기회라고 본다. 8·15 해방 이후 남북한이 겪었던 역사적 경험상 통일 이후 북한에서의 토지개혁은 가능하다. 그 방향은 북한주민의 안정적 삶이다. 북한 토지는 북한주민의 복리를 위해 우선 사용되어야 한다. 이를 뒷받침하는 헌법원리는 사회연대다. 통일된 나라에서 남북한 주민이 하나의 공동체를 이루는 데 도움이 되는 방향으로 토지제도가 개편되어야 한다. 분단 이전 소유권의 원상회복 주장은 하지 않는다는 것을 헌법 차원에서 분명히 해야 한다. 북한 토지의 개편 방향으로 공공임대제를 추구할 것인지는 더 논의해야 한다. 전면적 실시가 아닌 부분적 실시라도 실험을 해 볼 가치는 있다. 북한토지문제는 개인 차원의 소유권뿐만 아니라 균형개발 차원의 지역적인 고려도 해야 한다. 복잡하고 민감한 문제다. 사고를 유연하게 하고 개방적인 논의를 보장해야 한다. 정답을 알 수 없을 때는 절차에 관심을 가져야 한다. 민주적인 참여, 지속적인 토론, 합리적인 결론 도출과 제도화 과정을 거쳐야 한다. 그런 절차를 진행하는 과정에서 통일에 대한 관심도 높아질 것이다.

1. 들어가며

통일은 북한의 토지제도에 어떤 영향을 미칠까? 북한 헌법과 토지법상 토지는 국유이고 거래가 금지되는데, 통일 이후 북한 토지제도는 어떻게 변할까? 이 문제는 정답이 있는 것이 아니라 만들어 나가야 할 문제다. 북한 토지가 북한주민, 나아가 통일 한국의 전체 주민의 이익 증진에 도움이 되려면 제도는 어떻게 변해야 할까? 통일이 소유제도를 개편하는 계기가 될 수 있는가? 다양한 질문에 대한 답을 찾아야 한다.

북핵위기, 미중갈등으로 인한 극한적 남북대치 상황에서 미래에 다가올 통일을 논의하는 것이 어색할 수도 있지만 상황이 나쁘다고 하여 통일 논의를 방치할 수는 없다. 필자는 현실에서 한 발 떨어져서 통일 한국의 미래를 생각해 보는 것이 중요하다고 생각한다. 남북한이 하나로 통일된 나라, 통일 한국은 어떤 나라가 되어야 할까? 북한 토지제도에 대해 우리가 그리는 구체적인 그림은 무엇인가? 남북한의 당면문제를 극복하고 장래 한 단계 더 나은 새로운 나라를 건설하려면 지금 우리는 무슨 준비를 해야 하는가? 미래를 상상해야 한다.

2025년 현재 분단 80년을 살고 있는 대한민국 시민은 현재의 상황을 당연하게 여긴다. 통일은 아련한 목표일지도 모른다. 북한 토지제도에 대한 이해도 깊지 않고, 통일이 되면 남한과 같은 방식으로 제도를 바꾸면 되지 않을까 막연히 생각한다. 마치 소련 시절을 살던 주민들이 그 체제가 영원할 것처럼 느꼈듯이. "소비에트연방에서 무언가가 바뀔 수 있다는 생각은 한 번도 해본 적이 없어요. 그게 사라질 거라는 생각은 고사하고요. 누구도 그걸 기대하지 않았어요. 어른이건 아이건 말이에요. 모든 게 영원할 거라는 완전한 인상이 있었죠."[2] 브레즈네프 집권기(1964~1982)를 다룬 책에서 말하는 소련 주민은 그로부터 10년이 지나지 않아 소련연방이 해체되는 경험을 했다. 우리에게도 언젠가 급격한 변화가 닥칠 것이다. 지금 우리는 모든 가능성을 열어두고 생각을 자유롭게 해야 한다. 상상력을 발휘하여 미래에 내가 살 나라를 꿈꿀 권리는 모든 시민에게 있다. 현재 남북한의 토지소유제도는 서로 다르다. 남한은 사유재산제를 근간으로 하는 자본주의 체제인 반면 북한은 토지 등의 생산수단에 대하여 일체의 사적 소유를 인정하지 않는 사회주의 체제다. 남북한의 상이한 부동산소유제도는 향후 통일과정에서 문제가 될 것이다. 이 글은 통일이라는 정치 환경의 변화가 북한의 토지소유제도에 어떤 영향을 미칠지 검토하고, 향후 북한토지제도의 변화방향을 모색해 보는 시도다.

2. 소유제도 변동의 역사와 북한 토지제도 형성 과정

토지는 인간의 삶에 중요한 요소다. 토지 소유권제도의 변천 역사를 살펴봄으로써 장래 북한 토지의 변화가능성을 모색해 본다.

(1) 우리 역사상 토지 소유제도

토지소유관계는 생산력의 발전 정도에 따라 시대마다 상이한 형태를 취해왔다. 사회변동의 이행기에는 새로운 사회에 적합한 물질적 기초로서 새로운 토지소유관계의 형성이 요청되었다. 우리나라의 역사를 보면, 시기별로 다양한 토지제도가 있었고, 조선 후기에는 여러 가지 개혁방안이 제시되었다. 토지개혁론의 방향은 대체로 생산력 측면에서는 보다 풍요로운 삶을 위한 생산량의 증대를 추구하고, 토지소유 측면에서는 농사짓는 농민이 농지를 소유해야 한다는 경자유전(耕者有田)의 원칙을 추구하였다.

토지개혁론을 살펴보면, 중국 고대의 정전제(井田制: 우물 井字의 형태로 토지를 구획하여 9개의 구획지를 이루되 8개의 구획지는 8호의 농가에 분배하여 독립적으로 경영한 뒤 수확물을 취득하게 하는 私田으로 하고 가운데 1개는 8호가 공동으로 경작하여 그 생산물을 국가의 조세로 납부하는 公田으로 하는 방식이다)가 그 시작이다. 균전론(均田論)을 주장한 반계 유형원은 왕토사상에 기초하여 사유지를 무상몰수함으로써 전국의 토지를 국유화한 뒤 이 토지를 각 농부에게 일정 면적으로 분급하자고 주장했다. 균전제의 실시방안에 대해서는 무상몰수 무상분배 외에도 유상몰수 무상분배, 유상몰수 유상분배방안이 있었다. 한전론(限田論)은 토지사유제도는 인정하지만 사유(私有)의 양을 제한하는 방안이다. 연암 박지원은 토지소유의 상한을 정하자고 주장했고, 성호 이익은 토지소유 최저선을 정하자고 주장했다. 이익의 주장은 생계유지에 필요한 최소한도의 토지를 영업전(永業田)으로 정하고 매매를 제한함으로써 최소한도의 생활을 보장하자는 주장이다. 여전론(閭田論)은 다산 정약용이 주장하였는데, 먼저 지주전호제(地主佃戶制: 대토지 소유자들은 토지가 부족하거나 없는 소농민들에게 토지를 빌려주고 경작하게 하였는데 이러한 대토지 소유자와 경작 농민 사이의 관계를 일반적으로 지주 전호제 또는 지주제라 한다. 지주는 전호 농민의 농업 생산물의 일부를 지대로서 징수하는데, 보통 지대는 생산물의 절반 정도였다)를 철폐하여 무상몰수의 방법으로 전국의 토지를 국유화하고, 30호 기준의 여(閭)를 기초적인 재생산단위로 한 체제로 전국의 행정제도를 개편하여 여단위로 토지를 재분배한 뒤 주민이 공동으로 경작하고 투입한 노동량에 따라 생산물을 분배하는 공동농장제 형태다. 여전론은 사회주의적 성격을 나타내는 매우 진보적이고 독특한 개혁방안이다.[3)]

우리나라에서 주장된 토지개혁론을 보면, 대체로 농민의 토지소유를 추구하는 방안이다. 앞서 본 바와 같이 토지개혁방안은 다양하고, 토지소유제도는 유지해야 할 선험적인 이상이 있다기보다는 시대상황에 맞게 합리적인 방안으로 구상되어야 함을 알 수 있다.

(2) 북한토지제도의 형성 과정

조선왕조 말기인 1894년의 갑오농민전쟁(농민들의 폐정개혁안 12개조에는 "토지는 평균으로 分作케 할 事"라는 조항이 포함되어 있다)과 갑오개혁 당시 토지개혁이 제안되었으나 좌절되고, 대한제국의 광무정권은 광무양전지계사업(光武量田地契사업은 토지측량을 통한 토지의 모양 및 면적과 경계 확정을 시도한 근대적인 토지개혁의 기초사업이었다. 그 의미는 구래의 토지소유관계인 지주전호관계를 다시 확인하는 의미가 있고, 지계라는 형식의 소유권증서를 발급함으로써 지주의 토지소유권을 근대법적으로 확인해 주었다)을 추진하였다. 그 이후 일제강점기에 시행된 토지조사사업은 토지소유관계의 재편성과 일제의 토지약탈이라는 의미를 가진다. 이 과정에서 조선 후기 이래 성장해 온 농민적 토지소유와 그 지향은 좌절되었고, 도지권, 경작권 등 농민들의 토지에 대한 구체적인 권리가 모두 부인되고 오직 지주의 권리만이 근대법적으로 배타적인 권리로서 인정되었다.[4)]

1945년 이후의 해방정국에서 반봉건적 토지소유와 식민지 지주제의 철폐를 내용으로 하는 토지개혁이 당면과제로 등장하였다. 북한의 토지개혁은 무상몰수 무상분배의 방식으로, 남한의 농지개혁은 유상몰수 유상분배의 방식으로 이행되었는바, 혁명적인 토지개혁이었다.[5)]

북한의 부동산법제를 시기별로 구분하여 살펴본다.[6] 첫째, 토지개혁시기(1945~1950년)에는 토지개혁에 관한 법령(1946.3.5.)과 토지 개혁에 관한 임시조치법(1946.3.5.) 등 토지개혁 관련 법률을 제정하여 무상몰수와 무상분배의 원칙을 채택하였고, 그 대상 토지를 일본국 및 일본인 소유 토지, 조선민족 반역자 소유지, 지주 소유지, 소작을 주는 토지로 정하였다. 개인에게 토지의 사적 소유를 허용하고, 토지소유자에게 토지의 사용권과 농작물에 대한 처분권은 주었으나, 토지소유권 자체의 처분권은 제한하였다. 둘째, 농업협동화시기(1950년~1971년)에는 전쟁으로 파괴된 농촌 경제를 복구할 사정과 정치적으로 부농 성장을 억제하여 농지에 대한 사회주의적 개조사업을 할 필요성이 있었다. 농지 국유화의 과도기적인 단계로서 협동조합 체제를 도입하여 점진적으로 추진하였고, 농업협동화에 따라 토지관리체계를 강화하고 토지의 사회주의적 소유를 확립하였다. 협동화시기를 거치면서 토지개혁으로 분배받았던 개인의 토지소유권은 사라지고, 국가와 협동단체 소유의 토지소유만 허용되었다. 셋째, 사회주의헌법 제정시기(1972년~1991년)에는 1972.12.28. 제정된 사회주의 헌법 제18조에 '생산수단은 국가 및 협동단체의 소유'라고 규정하여 사회주의적 소유제 원칙을 규정하고 개인 소유권을 부정하였으며, 제21조에 '협동단체 소유를 점차 전인민적 소유로 전환시킨다'고 규정하여 토지의 전면적 국유화 정책방향을 천명하였다. 1977년 토지법을 제정하여 토지에 관한 기본법으로 하였다. 넷째, 대외개방시기(1992년 이후)는 동구 사회주의가 몰락하자 대내적으로는 '우리식 사회주의'를 정착시키고 대외적으로는 대외개방을 시도한 시기이다. 대외경제개방정책의 추진에 따라 부동산임대차제도, 거래제도, 담보제도 등을 규정한 법률을 정비하였다. 외국인투자법(1992.10.5.), 토지임대법(1992.10.27.), 자유경제지대법(1993.1.31.), 살림집법(2009.1.21.), 부동산관리법(2009.11.11.)이 있다. 특히 2009년을 기점으로 재정확충의 일

환으로서 개인에게도 허가에 의한 부동산 이용의 길을 터주고, 주택 암거래 시장을 통제하는 등 부동산 이용법제에 큰 변화가 생겼다.

(3) 현행 북한토지제도

북한은 토지를 본원적인 생산수단이자 사회주의혁명의 전취물로서 국가의 경제발전과 인민의 생활에 큰 영향을 미치는 요소로 인식하고 그에 대한 사적 소유를 인정하지 않으므로 토지문제를 민사상 소유권이나 경제적 문제가 아니라 체제의 중심적인 문제로 다루어 왔다.[7)]

북한 토지법 제2조는 사회주의적 토지소유관계가 전면적으로 확립되었음을 선포하고, 제9조에서는 "토지는 국가 및 협동단체의 소유이다. 나라의 모든 토지는 인민의 공동소유로서 그것을 누구도 팔고 사거나 개인의 것으로 만들 수 없다"라고 하여 토지의 거래를 전적으로 금지한다. 제13조는 "토지는 오직 국가만이 지배할 수 있으며 그것을 인민의 이익과 행복을 위해 협동농장을 비롯한 기관, 기업소, 단체 및 공민들이 여러 방면으로 이용할 수 있다"라고 규정한다. 부동산관리법은 "기관, 기업소, 단체와 공민은 부동산을 리용하려 할 경우 대상에 따라 해당 부동산리용허가기관의 허가"를 받도록 하였다. 외국투자가의 이용권 및 합영회사에 출자하기 위한 북한의 기관, 기업소, 단체의 토지이용권은 토지임대법이 규율한다. 토지임대법은 사회주의적 토지소유제도를 유지하면서 외국투자자를 유치하기 위한 근거가 되었다. 북한의 부동산법제는 아래 표와 같다.

표 3 | 북한의 부동산 소유 및 이용 법제 체계[8]

법 명칭	법 체계상 지위 및 주요 내용
헌법	▹사회주의적 소유 원칙 천명 ▹토지 정책 방향 제시 ▹토지 소유권자 규정
토지법	▹헌법상 토지 정책 방향 구체화 ▹토지에 관한 기본법
민법	▹토지, 주택을 포함한 재산 전반에 관한 소유권 및 이용권 규정 ▹개인 소유권의 대상 ▹상속 규정
부동산관리법	▹허가에 의한 내국인의 국유부동산 이용 ▹부동산의 유상 이용 ▹부동산 등록
살림집법	▹주택 소유권 규정 ▹주택의 건설 ▹주택의 배정과 이용
토지임대법	▹외국인에 대한 토지 임대 ▹토지이용권의 양도와 저당 ▹토지임대료와 사용료
경제특구법 경제개발구법	▹각 경제특구 및 경제개발구별 부동산 이용의 특례

3. 토지문제와 사회연대 원리

(1) 통일헌법의 역할

헌법은 나라의 기본 틀이다. 헌법은 국민의 기본권을 보장하고 국가최고기관의 권한을 정하며 그것을 통제하는 국가의 통치질서에 관한 최고법이다. 입헌주의는 국민의 기본권을 보장하기 위하여 국가공동체의 모든 생활이 헌법에 따라서 영위되어야 한다는 정치원리다. 남북한이 통일하여 통일 한국이 구성될 때 헌법이 중요하다. 대한민국의 역사도 마찬가지였다. 대한민국 임시정부를 살펴보면, 그 규모나 영향력은 미미했을지라도 임시정부가 만든 헌법은 위대했다. 왕조 국가가 아니라 민주적인 공화국으로 헌법의 틀을 만든 덕분에 지금의 대한민국이 존재하게 된 것이다. 통일 한국의 헌법에 대한 논의도 시작해야 한다. 1919년 중국 상해에서 광복된 조국에 적용할 헌법을 구상한 분들이 있었듯이 지금 대한민국 서울에는 통일헌법을 구상하는 연구자가 있어야 한다. 임시정부 헌법제정에 참여한 신규식, 박은식, 조소앙의 정신은 통일 한국의 헌법에도 이어져야 한다. 조소앙의 삼균주의는 정치, 경제, 교육에서 균등하게 하면 인민은 권력과 재산과 지식에서 균등하게 된다는 주장으로 1948년 제헌헌법의 전문으로 이어졌다. 제헌헌법에는 연대정신이 배어 있다는 연구[9]도 있다. 제헌헌법에서 규정한 '이익균점권'(제헌헌법 제18조 제2항 영리를 목적으로 하는 사기업에 있어서는 근로자는 법률의 정하는 바에 의하여 이익의 분배에 균점할 권리가 있다)은 사회연대의 범위를 근로자를 넘어 사용자 내지는 주주로 확장시켰다는 점에서 획기적인 제안이었다.[10] 제헌헌법 제정에 참여하였을 뿐만 아니라 농지개혁을 주도한 조봉암의 "헌법은 혁신적이고 진취적이며 현대적이고 민주적이어야 한다."라는 말[11]은 지금도 유효하고 통일 한국이라는 새로운 나라의 헌법을 만드는 데도 적용될 수 있다.

현재 통일에 대한 관심이 낮더라도 통일 한국은 장차 어떤 모습을 하고(국가기구), 어떤 가치를 추구할 것인지(기본권), 남과 북의 통합을 위해서는 무엇을 할 것인지(새로운 제도)를 논의해야 한다. 특히 토지제도는 경제생활의 기본일 뿐만 아니라 인간답게 살 권리의 기초가 되는 것이므로 특별하게 취급되어야 한다.

북한주민의 입장에서도 통일 이후의 문제는 중요하다. 만일 북한 체제가 붕괴된다면 서사의 문제가 대두될 수 있다. 지금까지 북한은 사회주의 국가의 탄생, 유지와 발전, 번영의 미래라는 국가서사를 가지고 있었다. 그런 상황에서 체제 붕괴의 인과관계, 정책 실패, 국제정세 흐름을 설명하는 서사가 확실해야만 붕괴 이후의 관리 주체가 어떤 자격으로 신뢰할 수 있는지에 대한 정당성이 생긴다. 그러기 위해서는 통일된 나라에서 북한주민들이 안전하고 평화로운 한반도 주민으로 살아갈 수 있는 이야기를 마련해야 한다.[12] 그런 이야기의 기본 틀은 통일 한국의 헌법이고 토지제도다.

통일헌법의 기본원리[13]는 인류보편적 가치로 인정되는 것이어야 하고, 남북 간은 물론 남한 내부에서도 합의할 수 있는 원리이어야 하며, 현행 헌법의 통일원칙에 위반되지 않는 것이어야 한다. 그렇다면 통일헌법은 남한헌법의 기본원리를 바탕으로 할 것인바, 북한토지문제도 마찬가지일 것이나, 여기에 사회연대 원리가 추가되어야 한다.

(2) 사회연대와 주거권

프랑스 혁명에서 시작된 자유, 평등, 박애의 정신은 세계인권선언을 거치면서 보편적인 기본권으로 확립되었다. 남한은 1948년 헌법 제정 이후 인권보장 측면에서 세계적인 흐름을 따르고 있고, 현재까지 자유와 평등 영역의 권리는 대폭 신장되고 제도화되었다. 그런데 박애로 표현되었던 사회연대의 문제는 자유와 평등에 비해 권리보호가 부족하다. 최근에는 각자도생의 분위기가 강조되면서 사회연대 의식이 약화되는 현상도 일어나고 있다. 아파트 가격 폭등으로 인한 사회문제, 전세사기로 인한 청년층의 좌절은 토지문제의 심각성을 보여 주는바, 해결방안이 모색되어야 한다. 연대는 인간의 상호의존성에 근거한 공동의 책임 또는 책임의 확장을 본질로 하며, 연대의 이념은 다른 사람이나 국가에 대한 은혜를 구하는 것이 아니라 공동체를 구성하는 개인에게 자신의 생존을 향한 적극적인 권리를 부여하는 권리성에 있다.

통일헌법의 기본권체계 연구[14]에 의하면, 통일헌법의 기본권은 보편적 인권의 보장[보편적 인권보장의 기준은 유엔의 세계인권선언, 국제인권장정, 지역적 인권협약 등 인권조약이 채택하고 있는 기본원리이며, 특히 '시민적 및 정치적 권리에 관한 국제규약'(B규약), '경제적 사회적 문화적 권리에 관한 국제규약'(A규약)과 같이 남북한이 모두 가입(남한은 1990년, 북한은 1981년에 가입하였음)하고 있는 국제규약이 기본이 될 수 있다][15]과 기본권의 상향적 보장(통일 이후 사회통합과정에서 많은 비용이 드는데, 남북한 주민이 통일을 지지하도록 하기 위해서는 통일 한국이 모두의 자유, 평등, 복지가 향상되는 모습으로 이루어져야 한다. 또한 남북한 주민의 지지를 받기 위해서는 북한헌법상의 기본권도 고려되어야 하며, 남북한 헌법에서 보장되던 권리는 통일헌법에서 보장된다는 원칙을 확립하는 것이 중요하다)[16]이 원칙이 되어야 하며, 이를 바탕으로 자유권, 평등권, 사회권이 보장되어야 한다. 특히 오랜 기간 국가로부터 교육이나 보건, 탁아 등에 대한 급부를 받으면서 생활의 면에서 국가에 의존하여 왔던 수급자의 입장에서는 이러한 국가의 급부는 재산권과 같은 차원에서 보호가 이루어져야 하는바, 주거지를 포함한 생활수단을 국가로부터 제공받았던 북한주민에게는 통일헌법에서 주민 보호방안을 고려해야 한다. 북한주민의 경우 개인의 자발적 경제활동에 비해 국가의 급부 비중이 높았다는 점, 만일 국가의 급부가 단절된다면 생활 자체가 곤란하게 되는 점, 이런 상황이 통일반대세력을 형성할 우려가 있는 점도 고려해야 한다. 이런 측면에서 북한지역의 토지는 북한주민의 생활안정에 주력하는 쪽으로 소유권이 배분되고 이용되어야 한다. 주거의 권리를 논의할 때는 사회연대의 정신에 근거해야 한다. UN이 제정한 '경제적, 사회적 및 문화적 권리에 관한 국제규약'(A규약) 제11조는 "...모든 사람이 ...주택을 포함하여 자기 자신과 가정을 위한 적당한 생활수준을 누릴 권리와 생활조건을 지속적으로 개선할 권리를 가지는 것을 인정한다. 당사국은... 그 권리의 실현을 확보하기 위한 적당한 조치를 취한다."라고 규정한다.

북한주민의 주거권과 관련하여, 유엔 사회권규약위원회가 1991년 발표한 '적절한 주거의 7요건'을 참고할 수 있다.17) 주거권에 적합하도록 주거가 갖추어야 할 구체적인 필수 요건을 제시한 7요건에 해당하는 내용은 법적으로 보장된 점유의 안정성, 주거기반 시설 및 제반 서비스의 이용 가능성, 주거비 지불 가능성, 거주 적합성, 접근 가능성, 적절한 위치, 문화적 적절성이다.

한편 남한 헌법 제35조는 '모든 국민은 건강하고 쾌적한 환경에서 생활할 권리를 가지며, 국가와 국민은 환경보전을 위하여 노력하여야 한다', '국가는 주택개발정책 등을 통하여 모든 국민이 쾌적한 주거생활을 할 수 있도록 노력해야 한다'라고 함으로써 주거권이 국민의 권리이며 국가가 주거권을 보장하기 위하여 적극적으로 노력할 의무가 있음을 명시하고 있다. 2015년에는 주거권 보장에 대한 기본법으로 '주거기본법'을 제정하였으며, 여기에서 처음으로 '주거권'과 '주거복지'라는 용어가 명시되었다. 통일이 될 경우에는 북한주민에게도 현재의 남한법상 권리가 보장되어야 한다.

필자는 장차 남북한 주민이 함께 살아갈 통일헌법을 구상함에 있어서는 사회연대문제가 본격적으로 제기될 것으로 예상한다. 특히 토지문제는 생활의 근거로서 기본권의 전제가 될 것이므로, 사회연대 원리가 적용되어야 한다. 역사적으로 곤궁하여 무엇인가를 필요로 하는 사람에 대한 급부가 은혜 차원에서 권리로 전환되는 것은 쉽지 않은 일이었다. 그렇기 때문에 미리 준비하고 논의해야 한다. 종교의 영역에서 사회연대가 논의되기도 한다. 가톨릭 교회에서는 연대가 사회적 평화와 사회통합을 지향하는 핵심적인 사회교리다.18) "연대성은 가깝든 멀든 수많은 사람들의 불행을 보고서 막연한 동정심 내지 피상적인 근심을 느끼는 무엇이 아니다. 그와 반대로 공동선에 투신하겠다는 강력하고도 항구적인 결의이다. 우리 모두가 모두에게 책임이 있는 만큼, 만인의 선익과 각 개인의 선익에 투신함을 뜻한다."

필자는 가톨릭의 사회교리가 통일 한국에도 존중되어야 한다는 입장이다. 외국사례로 캄보디아의 토지소유권 분쟁[19]은 사회주의경제 체제에서 시장경제로 급격히 변화하는 과정에서 발생한 문제의 심각성을 보여 준다. 캄보디아에서는, 사회주의경제를 버리고 시장경제로 전환하면서 토지의 사적 소유권 확립이 문제 되었다. 그런데 국민들은 토지소유 경험이 없어 소유권등록을 하지 않는 경우가 많았고 그 땅은 국유지로 편입되었다. 또한 해외투자유치를 위해 국유지를 최장 99년간 저가로 임대해주는 정책을 허용하는 토지법이 시행되면서 그 땅에 살던 주민들이 쫓겨나는 현상이 발생하고 이로 인한 분쟁이 격화되었다. 일제강점기 한반도에서 일어난 토지조사사업과도 유사한 점이 있다. 다양한 사례를 참고하면서 신중히 접근할 일이다.

4. 통일과정에서 거론될 북한 토지제도

(1) 토지개혁 이전 소유권 정리 문제

통일헌법에서 북한 토지에는 어떤 헌법원리가 적용되어야 할 것인지를 생각해 보면, 재산권보장, 평등원칙, 인간답게 살 권리, 그리고 사회연대 등을 생각할 수 있다. 재산권보장은 종전 소유자의 권리를 보장하자는 것이고, 평등원칙은 남북한 주민을 동등하게 대우하자는 것이며, 인간답게 살 권리는 남북한 주민 모두 보장받아야 할 권리다. 사회연대는 통일 한국이라는 새로운 국가의 국민들 간에 서로 연결되어 있는 하나의 공동체 구성원으로서 함께 살아갈 권리에 대한 문제다.

사회연대의 측면에서 북한 토지문제를 보면, 북한 지역에서 주민이 거주하는 주택은 통일 한국에서도 그대로 거주해야 할 공간이다. 북한

주민이 경작하는 농경지는 그 지역 주민들의 생산수단이며, 공장이나 기업소는 그곳에 소속된 근로자들의 생활수단이다. 이와 관련한 토지는 북한법상 모두 국유이거나 협동조합 소유로 개인 소유는 허용되지 않는다. 그렇다면 통일 한국에서는 어떻게 해야 할까? 어떤 원칙과 기준으로 재산권을 정리해야 할까? 다양한 논의가 있지만 사회연대의 원리의 측면에서도 생각해 보아야 한다.

남한 사회에는 과거 북한지역에서 소유하였던 토지의 소유권을 보장하자는 견해가 있는바, 향후 통일과정에서 이 문제가 명확히 정리되지 않으면 남북주민 간 화합을 저해할 우려가 있다. 독일이 취한 원물반환 방식(기존의 민법적 관점에서 주장되는 것으로 원소유자의 민법상 원상회복청구권을 인정하여 원칙적으로 반환하고 예외적으로 보상하자는 견해이며, 독일이 이런 방식을 취하였다), 헝가리 등 동구권이 취한 보상증서를 통한 방식(헝가리는 공산당에 의한 몰수재산은 반환하지 않는다는 원칙하에 불법적 수용에 대한 보상만을 규정하였고, 보상의 방법에 있어서도 금전보상을 채택하지 아니하고 사유화되는 국유재산에 대하여 그 지분을 취득할 수 있는 권리를 화체한 보상증서를 통한 보상방법을 택하였다)[20]에 대한 논의가 있었지만 최근에는 원상회복이나 보상이 필요하지 않다는 견해[21]도 제기되고 있다. 필자는 원상회복보상불요설의 입장이다. 이 문제는 민법상의 소유권 문제로만 볼 수 없는 복잡성이 있다. 즉 과거의 역사와 미래의 통일 한국 건설이라는 양 측면을 모두 살펴야 하는 주제이므로 깊이 있는 논의가 필요하다. 또한 다른 나라의 사례도 참고해야 한다. 필자는 통일이라는 사건은 토지제도를 변혁할 만한 것이며, 이때 기존의 권리관계 보호법리는 하나의 고려요소일 뿐 절대적인 것이 아니라고 본다. 남북한에서 시행된 토지개혁과 80년의 세월이 흘러 새로운 질서가 형성되었다는 점은 중요한 고려요소다.

통일 전에 남한에서 헌법개정을 통해 북한지역의 토지는 몰수피해자에게 원물로 반환하지 않는다는 점을 분명히 밝힘으로써 남북한의 이해당사자들에게 정책방향을 미리 인식시키자는 제안[22]이 있다. 다만 이런 논의가 북한당국과 주민들을 자극할 역효과가 있을 수 있으므로 추상적이고 원론적인 표현으로 “통일은 국토의 효율적 이용에 적합한 방향으로 추진되어야 하고 토지에 관한 법적 관계를 불안하게 하여서는 안 된다.”라는 정도로 하자는 의견이다. 필자는 위 견해에 찬동한다. 토지는 그곳에 사는 주민의 삶의 터전이라는 점과 기왕의 권리관계가 존중되어야 한다는 측면, 그리고 과거의 역사보다는 미래에 더불어 살아야 할 사람의 인간다운 삶을 살 권리에 초점이 맞추어져야 한다고 보기 때문이다.

방법론적으로는 과거 재산권처리문제는 통일의 과정에서 입법을 통해 해결하는 것이 바람직하다는 주장[23]이 있다. 통일헌법상의 재산권보장이 곧 분단상황에서 발생한 한쪽 국가에 의한 무보상 수용 등의 불법행위에 대하여 원상을 회복하여야 한다는 의미는 아니며, 재산권보장과는 별도로 입법권자에게는 과거의 불법에 대한 처리방법을 선택할 수 있는 재량이 있으므로 그 한도 안에서 조치가 이루어진다면 헌법적으로 인정되어야 한다. 이와 관련하여서는 독일연방헌법재판소가 재산권보장원칙으로부터 곧바로 피수용재산의 반환을 통한 원상회복이 인정되는 것은 아니며 과거의 불법을 원상회복시키는 규정에 대하여 법치국가 또는 사회국가 사상에 근거하여 입법권자는 광범위한 형성의 자유가 있다고 판시한 사례를 참고할 수 있다.[24] 헌법에 “어떠한 개인도 통일로 인하여 뜻하지 않게 기존의 재산과 관련된 권리를 박탈당하지 않는다.”라는 취지의 최소한의 규정을 두자는 주장[25]이 있는바, 그 정신은 사회연대에 기반하는 것으로 본다.

(2) 공공임대방식은 대안이 될 수 있는가

토지공공임대제란 토지의 소유권을 구성하는 세 요소, 즉 사용권, 처분권, 수익권 중 사용권을 민간에 부여하고, 수익권을 공공이 갖되, 사용권을 가진 자에게 사용기간 동안 한시적으로 처분권을 맡기는 것으로서, 토지를 국공유로 하면서 토지 사용자에게 사용권을 설정해 주고 그 대가로 임대료를 징수하는 제도이다.[26] 토지공개념 사상은 헨리 조지의 지공주의(地公主義)에서 발전하였는데, 헨리 조지는 그의 저서 『진보와 빈곤』에서 토지소유권에서 사용권과 수익권의 개념을 분리시켜 지대 상승분은 공공으로 환수하는 '지대조세제'를 주장하였다. 지공주의는 노력에 의해 생산한 것에 대해서는 생산자의 사유를 인정하여 효율성을 달성하고, 사람의 노력과 무관하게 천부적으로 주어진 토지는 사유의 대상에서 제외함으로 형평성을 달성하자는 것이다.[27]

토지공공임대제도의 이상은 '토지가치의 완전 환수와 자유로운 토지 이용'으로 요약할 수 있는데, 이것을 실현하기 위해서는 토지 사용자에게 토지 사용의 자유와 임대 기간 중 토지 사용권 처분의 자유를 부여해야 하며 임대료가 자유시장의 원리에 따라 결정되도록 해야 한다.[28] 국공유지를 임대하고 그 대가로 임대료를 징수하는 제도는 세계 곳곳에서 다양한 형태로 실시되었다. 싱가포르와 홍콩은 나라 전체에 토지 공공 임대제를 도입하여 운영해 왔으며 네덜란드 스웨덴 핀란드 이스라엘 등은 국지적으로 토지공공임대제를 적용해 왔다.[29]

북한은 제한적이나마 경제특구 및 개발구에 토지이용권제도를 도입하여 토지임대료를 통해 지대가치를 공공으로 환수하는 구조를 갖추고 있어서 토지공공임대제의 형태를 구비하고 있다. 그러나 토지이용권이 경제특구와 외국투자기업, 외국인에 한정되어 있어 북한 전역에 걸쳐 토지이용권 시장이 형성되지 못하고, 북한 공민에게는 허가에 의한 토지사용 외에 토지이용권 접근이 차단되는 한계가 있다. 토지이용권의 유동화 측면에서 보면, 토지임대법이 이용권의 판매, 재임대, 증여, 상속을 포함하는 양도, 저당 등을 예정하고 있어 임대 기간 중 토지이용권 처분의 자유가 보장된다고 할 수 있으나, 일반 공민의 토지사용의 경우 승인없이 부동산을 넘겨주거나 빌려줄 수 없도록 규제하고 있어 토지공공임대제와는 거리가 있다. 임대료 납부에 관하여 토지임대법은 토지임대차계약은 맺은 날부터 90일 안에 전액을 납부하도록 하고 있으나, 토지가치의 완전 환수 측면에서는 매년 지대를 재평가하여 임대료를 징수하는 방식이 바람직하다.

통일 후 북한의 토지이용방법으로 공공임대제를 적극 고려하자는 주장[30]이 있고 경청할 만하나, 아직 이 문제에 대한 사회적 이해가 높지 않으므로 지속적인 관심과 토론이 필요하다.

(3) 지역균형개발 문제

남한의 사회문제 중 하나는 수도권과 지방 간의 인구 및 경제 불균형이다. 수도권 인구가 전국 인구에서 차지하는 비중은 2008년 48.8%에서 2022년 50.5%로 증가하고 있으며 청년인구 중 수도권 청년인구 비중도 지속적으로 증가하고 있다. 지역균형발전을 위하여 역대 정부는 다양한 정책을 추진해 왔고, 윤석열 정부는 '기회발전특구'를 도입하면서 그 근거법률로 '지방자치분권 및 지역균형발전에 관한 특별법'을 2023년 6월 9일 제정하였다.[31] 이 법률의 주요 요지는 '지역이 주도하는 균형발전'을 강조하면서 지자체로부터 상향식 의사 결정구조를 가지는 기회발전특구 제도를 추진하면서 기존의 지방자치분권과 지역균형발전 정책 추진체계의 통합을 시도한다.

통일 한국에서도 지역균형발전은 사회문제가 될 가능성이 있다. 통일비용 측면에서 국가적 차원의 재정투입이 어려울 수 있다는 점을 고려하여 국내외 민간자본의 투자방안 마련, 북한 소유권제도의 정비, 경제적 지역 격차 해소 방안을 마련하자는 제안이 있다.[32] 또한 현행 남한 헌법상 북한지역에 대한 경제적 격차를 해소하기 위한 지향방향이나 법적 근거가 명확하지 않으므로 향후 헌법 개정 등의 방법으로 남북지역균형정책을 직접 규율하여 적극적으로 남북한의 경제적 격차 해소를 위해 노력하자는 의견이다.[33] 북한문제를 공백으로 두지 말고 법률에서 명확히 하자는 취지에 찬성한다.

남북한은 80년 이상 서로 다른 체제로 성장하였다. 그런 경험이 통일 후에 장애가 아니라 다양한 경험의 역사로 상호보완적으로 작용하도록 유도하고, 수도권 집중으로 인한 폐해를 해소하기 위해서도 지역균형발전은 중요하다. 이 문제는 통일헌법에서 기본방향이 정해지고 별도의 법률로 구체적인 기준이 정해져야할 영역인바, 현재 남한에서 시행되는 법률 적용 경험을 활용하여 북한지역을 균형 있게 발전시킬 법제도가 마련되어야 한다. 이런 논의의 전제로 북한지역의 토지제도 개편방향이 정해져야 하며, 세제 혜택이나 규제 혁신 등의 정책지원도 고려할 수 있다. 법 제정 시에는 남한의 지역균형발전법과 같이 상향식 운영방식을 도입하여 북한지역 주민들의 의사가 적극 반영되도록 노력해야 한다. 이런 법 제정의 밑바탕에는 사회연대의 정신, 특히 새롭게 형성된 통일 한국이라는 공동체 내의 삶은 상호의존적이라는 점, 지원은 당사자가 스스로 해결할 권리와 책임을 침해하지 않는 방식으로 이루어져야 한다는 지원의 보조성이 강조되어야 한다.

5. 결론

통일은 정치적인 사건이다. 변화의 폭이 크고 속도가 빠르다면 혁명적인 사건일 수도 있다. 우리나라의 역사를 보더라도 변혁기에는 토지개혁 문제가 거론되었고, 실제로 1945년 해방 이후에 남북한이 모두 토지개혁을 하였다. 이때의 토지개혁은 남북한 모두에서 사회통합과 경제건설에 긍정적 역할을 하였다. 그로부터 80년의 세월이 지난 지금은 토지가 다시 사회문제로 재부상하였다. 북한은 토지가 국유임에도 불구하고 빈부격차가 심하고, 토지 거래가 제한되는 등의 이유로 외국인투자가 저조했다. 통일을 계기로 북한 토지제도는 근본적으로 변화할 가능성이 높다. 어느 방향으로 가야 할 것인지, 왜 그 방향이 좋은지, 통일 이후 북한주민의 삶은 나아질 수 있을 것인지 등을 설명할 수 있는 답을 찾아가야 한다. 앞서 살펴본 조선 후기의 토지개혁방안을 보면 다양한 길이 있다. 각각의 개혁방안에 대한 토론을 통해 장단점을 찾고 분석해야 한다. 필자는 통일은 북한 토지제도를 변화시킬 수 있는 기회라고 본다. 8·15 해방 이후 남북한이 겪었던 역사적 경험상 통일 이후 북한에서 토지개혁은 가능하다. 그 방향은 북한주민의 안정적 삶이다. 북한 토지는 북한주민의 복리를 위해 우선 사용되어야 한다. 이를 뒷받침하는 헌법원리는 사회연대다. 통일된 나라에서 남북한 주민이 하나의 공동체를 이루는 데 도움이 되는 방향으로 토지제도가 개편되어야 한다. 분단 이전 소유권의 원상회복 주장은 하지 않는다는 것을 헌법 차원에서 분명히 해야 한다. 북한 토지의 개편 방향으로 공공임대제를 추구할 것인지는 더 논의해야 한다. 전면적 실시가 아닌 부분적 실시라도 실험을 해볼 가치는 있다. 북한토지문제는 개인 차원의 소유권뿐만 아니라 균형개발 차원의 지역적인 고려도 해야 한다. 복잡하고 민감한 문제다. 사고를 유연하게 하고 개방적인 논의를 보장해야 한다. 정답을 알 수 없을 때는 절차에 관심을 가져야 한다. 민주적인 참여, 지속적인 토론, 합리적인 결론 도출과 제도화 과정을 거쳐야 한다. 그런 절차를 진행하는 과정에서 통일에 대한 관심도 높아질 수 있을 것이다.

참고자료[34)]

남북한의 토지소유제도는 다르다. 서로 다른 제도를 통합할 때는 고려할 점이 많다. 토지 소유권의 역사, 독일의 사례, 민법상의 다양한 제도를 살펴보아야 한다. 이런 논의를 하는 이유는 제도 통합으로 고통받는 사람을 줄이고 고통을 완화시키기 위함이다. 또한 통일이라는 격변기에 북한주민이 그들이 살던 집과 일하던 토지에서 삶을 이어갈 수 있는 방안을 찾기 위함이다. 아래 대화는 아이디어 발굴 차원의 참고용 시도임을 명시한다. 인공지능과의 대화에서 고려할 요소를 추출할 수 있었다.

I. 소유권제도 등

1. 소유권제도의 역사

토지 소유권의 역사는 인류 문명의 발전과 함께 매우 중요하게 다루어진 주제입니다. 각 시대와 문화에 따라 소유권 개념이 다르게 발전해 왔으며, 현대 사회의 소유권제도는 이러한 역사적 배경을 바탕으로 형성되었습니다.

- **고대 사회**: 고대 사회에서는 토지 소유권 개념이 명확히 정립되어 있지 않았습니다. 많은 경우 토지는 공동체 전체의 재산으로 여겨졌으며, 특정 부족이나 공동체의 지도자에게 관리권이 있었습니다. 예를 들어, 메소포타미아 문명에서는 왕이나 신전에 의해 토지가 관리되었고, 이집트에서는 파라오가 토지의 상징적 소유자였습니다.
- **중세 유럽**: 중세에는 봉건 제도가 자리 잡으면서 토지 소유권이 보다 구조화되었습니다. 왕은 최종 토지 소유자였고, 귀족이나 봉건 영주들이 토지를 왕으로부터 받아 관리하였습니다. 이들은 다시 농노나 농민에게 토지를 임대하여 사용하도록 하였습니다. 토지는 주로 군사적 의무나 충성을 기반으로 교환되었으며, 상속을 통해 세습되었습니다.
- **근대 사회**: 근대에 이르러 국민 국가가 등장하면서 토지 소유권 개념에도

큰 변화가 있었습니다. 르네상스와 계몽주의의 영향으로 개인의 권리와 법적 소유권 개념이 확립되었습니다.

산업혁명과 도시화는 토지에 대한 수요를 증가시켰고, 이는 법적 소유권 체계의 발달을 촉진하는 역할을 했습니다. 근대적 사유재산권의 개념이 이 시기에 확고히 자리 잡았습니다.

- **근대 이후와 현대:** 19세기와 20세기에 걸쳐 많은 나라들이 법률을 통해 토지 소유권을 명확히 규정하기 시작했습니다. 지적도 제도 등이 도입되면서 토지의 매매나 소유에 대한 법적 절차가 확립되었습니다. 현대 사회에서는 소유권이 법적으로 잘 보호되며, 이는 개인 경제 활동의 중요한 기반이 됩니다. 또한 토지 이용 계획 및 환경 보호 등 다양한 사회적 이슈와 연결되는 경우가 많습니다.

결론적으로, 현대의 토지 소유권제도는 수천 년에 걸친 역사적 발전의 결과물입니다. 오늘날의 소유권 개념은 법적 보호와 더불어 사회적 책임을 동반하며, 경제적 동력으로서 중요한 역할을 수행하고 있습니다.

2. 사회주의와 자본주의 사회에서 소유권을 보는 시각

사회주의와 자본주의는 소유권, 특히 토지 소유권에 대해 상당히 다른 관점을 가지고 있으며, 이는 두 시스템의 기본 이념에서 비롯됩니다. 다음은 이 두 체제 간의 토지 소유권에 대한 주요 차이점과 공통점을 정리한 것입니다.

• 다른 점

- **소유권 주체:** 자본주의에서는 개인이 토지를 사유재산으로 소유할 수 있습니다. 개인 또는 법인은 토지를 자유롭게 매입, 매각, 개발, 사용하며, 이는 법적으로 보호받습니다. 사회주의에서는 토지가 주로 국가나 집단의 소유입니다. 국가는 토지를 관리하고 사용을 계획하며, 개인의 소유는 제한적이거나 불허됩니다.
- **재산 권리의 목적:** 자본주의 시스템에서 토지 소유권은 개인의 경제적 이익과 자율성을 보장하는 도구입니다. 토지는 상업적 이익을 추구하는 수

단으로 활용됩니다. 사회주의 체제에서는 토지의 소유와 사용이 공동체의 복지를 위해 계획되고 관리됩니다. 이는 경제적 평등과 사회적인 분배를 강조합니다.

- **시장 거래**: 자본주의 사회에서는 토지가 시장 원리에 따라 거래되며, 수요와 공급에 기반해 가격이 결정됩니다. 사회주의 체제에서는 토지 거래가 매우 제한적이거나 국가에 의해 직접 관리됩니다. 시장 가격보다는 중앙 계획이 우선합니다.

• 공통점

- **토지의 중요성 인식**: 두 체제 모두 토지가 경제 발전과 사회 구조에 있어 매우 중요한 자산이라는 점을 인정합니다. 따라서 토지 관리와 사용은 각 체제의 경제 정책에 있어 핵심 요소입니다.
- **법적 규제 필요성**: 비록 접근 방식은 다르지만, 두 체제 모두 토지 소유에 대한 법적 규제가 필요하다는 점에는 공감합니다. 이는 토지 사용의 효율성, 환경 보호, 및 사회적 공익 실현의 목적을 위한 것입니다.
- **공공의 이익 고려**: 자본주의 체제에서도 환경 규제나 도시 계획을 통해 공공의 이익을 고려합니다. 사회주의 체제에서는 토지의 공공 사용 목적이 더욱 강조되지만, 두 체제 모두 이익이 사회에 미치는 영향을 고려하여 정책을 수립합니다.

결론적으로, 사회주의와 자본주의는 토지 소유권에 대한 접근 방식이 본질적으로 다르지만, 모두 공공의 이익 보장과 경제 체제의 유지라는 공통 목표를 가지고 있습니다.

II. 독일의 토지소유제도

1. 통일 이전의 동서독 토지소유제도

독일 통일 이전에는 동독과 서독의 토지소유제도가 전혀 다른 이념적 기반 위에서 발전했습니다. 두 경제 체제에서는 토지소유와 사용에 있어서 큰 차이를 보였습니다.

통일 이전의 동서독 토지소유제도 차이

• 동독(독일 민주 공화국)

- **공산주의적 소유 개념**: 동독은 사회주의경제 체제를 채택하여, 토지와 주요 생산 수단의 대부분을 국가 소유로 전환했습니다.
- **국유화**: 사유 재산의 개념이 제한되었고, 대규모 농장과 기업은 국유화되었습니다. 개인이 소유할 수 있는 토지는 매우 제한적이었습니다.
- **집단농장**: 농업은 주로 집단농장(LPG) 형태로 운영되었으며, 농민들은 국가 또는 협동조합의 형태로 토지를 경작했습니다.

• 서독(독일 연방 공화국)

- **자본주의적 소유 개념**: 서독은 자본주의 시장경제를 바탕으로 개인 소유권을 강하게 보호했습니다.
- **사유 재산 보호**: 토지와 생산 자산은 개인이나 기업이 소유할 수 있었고, 시장 경제 원칙에 따라 거래되었습니다.
- **농업 및 산업의 민영화**: 경제활동은 주로 민간 부문에 의해 추진되었으며, 농업도 가족 농장을 중심으로 운영되었습니다.

2. 독일 통일 이후 토지제도 변화

• 독일 통일 이후 동독의 토지제도 변화

- **소유권 복원 및 변환**: 통일 후, 동독 지역의 토지와 자산에 대해 소유권을

복원하거나 새로운 소유권 체계를 정립하는 과정이 시작되었습니다. 이는 복잡한 법적, 행정적 문제를 야기했습니다.

- **신탁청**(Trust Agency, Treuhandanstalt): 1990년 통일 이후 동독의 국유재산을 민영화하기 위해 설립된 신탁청이 중요한 역할을 했습니다. 신탁청은 동독의 국유 기업과 토지를 매각하고 시장 경제에 통합하는 일을 맡았습니다.
- **소유권 회복 청구**: 이전 소유자나 상속인들이 소유권을 회복하고자 하는 청구가 많았습니다. 이는 일련의 법적 분쟁과 조정 절차를 동반했습니다.
- **경제구조 재편**: 시장경제 체제로의 전환에 따라 동독 지역의 경제 구조가 재편되었습니다. 많은 산업과 농업 부문이 민영화되었으며, 토지 소유권 역시 개인이나 기업에게 분배되었습니다.
- **법적 체계 통합**: 서독의 법적 체계와 소유권 개념이 동독 지역에 적용되면서 체계적으로 통합되었습니다. 이는 장기적으로 법적 안정성과 경제 발전을 지원했습니다.

이처럼 통일은 동독의 토지소유제도를 근본적으로 변화시켰으며, 독일 전역에서 시장 경제와 민간 소유권의 원칙이 확립되는 기틀을 마련했습니다. 이 과정은 독일 사회와 경제에 큰 영향을 미쳤으며, 오늘날에도 그 유산이 남아 있습니다.

• **독일 통일 이후에 서독의 토지제도 변화**

독일 통일 이후, 서독의 토지제도 자체가 근본적으로 변화하지는 않았습니다. 그러나 통일과정에서 동독과 서독의 법률과 제도를 통합하는 과정에서 몇 가지 조정이 필요했습니다. 통일 전 동독에서는 국유화된 토지와 재산이 많았기 때문에, 통일 이후 이러한 토지와 재산의 소유권을 어떻게 처리할 것인지가 중요한 문제가 되었습니다.

주요 변화 중 하나는 동독 지역에서 국유화된 재산의 사유화와 민간으로의 반환 과정이었습니다. 이러한 과정에서는 원소유주에게 재산을 돌려주거나 공정한 보상을 지급하는 등의 복잡한 법적 절차가 필요했습니다. 또한, 토지 사용에 대한 규제와 관리 방식도 서독의 기준에 맞추어 조정되었습니다.

결과적으로 독일 통일은 토지제도뿐만 아니라 경제, 법률, 사회적 차원에서의 통합을 요구하는 복합적인 과제였습니다. 통일 이후 독일은 이러한 과제를 해결하기 위해 지속적으로 노력해 왔습니다.

독일 통일 이후 동독 토지제도의 변화에 대한 평가

독일 통일 이후 동독 지역의 토지제도 변화에 대한 언론의 평가는 다각적이고 복합적이었습니다. 주요 언론에서는 다음과 같은 다양한 관점을 제시했습니다.

- **재산권 복원과 사유화**: 통일 후 동독의 국유화된 토지와 재산을 사유화하고 원소유주에게 반환하는 과정이 많은 주목을 받았습니다. 일부 언론은 이 과정이 법적, 행정적 복잡성으로 인해 느리게 진행되고 있으며, 이로 인해 불만이 있다는 점을 지적했습니다. 또한, 복잡한 소송과 이해관계로 인해 갈등이 발생하기도 했습니다.
- **경제적 기회와 도전**: 동독 지역의 토지사유화는 경제적 기회를 제공함과 동시에 많은 도전과 어려움을 안겼습니다. 언론에서는 성공적인 민영화 사례를 다루기도 했지만, 동시에 과거의 국유화로부터 잘못된 경제 구조가 정착된 지역에서의 어려움도 지적했습니다. 경제 성장과 발전의 촉매로 작용할 가능성도 있지만, 일각에서는 충분한 준비와 지원이 부족하다는 비판이 나왔습니다.
- **사회적 불평등과 갈등**: 동독 지역에서 토지 소유권 회복 과정에서 발생한 사회적 불평등 문제도 언론의 주목을 받았습니다. 특히 재산 반환이나 보상 과정에서 점차 큰 격차가 생기고 일부 지역 주민들이 소외감을 느낄 수 있다는 점이 논의되었습니다.
- **법적 및 행정적 문제**: 국유재산의 처리와 관련된 복잡한 법적 문제와 행정적 과정은 언론에서 자주 다루는 주제였습니다. 규제의 불확실성과 행정 절차의 지연이 기업가와 투자자에게 부담으로 작용할 수 있다는 우려도 제기되었습니다.

전반적으로 독일 통일 후 동독 지역의 토지제도 변화는 기대와 우려가 공존하는 복잡한 주제로, 언론에서는 이를 다양한 관점에서 분석하고 평가했습니다. 이 과정에서 통일 독일의 법적 통합과 경제적 통합이 어떻게 진행되는지를 지속적으로 조명했습니다.

동독 토지제도 변화에 대한 논란

동독의 토지제도 변화에 대한 논의는 복잡한 역사적, 정치적, 경제적 맥락을 포함하고 있으며, 이를 지지하는 측과 반대하는 측의 주장은 다음과 같습니다.

- 지지하는 측의 주장
  - **경제적 발전 촉진**: 사유화와 재산권 복원은 동독 지역의 경제적 발전을 촉진하고, 투자와 기업 활동을 장려하는 데 도움이 될 것이라고 주장합니다. 이를 통해 지역 경제 활성화와 일자리 창출이 가능하다고 봅니다.
  - **법적 정의 실현**: 과거에 무리하게 진행된 국유화를 되돌리고, 원소유주에게 재산을 반환하는 것은 역사적 정의를 실현하는 데 중요한 조치로 여겨집니다. 사유 재산권 존중은 민주 사회의 기본 원칙이라는 주장입니다.

- 반대하는 측의 주장
  - **사회적 불평등 심화**: 사유화 과정에서 과거의 부유층이 혜택을 보면서 사회적 불평등이 심화될 수 있다고 경고합니다. 특히 반환 과정을 통해 새로운 경제적 불균형이 초래될 가능성이 있다는 우려가 있습니다.
  - **법적 · 행정적 혼란**: 복잡한 소유권 문제와 행정 절차의 혼란으로 인해 많은 시간과 비용이 소모될 수 있으며, 이로 인해 경제적 발전이 오히려 지연될 수 있다는 의견입니다.
  - **지역 사회의 경제적 부담**: 사유화된 재산의 관리와 개발에 필요한 자본과 전문성의 부족으로 인해 오랜 기간 동안 경제적 부담이 될 수 있다는 주장도 있습니다.

III. 남북한 통일과정에서 토지제도

1. 원칙과 방안

남북한의 통일과정에서 토지제도를 조정하는 것은 매우 복잡하고 민감한 문제입니다. 서로 다른 토지소유권과 관련된 법적, 경제적, 사회적 측면을 고려해야 합니다. 다음은 통일과정에서 토지제도를 바람직하게 통합하기 위한 몇 가지 원칙과 방안입니다.

- **법적 재산권 확립:** 현재 남한은 사유재산권이 확립된 상태이고, 북한은 국가소유 체제를 유지하고 있습니다. 통일 후에는 재산권을 명확히 하고 사유재산권을 확립하여 법적 안정성을 제공해야 합니다.
- **점진적 통합 접근:** 즉각적인 통합보다는 점진적 접근이 필요합니다. 초기에는 북한의 현행 시스템을 존중하면서 점차 시장 경제 원칙에 기초한 시스템으로 전환하는 것이 바람직합니다.
- **보상 및 조정:** 북한에서 국유화된 토지의 사유화나 재산권 복원문제를 다룰 때, 적절한 보상을 제공하고, 법적 분쟁을 최소화할 수 있는 조정 메커니즘을 마련해야 합니다.
- **지속 가능한 개발 계획:** 통일 후 토지 개발은 경제적 효율성과 환경적 지속 가능성을 담보해야 합니다. 이를 위해 종합적인 개발 계획과 정책이 필요합니다.
- **투명하고 공정한 절차:** 토지소유권문제를 해결할 때는 투명하고 공정한 절차가 동반되어야 합니다. 이를 통해 신뢰를 쌓고 사회적 안정성을 확보할 수 있습니다.
- **현지 주민의 참여:** 토지제도 변화과정에서 현지 주민의 의견을 반영하고 참여를 보장하여, 지역 사회의 수용성과 협력을 얻는 것이 중요합니다.
- **교육 및 인식 제고:** 새로운 토지제도와 관련한 교육과 인식 제고 활동을 통해 주민들이 변화에 잘 적응하고 이해할 수 있도록 지원해야 합니다.

이러한 접근법은 통일과정에서 생길 수 있는 갈등을 최소화하고, 통일된 한반도의 안정적 발전을 돕는 데 기여할 수 있습니다.

2. 민법상 총유 개념과 활용가능성

민법상 총유는 여러 명의 공동 소유자가 특정 재산을 공동으로 소유하는 형태로, 각 소유자가 자신의 지분을 독립적으로 처분할 수 없는 소유 형태입니다. 총유는 주로 법인 아닌 사단, 즉 비영리적인 목적을 가진 단체(예: 종교단체, 학회 등)에서 사용됩니다. 총유의 주요 특징은 다음과 같습니다.

- **개별 지분의 불가분성**: 구성원 각각은 총유 재산에 대한 개별적인 지분이 없으며, 따라서 각자가 별도로 자기 지분을 처분하거나 양도할 수 없습니다.
- **공동체 목적에 맞는 사용**: 총유 재산은 공동체의 목적과 활동을 위해 사용됩니다.
- **의사 결정 방식**: 총유 재산의 관리나 처분은 구성원 전체의 의사에 따라 이루어지며, 일반적으로 구성원의 총회나 그에 준하는 회의에서 결정합니다.
- **법적 성격**: 총유 재산은 법인격이 없는 단체의 자산으로, 단체 자체의 목적을 달성하기 위한 수단이 됩니다. 따라서, 구성원이 단체를 탈퇴하거나 새로 가입해도 총유 재산에 대한 권리에는 영향을 미치지 않습니다.

이러한 총유의 특징은 구성원의 개인적 이익보다 집단적 이익을 우선시하고, 공동체의 목적에 부합하도록 자산을 관리하도록 설계되어 있습니다.

활용가능성

북한의 토지 소유 제도가 변화할 때 총유 개념을 활용하는 것은 이론적으로 가능하지만, 실질적으로 구현하기 위해서는 여러 가지 고려 사항이 있습니다.

• 총유 개념의 활용 가능성

- **공동체 기반 관리**: 총유는 공동체의 목적에 맞게 재산을 관리하고 사용할 수 있기 때문에, 토지를 지역 공동체가 함께 소유하고 관리하는 방식으로

활용할 수 있습니다. 이는 지역 주민들과 정부 간의 협력 구조를 마련할 수 있을 것입니다.

- **탈중앙화**: 중앙정부의 집중적인 토지 관리에서 벗어나 지역 단위의 자율적인 개발과 관리가 가능하다는 점에서 지방 자치 강화의 수단이 될 수 있습니다.
- **공익 중심 활용**: 총유는 개인의 이익보다 공익을 강조하기 때문에, 토지를 공공의 목적, 예를 들어 농업, 주거지 개발 또는 지역 인프라 구축에 사용할 수 있습니다.

• 고려 사항

- **법적 · 제도적 정비**: 총유 개념을 도입하려면 법적, 제도적 장치를 확립해야 합니다. 북한의 현재 법제와 사회주의 계획경제 체제에 맞게 총유 개념을 조정하는 작업이 필요합니다.
- **정치적 의지**: 정부의 정책 방향과 정치적 의지가 중요합니다. 토지소유제도의 변화는 경제 구조뿐만 아니라 정치적 구조에도 영향을 미칠 것이기 때문입니다.
- **기반 마련**: 총유에 필요한 행정 장치, 즉 지역 공동체의 구성과 운영, 결정 방식 등이 사전에 마련되어야 합니다.
- **사회적 합의**: 주민들의 참여와 동의를 기반으로 하는 사회적 합의가 필수적입니다. 기존 제도와의 충돌을 최소화하고 새로운 제도에 대한 신뢰를 구축하기 위한 과정이 필요합니다.

북한의 경우, 체제의 기본 구조와 정치적 상황을 고려할 때 실현 가능성이나 효율성을 신중히 평가해야 할 것입니다. 총유 개념은 토지의 공동체적 활용을 강조하여, 목표로 하는 사회적 및 경제적 변화를 이끌어 내는 데 도움을 줄 수 있는 한 방법이 될 수 있습니다.

3. 북한주민의 기존 토지 보호방안

남북한 통합 시 북한주민의 기존 토지관계를 보호하고 소유권을 재조정하는 것은 매우 복잡하고 신중한 접근이 요구되는 문제입니다. 통합과정에서 북한 주민의 권리 보호와 경제, 사회적 안정을 위한 적절한 조치를 마련해야 합니다. 다음은 고려할 만한 조치들입니다.

- 기존 권리의 보장
  - **현황 조사 및 기록**: 북한의 기존 토지 사용 및 소유에 관한 모든 데이터를 면밀히 조사하고 문서화하여 토지의 사용 및 배분 현황을 명확히 파악합니다.
  - **기존 주민의 권리 인정**: 주민들이 기존에 사용했던 토지에 대한 사용권 및 실제 생활 수준을 고려하여, 가능한 한 그 권리를 인정합니다.

- 소유권 전환과 관련된 방안
  - **점진적 전환**: 토지소유권의 전환은 단계적으로 이루어져야 하며, 급격한 변화로 인해 주민들이 겪을 수 있는 불안정성을 최소화해야 합니다.
  - **공공 목적과 개인 권리의 균형**: 통합된 남북한 사회의 공익 목적과 개인의 재산권을 균형 있게 조정하여 사회적 안정을 유지합니다.
  - **혼합 소유제 도입**: 초기에는 국가와 개인이 혼합된 형태의 소유제를 도입하는 방법도 고려할 수 있습니다. 국가가 기본 토지소유권을 갖되, 주민들에게 장기 임대권이나 사용권을 부여하여 안정적인 주거와 농업 활동이 보장되도록 합니다.

- 보상 및 지원
  - **적절한 보상 정책**: 토지소유권 전환에 따른 불이익을 최소화하기 위해 적절한 보상 정책을 마련해야 합니다. 이는 금전적 보상뿐만 아니라, 대체 토지 제공 등의 형태가 될 수 있습니다.
  - **재정적 지원 프로그램**: 농촌 및 도시 지역 주민에게 새로운 제도에 적응할 수 있도록 재정적, 교육적 지원 프로그램을 제공하여 경제적 안정을 돕습니다.

- **법적·제도적 체계 수립**
  - **법적 보호 장치 마련:** 통합된 법체계하에 북한주민의 기존 권리와 새로운 소유권을 보호할 수 있는 명확한 법적 규정을 수립합니다.
  - **조정 및 분쟁 해결 기구:** 토지소유권 전환과정에서 발생할 수 있는 분쟁을 해결하기 위한 중재 및 분쟁 조정 기구를 운영합니다.

- **주민 참여**
  - **주민들의 참여 보장:** 정책을 수립하고 실행하는 과정에서 주민들의 목소리를 반영할 수 있도록 주민 참여 기회를 제공합니다.

위와 같은 조치들은 남북한 통합 이후 북한주민들이 혼란을 최소화하고 안정적으로 새로운 제도에 적응할 수 있도록 돕는 데 기여할 것입니다. 모든 절차는 투명하고 민주적인 방식으로 진행되어야 하며, 긴 기간에 걸쳐 점진적으로 시행되는 것이 바람직합니다.

제4장

남북합의의 방향 모색 – 중첩적 합의

I

중첩적 합의[1)]

요약

2025년 현시점의 남북한 관계는 전면 단절 상황이다. 2023년 연말 시작된 북한의 '두 국가' 주장으로 기존의 남북한 법제도는 중대한 변화에 직면하고 있다. 이 글은 현재의 상황을 극복하고 장래에 대비하기 위한 방안을 모색하려는 시도다. 필자는 철학자 존 롤스의 '중첩적 합의'라는 개념을 사용하여 남북한이 기왕에 합의한 성과를 검토하고 남북관계 법제의 장래를 대비한다. 미국의 철학자 존 롤스가 주장한 중첩적 합의는 서로 다른 신념체계들을 가진 사람들이 사회적 협력을 위한 제도를 세워 나가는 방안이다. 롤스는 이때 합의는 각자가 지니는 포괄적 신념체계가 아니라 '공적 이성'에 의한 '중첩적 합의'에 의해야 한다고 보았다. 중첩적 합의란 사람들 사이에서 기본적인 가치관이나 세계관, 진리에 대한 신념 등이 다르고, 그 때문에 사고의 논리가 달라도 결과적으로 바람직한 사회적 질서에 대해 대체로 같은 이미지를 갖고 있다면 일단 그 중첩된 부분에 한해 합의를 성립시킬 수 있는데, 그때의 합의를 말한다.

필자는 롤스의 중첩적 합의 방식을 남북관계에도 적용할 수 있다고 본다.

1945년 분단 이후 남북한은 상호 적대적인 관계를 유지하면서 상대방의 존재를 인정하지 않았다. 남북한이 최초로 합의한 1972년 7월 4일의 '7·4 남북공동성명'은 남북한 간에 통일에 대한 근본원칙을 합의하였고, 그 합의 이후에는 시민들의 신념체계에 변화를 일으켰으며(남한주민들 입장에서, 북한주민은 무찔러야 할 적에서 통일해야 할 동포로 변하게 됨), 구체적이고 실천적인 통일방안에 대한 논의를 촉발시켰다(직통전화 가설 문제, 남북조절위원회 구성 문제, 남북적십자 회담 문제, 왕래절차와 신변보장 문제 등). 이러한 합의는 남북기본합의서와 그 이후 160여 건의 합의서를 통해 구체화되었다.
향후 중첩적 합의 시 강조할 점으로 상호존중, 정의의 원칙, 미래지향적 방향을 제시하였다. 남북한 사이의 중첩적 합의는 일시에 정리되는 것이라기보다는 단계별로 그리고 사안별로 지속적으로 논의하면서 정립해 나가야 하는 사항이다. 향후 남북한 법제에도 기왕의 중첩적 합의가 존중되고 계승되기를 바란다. 또한 남북한 법제에서 실용적 논의가 지속되기를 희망한다.

1. 들어가며

2025년 현시점의 남북한 관계는 전면 단절 상황이다. 2023년 연말 시작된 북한의 '두 국가' 주장으로 기존의 남북한 법제도는 중대한 변화에 직면하고 있다. 이 글은 이러한 상황을 극복하고 장래에 대비하기 위한 방안을 모색하려는 시도다. 필자는 철학자 존 롤스의 '중첩적 합의'라는 개념을 사용하여 남북한이 기왕에 합의한 성과를 검토하고 남북관계 법제의 장래를 대비하려 한다.

1991년 남북기본합의서 체결 이후 30년간의 교류 협력 경험에 비추어 보면, 지금의 교류 단절은 심각한 상황이다. 이러한 상황에도 불구하고 필자는 남북한이 1972년 7·4 남북공동성명 이후 50년간 260여건의 합의를 한 성과를 존중하면 남북한 법제에서 중첩적 합의가 가능할 수 있다고 보고 향후의 발전방안을 모색하고자 한다.

1945년 해방 이후 남북한은 분단된 채 각자 자주독립의 근대국가 건설을 목표로 추구했다. 1950년 북한의 남침으로 시작된 3년간의 전쟁을 겪었는데, 그 당시 세계는 냉전체제 구도를 형성하여 자본주의 국가들과 사회주의 국가들이 체제 및 정통성 경쟁을 하면서 각자의 지역에서 자신의 이념과 체계에 맞는 근대국가를 건설했다.

[냉전(冷戰, Cold War)]은 제2차 세계대전이 끝난 1945년부터 소련의 붕괴가 일어나기 전인 1991년까지 미국과 소련을 비롯한 양측 동맹국 사이에서 갈등, 긴장, 경쟁 상태가 이어진 대립 시기를 말한다. '냉전'이라는 표현은 무기를 들고 싸운다는 의미의 전쟁인 열전(熱戰, hot war)과 다르다. 당시에 냉전 주축 국가의 군대가 직접 서로 충돌한 적은 없었으나, 두 세력은 군사 동맹, 재래식 군대의 전략적 배치, 핵무기, 군비 경쟁, 첩보전, 대리전(proxy war), 선전, 그리고 우주 진출과 같은 기술 개발 경쟁의 양상을 보이며 서로 대립하였다.

1972년 세계적인 데탕트 분위기 속에서 남북한은 7·4 남북공동성명을 통해 통일의 3대 원칙으로 '자주, 평화, 민족대단결'을 합의했으나 후속 조치로 이어지지는 못했다.

[데탕트(Détente)]는 프랑스어로 '긴장 완화'를 뜻하는 낱말로, 1960년대 말부터 1970년대 이후 냉전 양극 체제가 다극 체제로 전환되면서 미소 간의 긴장이 완화되던 현상이다. 남북관계의 변화는 세계적인 정치환경의 변화와 맞물려서 나타났다.

1980년대 말 탈냉전시대가 시작되자 남북한은 1991년 9월 유엔 동시가입, 1991년 12월 남북기본합의서 채택이라는 결과를 도출하기도 했다.

> **[탈냉전 시대**(Post-Cold War era)**]**는 세계사에서 소련이 붕괴한 1991년부터 2010년대까지를 말한다.탈냉전 시대를 규정짓는 특징은 세계화이며, 역설적이지만 민족주의 역시 발호하고 있다. 이런 결과는 인터넷과 휴대전화라는 신기술에 의해 가능해졌다. 탈냉전 시대를 주름잡는 패권국은 미국이다.

남북한이 국제사회에서는 개별국가로 인정받았지만 둘 사이는 "나라와 나라 사이의 관계가 아닌 통일을 지향하는 과정에서 잠정적으로 형성되는 특수관계"라고 규정하였다. 그 이후 30년간 화해와 교류협력이 추진되었지만 정치적 요인으로 중단과 재개를 반복했다. 그러다가 2023년 12월 김정은 국무위원장은 당 중앙위원회 제8기 제9차 전원회의에서 남북한 사이의 관계를 "통일을 지향하는 특수관계"로 보던 기존 관점을 폐기하고 국가 간 관계로 전환하는 변화를 보였다. 북한이 이런 변화를 보인 이유에 대하여는 북한 입장에서 남한과의 통일은 불가능하기 때문에 '교전 중인 적대 국가 간 관계'라는 현실을 인정하고 남북관계를 새롭게 정립하는 것이라는 분석이 있다.[2)]

현시점의 남북한 교류 단절에도 불구하고 필자는 장래에 남북한이 다시 교류하고 협력하여야 한다고 주장한다. 그때를 대비하여 향후 남북한 법제의 변화 방향을 모색한다. 이를 위하여 필자는 기존의 남북한 합의서를 검토하면서 중첩적 합의가 가능한지 살펴본다. 중첩적 합의는 철학계에서 논의되는 개념이지만 사회과학 전반에서 활용될 수 있는 개념이다. 필자는 서로 다른 법 체계하에 있는 남북한 법제에도 중첩적 합의 개념을 적용할 수 있을지, 적용할 경우에 어떤 성과를 도출할 수 있을지 검토하고자 한다.

아래에서는 중첩적 합의 개념과 그것의 법제 적용문제를 먼저 살펴본 후 이어서 남북합의서 체결 현황과 주요 내용을 분석한다. 이러한 기초 연구를 바탕으로 남북한 법제에서 중첩적 합의 가능성을 검토하고 이때 고려할 강조점은 무엇인지 살펴본 후 결론짓는다.

2. 중첩적 합의 개념과 남북한 법제 적용 가능성

(1) 중첩적 합의 개념

미국의 철학자 존 롤스(1921~2002)는 정치철학 분야에서 중요한 사상가다. 그가 저술한 『정의론』[3], 『정치적 자유주의』[4]에서 주장한 내용을 참고한다. 우선 그의 주장을 간략히 살펴본 후 남북한 법제에서 롤스의 이론을 원용할 수 있을지, 원용한다면 어떤 방법으로 할지, 무엇을 강조할지를 살펴본다.

롤스는 근대민주사회란 신념체계가 통일되어 있는 사람들의 집단으로서의 공동체가 아니라고 단언한다. 시민들의 종교적 철학적 세계관과 도덕적 미학적 가치에 대한 견해에 심원하고 화해 불가능한 차이가 존재하며, 민주사회에서는 이런 차이가 존재할 수밖에 없다는 것을 '합당한 다원주의 사실'이라 불렀다.[5] 합당한 다원주의 사회란 획일적인 하나의 신념체계만을 인정하는 사회가 아닌 '상반되지만 합당한' 신념체계들이 공존하는 사회를 말한다. 그렇다면 서로 다른 신념체계들을 가진 사람들이 함께 살아가야 하는 합당한 다원주의 사회에서 사회적 협력을 위한 제도는 어떻게 세워 나가야 하는 걸까. 롤스는 근본적 문제에 대한 공공적 합의는 각자가 지니는 포괄적 신념체계가 아니라 '공

적 이성'[6]에 의한 '중첩적 합의'에 의해야 한다고 보았다.[7]

> **[포괄적 신념체계**(comprehensive doctrine)**]**란 인지할 수 있는 모든 도덕적 가치와 덕을 포섭하는 하나의 체계를 형성하고 있는 신념체계, 삶의 전 영역에 걸쳐서 전체를 올바른 방향으로 이끌려는 것 같은 도덕적 신념체계를 말한다.

> **[공적 이성]**은 시민들의 이성, 동등한 시민의 자격을 가지고 있는 사람들의 이성을 말한다. 공적 이성은 자유롭고 평등한 타인들이 합당하고 합리적인 방식으로 근본적인 정치적 문제들을 해결하겠다는 의지를 반영하며, 합당함과 공정함의 덕목을 포함한다.

중첩적 합의란 사람들 사이에서 기본적인 가치관이나 세계관, 진리에 대한 신념 등이 다르고, 그 때문에 사고의 논리가 달라도 결과적으로 바람직한 사회적 질서에 대해 대체로 같은 이미지를 갖고 있다면 일단 그 중첩된 부분에 한해 합의를 성립시킬 수 있는데, 그때의 합의를 말한다. 벤다이어그램에서 흔히 볼 수 있는 것처럼 3개의 원들에서 모두 일치하는 부분이다.[8] 또한 중첩적 합의는 합당한(부당하고 비합리적인 것에 반대되는) 포괄적 신념체계들 간에 합의점을 찾는 것이다. 자유로운 인간 이성의 자유로운 행사의 결과로 나타나는 '합당한 다원주의'가 전제되어야 한다. 그리고 공적 정치관이 포괄적인 종교적 철학적 도덕적 신념체계들로부터 가능한 한 독립적인 것으로 제시되어야 한다. 이때의 정치관[9]은 포괄적 신념체계들과 분리되거나 그 체계들에 어떤 근거를 두지 않는다는 의미에서 본질적 구성부분이다.[10]

롤스의 주장에서 '정치적 정의관'은 모든 합당한 포괄적 교리로부터 연역적으로 도출되는 것은 아니다. 그렇다고 해서 우연적으로 공유하게 된 내용도 아니다. 합당한 포괄적 교리의 집단들은 합당한 타 교리의 집단들과의 공존을 위해 받아들인 정치적 정의관을 그 교리 내에서 충분한 이유에 근거하여 포함하고자 한다. 이런 과정을 통해 정치적 정의관은 그것을 받아들인 시민들의 포괄적 교리를 자신의 성립 근거로 삼지는 않지만 다양한 포괄적 교리를 가진 집단들로부터 각기 다른 이유에 근거해 지지를 받는다.

롤스는 근본적인 정치적 문제에 관한 공공적 합의를 할 때 자신의 포괄적 신념체계에 따라 다른 사람을 설득해서는 안 되며 오로지 공적 이성으로 설득해서 중첩적 합의를 이끌어 내야 한다고 했다.[11] 다원주의 사회는 개별적인 연대도 중요하지만 집단과 집단 사이에서는 연결이 더 중요하게 다가오는 사회다. 서로 다른 신념체계를 가진 사람들이 함께 살아가기 위해서는 동조를 요구하기보다는 공감을 불러일으키는 것으로 충분하다. 이런 생각은 롤스의 자유주의를 받아들이는 기본조건이다.[12]

한편 롤스는 중첩적 합의와 잠정협정(modus vivendi)을 구분한다.[13] 전자는 도덕적 이유에 근거한 합의를, 후자는 실용적 합의를 의미한다. 잠정협정은 이해관계의 우연한 일치와 힘의 균형에 의존하기 때문에 불안정하다.

김영란은 대법원 전원합의체 판결 사례(제사주재자를 정하는 2008년과 2023년 사건)를 통해, 지금 남한 사회에서는 개인의 존엄과 평등의 원칙이 어떤 전통적인 포괄적 신념체계보다 우월한 가치라는 걸 알 수 있다고 분석한다.[14]

(2) 남북한 법제에 적용하는 문제

롤스가 말하는 자유주의적 정의의 원칙들을 수용하는 과정은 헌법적 합의의 단계와 중첩적 합의의 단계를 거쳐야 하는데, 헌법적 합의의 단계에서는 정의의 원칙들이 잠정적 타협[15]으로서 어쩔 수 없이 수용되고, 그 원칙들이 시민들의 포괄적 신념체계를 변화시켜 자유주의적 헌법의 원칙들을 수용하게끔 이끈다. 잠정적 타협의 사례로는, 두 국가가 조약을 체결하는 과정에서 각국은 협정이 양국 사이의 균형점을 잘 대변할 수 있도록 현명하고 신중하게 행동할 것이다. 그러나 그 조약은 국익에 합치되는 것으로 간주될 때에만 지속될 수 있는 것이며 상황이 변하면 타국의 희생을 대가로 얼마든지 자국의 이익을 추구하게 될 것이다. 이 경우 합의는 잠정적 타협에 그치는 것이 된다. 또 다른 사례는 16세기 유럽사회에서 가톨릭과 프로테스탄트 사이에 이루어진 관용이다. 당시 팽팽히 겨루던 두 세력은 서로를 이단으로 보고 그릇된 교리의 확산을 억제해야 한다는 입장이었으나 결국 서로의 존재를 관용하기로 타협하였다. 하지만 이 타협은 어느 한쪽의 힘이 우세해지면 언제든지 깨질 수 있다는 점에서 잠정적 타협이다.

일단 헌법적 합의가 이루어진 후 중첩적 합의의 단계에서는 정치집단들이 공적 토론에 나서서 자신과 다른 포괄적 신념체계를 가진 집단들을 설득해야만 한다. 그러기 위해서 자신의 편협한 관점에서 벗어나 보다 폭넓은 대중들에게 그들이 선호하는 정책을 설명하고 정당화시킬 수 있도록 정치관을 발전시켜 나가게 된다. 그 과정에서 포괄적 신념체계와 분리되거나 그 신념체계가 근거로서 제시되지 않고도 자유롭게 제시될 수 있는 독립한 정치관들을 형성하게 된다. 포괄적 신념체계로부터 독립적인 정치관을 추종함으로써 중첩적 합의에 다다르게 된다.[16)]

국가 간에도 롤스 이론을 적용할 수 있는지, 특히 남북한 사이에는 대립과 갈등의 역사가 있는데 공적 토론의 장에서 토론을 통하여 공적 이성을 형성할 수 있는지 의문을 가질 수 있다. '남북 갈등 및 협력의 역사'를 연구한 자료[17)]에 의하면, 남북한은 대내외적 환경과 조건에 따라 때때로 협력하거나 한반도 평화를 위해 다양한 합의를 해 왔다. 분단 이래로 남북한은 사실상 자신의 체제 정통성 및 정당성을 확보하기 위한 목적하에 한반도 평화 및 통일문제와 관련된 다양한 제안을 해 왔다. 1964년 도쿄 올림픽을 계기로 한 남북체육회담, 1970년 박정희 대통령의 '평화통일구상 선언'을 계기로 한 남북대화와 그 결과인 '7·4 남북공동성명', 1984년 전두환 대통령의 남북한 경제협력 제안과 남북경제회담, 1988년 노태우 대통령의 유엔총회 연설을 통한 남북정상회담 개최 제의와 후속 회담 및 그 결과인 남북기본합의서 채택, 2000년 김대중 대통령의 평양방문과 '6·15 선언', 2007년 노무현 대통령의 평양 방문과 '10·4 선언', 2018년 문재인 대통령의 3차례 정상회담과 판문점 선언의 남북협력 역사가 있다. 이러한 협력과정에서는 남북한 당국이 공적이성에 입각한 대화를 하고, 합리적인 결과를 도출하기도 했다. 이러한 경험에 비추어, 필자는 롤스의 중첩적 합의 방식을 남북관계에도 적용할 수 있다고 본다. 1945년 분단 이후 남북이 상호 적대적인 관계를 유지하면서 상대방의 존재를 인정하지 않았던 1971년까지의 상황은 그 이후와 구분된다. 남북한이 최초로 합의한 1972년 7월 4일의 '7·4 남북공동성명'은 앞서 본 롤스의 헌법적 합의의 단계와 유사한 잠정적 타협으로 볼 수 있다. 일단 남북한 간에 통일에 대한 근본원칙이 합의된 이후에는 그것이 시민들의 신념체계에 변화를 일으켰고(남한주민들 입장에서, 북한주민은 무찔러야 할 적에서 통일해야 할 동포로 변하게 됨), 구체적이고 실천적인 통일방안에 대한 논의(직통전화 가설 문제, 남북조절위원회 구성 문제, 남북적십자 회담 문제, 왕래절차와 신변보장 문제 등)를 촉발시켰다.

1980년대 후반의 탈냉전 시대변화와 맞물려 대중들 사이에 통일에 대한 논의가 확대되고 구체적 실천방안이 논의되자 남한 정부는 대중을 설득하기 위한 정치관을 발전시키게 되었고 그것이 1988년의 7·7 선언으로 표출되었다.[18)]

[7·7 선언]은 1988년 7월 7일에 대한민국의 노태우 대통령이 발표한 '민족 자존과 통일 번영을 위한 대통령 특별선언'이다. 6개 항으로 된 이 선언의 내용을 보면, 남북 동포의 상호교류 및 해외동포의 남북 자유왕래 개방, 이산가족 생사 확인 적극 추진, 남북교역 문호개방, 비군사 물자에 대한 우방국의 북한 무역 용인, 남북 간의 대결외교 종결, 북한의 대미·일 관계 개선 협조 등이다. 이 선언 후 한국정부는 대북 비난 방송을 중단했으며, 남북 대학생 국토순례대행진을 북한 측에 요구하기도 하였다.

그 이후 남북한은 기존의 반공주의 신념체계와 분리된 교류협력의 정치관을 형성하였다(북한과도 교류협력을 할 수 있다는 것을 명확히 인정함).[19] 이런 과정을 거쳐 남북한은 1991년에 남북기본합의서라는 형태로 합의를 하였다. 또한 그 이후 남북 양측은 남북기본합의서의 정신을 존중하여 각자의 국내법으로 다수의 법률을 제정하였다. 남한의 남북교류협력법, 남북협력기금법, 남북관계발전법, 북한의 북남경제협력법, 개성공업지구법, 금강산관광지구법 등 다수의 법률에도 남북기본합의서 내용이 반영되었다. 남북기본합의서에서 합의되고 그 이후의 남북한 법률에 반영된 주요 내용(한반도 평화증진, 남북경제공동체 구현, 민족동질성 회복, 인도적 문제해결 등)[20]은 남북이 중첩적 합의를 이룬 것이라 본다.

롤스는 미국에서 남북전쟁이 종식되고 난 이후에 노예제도 폐지나 공민권 조항, 흑인의 투표권보장 조항 등 재건 수정조항(미국 수정헌법 제13조, 제14조, 제15조)이 미국의 헌법에 새로 들어간 것을 예로 든다. 즉 남북전쟁의 위기에 따라 헌법에 대한 새롭고 근본적인 문제들이 제기되었고 헌법의 수정조항들에 관한 논쟁으로 인해 경쟁관계에 있는 집단들이 헌법을 변화시킬 수 있는 근본적 개념들을 포함하는 정치관을 만들어 내게 되었다는 것이다.[21]

[미국수정헌법 제13조]는 노예제도 폐지에 관한 조항이다. 제1항: 어떠한 노예 제도나 강제 노역도, 해당자가 정식으로 기소되어 판결로서 확정된 형벌이 아닌 이상, 미국과 그 사법권이 관할하는 영역 내에서 존재할 수 없다. 제2항: 의회는 적절한 입법을 통하여 본조(本條)를 강제할 권한을 가진다.

[미국수정헌법 제14조]는 원래 노예 출신 흑인과 그 후손의 권리를 보장할 목적으로 규정된 것이다. 여기에는 '적법 절차 조항'과 '평등 보호 조항'이 포함되어 있다. 제1항: 미국에서 태어나거나, 귀화한 자 및 그 사법권에 속하게 된 사람 모두가 미국 시민이며 사는 주 시민이다. 어떤 주도 미국 시민의 특권 또는 면책 권한을 제한하는 법을 만들거나 강제해서는 안 된다. 또한 어떤 주에도 법의 적정 절차 없이 개인의 생명, 자유 또는 재산을 빼앗아서는 안 되며, 그 사법권 범위에서 개인에 대한 법의 동등한 보호를 거부하지 못한다.

[미국수정헌법 제15조]는 시민에게 투표권을 부여할 때 그 시민의 인종, 피부색 또는 이전의 예속상태(노예)에 근거하여 부여를 거부하여서는 안된다고 선언한 것이다. 제1항: 미국 시민의 투표권은 인종, 피부색 또는 이전 예속상태를 이유로, 미국 또는 어떤 주에 의해서도 부정되거나 제한되지 아니한다. 제2항: 의회는 적절한 입법을 통하여 본조를 강제할 권한을 가진다.

최근의 한반도 상황을 살펴보자. '핵무력 완성' 주장, '우리 국가제일주의' 주장, 남북한은 '두 개의 국가'라는 최근의 북한 주장을 종합하면, 북한은 기존의 남북기본합의서 틀을 벗어나려고 시도한다. 합의의 일방 당사자가 기존 합의를 변경하려고 하는 상황이라면, 30년 이상 지속된 남북관계를 기존의 틀로 유지하거나 안정적으로 관리하기는 어렵다. 상황이 변하였다면 그 상황에 맞게 새로운 형태의 합의를 고민해야 한다. 한편 남북합의서는 서면으로 작성된 것만 해도 168건이나 되는 바, 효력규정의 유무나 형태는 합의서 별로 다르다. '남북사이의 투자보장에 관한 합의서' 제12조 제2호는 "합의서는 일방이 상대방에게 폐기 의사를 서면으로 통지하지 않는 한 계속 효력을 가진다. 폐기통지는 통지한 날부터 6개월 후에 효력을 발생한다."라고 규정하는바, 합의서가 정한 절차를 준수하지 않은 채 어느 한 측이 일방적으로 합의효력을 부인할 수는 없다. 또한 남북합의 역사를 보더라도 '이미 채택된 합의를 철저히 이행'하겠다는 합의를 반복하고 있다.[22] 이런 점을 보면 북한이 두 국가주장을 하였다고 하여 곧바로 기존에 이룬 합의가 사라진다고 할 수는 없다. 지금 우리가 당면한 현실은 남북한이 서로 다른 신념체계를 가지고 있고 타협할 수 없는 상황인바, 향후 남북한 법제를 어떻게 제도화할 것인지 연구해야 한다. 필자는 '상반되지만 합당한 신념체계들이 공존하는 사회를 어떤 방식으로 어떻게 만들어 가야 할지' 고민했던 롤스의 중첩적 합의 방식이 지금의 남북한 관계에도 유용한 점이 있다고 본다. 또한 중첩적 합의 방식은 남북한 사이에서 뿐만 아니라 남한 내의 남남갈등에도 활용할 수 있다. 현재 남한 사회는 대북인식 및 통일정책에 대하여 갈등이 심한 편이지만 특정한 주제를 가지고 진지하게 토론[23]해 보면 대부분의 사항에 대해서는 의견의 일치를 보았고, 우선순위와 시급성의 측면에서 견해의 차이를 확인하였을 뿐이다. 2021년 채택된 통일국민협약[24]은 남남갈등을 극복한 성공사례다.

[통일국민협약]은 사회적 합의를 바탕으로 통일·대북정책을 추진하기 위해 시민사회의 제안에 의해 시작됐다. 통일국민협약안은 민간이 주도하고 정부가 지원하는 방식으로, 성별·연령·지역·이념을 아우른 시민들이 사회적 대화를 통해 직접 만든 통일·대북정책 분야 최초의 사회협약안이다. 4년간의 사회적 대화를 진행해 2021년 6월

26일, 국민들이 직접 「통일국민협약안」을 작성하고 채택했다. 통일국민협약안에는 '군사적 위협이 없는 평화로운 한반도'에서 '국제사회와 인도적 지원이 이루어지는 한반도'에 이르는, 시민들이 바라는 <한반도의 바람직한 미래상> 16가지가 제시돼 있다. 이를 이루기 위한 실현 과정과 방법으로 '국민 참여와 합의형성', '대북 통일정책 일관성 확보' 등 총 8개로 구분된 세부 분야별 과제를 명시했다. 국민들은 평화·통일에 관한 사회적 대화의 지속과 발전을 위해 정부·지자체·국회에 대한 권고 사항을 총 22개 항으로 정리하고 사회적 대화가 남북 간 대화로 발전되는 비전을 제시했다.

이런 성공 경험을 보면 남남갈등 속에서도 중첩적 합의는 가능하다고 본다. 그런데 중첩적 합의는 한 번의 성과로 그치는 것이 아니라 시대별로 주제별로 계속되어야 한다.

(3) 남북한 법제에서 적용 단계

롤스에 의하면 정의의 원칙들은 4단계 과정에 따라 채택되고 적용된다. 첫 번째 단계는 무지의 베일 뒤에서 정의의 원칙을 채택하는 단계다.

[무지의 베일(veil of ignorance)]은 베일 뒤 조건을 알 수 없기 때문에 사회계약 체결 후 어떤 계층에 속할지 알 수 없는 상황이다. 롤스는 그런 상황에서 사람들이 어떤 계층에 특별히 유리하거나 불리하지 않도록 조화로운 사회계약을 체결할 것이라고 보았다.

두 번째 단계는 정의의 원칙이 채택된 후 이에 비추어 헌법의 원리들과 규칙들이 기초되는 제헌위원회의 단계이며, 정의의 제1원칙인 "최대한 평등한 자유의 원칙"이 적용되는 단계다. 세 번째 단계는 헌법이 허락하고 정의의 원칙이 요구하고 허용하는 대로 법이 제정되는 입법

단계다. 다양한 분야의 입법이 행해지는 단계로 정의의 제2원칙인 "차등의 원칙"과 "공정한 기회균등의 원칙"이 적용된다. 네 번째 단계는 행정기관이 법을 적용하고 시민들이 이에 따르며 사법부 구성원들이 헌법과 법률을 해석하는 마지막 단계다. 첫 번째 단계는 무지의 베일 뒤에서 진행되지만 다음 단계로 옮겨 올수록 무지의 베일이 점차적으로 엷어져서 당사자들이 이용할 수 있는 지식에 대한 제한은 점차 완화된다.[25)]

필자는 롤스의 정의 원칙의 적용단계를 남북한 법제에도 원용할 수 있다고 본다. 남북한 법제 원용가능성을 구체적으로 살펴보면, 첫 번째 단계는 남북이 최초로 합의한 1972년의 7·4 공동성명 단계라 할 수 있다(이때 통일하겠다는 의지와 자주, 평화, 민족적 대단결의 통일원칙에 합의했다). 두 번째 단계는 1991년의 남북기본합의서 단계라 할 수 있다(이때 남북화해, 남북불가침, 남북교류·협력에 대한 기본방향을 합의했다). 세 번째 단계는 남북한이 구체적 사안에 대해 합의한 개별 합의서와 남북한이 각자의 국내법으로 제정한 법률들이다(남북철도·도로연결합의서, 식량차관제공합의서, 체육대회참가를 위한 합의서 등 분야별 합의서, 남북교류협력법). 네 번째 단계는 교류협력 단계에서 발생하는 구체적인 문제에 대해 행정기관이 법을 적용하고 그 과정에서 문제가 있어 사법부가 법률을 해석하는 단계다(남한과 북한을 왕래하는 행위가 남북교류와 협력을 목적으로 하는 행위로서 정당하다고 인정되는지 여부 또는 특정 행위가 남북교류협력에 관한 법률의 목적 범위 안에 있다고 인정되는지를 판단하는 기준에 관한 사건[26)] 등 남북교류 현실에서 발생하는 문제에 대한 법 해석 사건들).

롤스의 원칙은 시민 개인을 적용대상으로 상정한 것이지만 필자는 앞서 살펴본 남북협력의 역사 경험을 볼 때 남북한 당국 간의 합의에도 적용될 수 있다고 본다. 한편 롤스의 '최대한 평등한 자유의 원칙'이 북한 체제에서 수용할 수 있을지 의문을 가질 수 있다. 현재의 북한 체제에서 남한과 같은 수준의 자유 원칙이 곧바로 수용되기는 어렵겠지만 점진적으로 수용될 가능성은 있다고 본다. 최근 북한의 법제 변화를 연구한 자료[27]에 의하면, 김정은 집권 이후 12년간 481개의 법률을 제정하거나 개정하였고, 그 기조에는 인민대중제일주의 법제도라는 사상이 있다. 특히 118건의 제정법을 대상으로 분석해 보면, 친인민성이 높은 영역의 법률이 약 60%에 달한다. 김정은 시기의 법제는 법치를 통해 한편으로는 인민을 법적으로 규제하여 체제안정을 꾀하고 다른 한편으로는 국가기관의 자의적인 통치를 제한하여 인민들의 불만을 잠재우고 동원력을 끌어내어 경제발전을 추구하는 것이다. 이러한 법제기조라면 향후 북한에서도 롤스의 자유의 원칙이 수용될 가능성이 있을 것이다.

필자는 분단국 법제에 참고할 만한 사례를 두루 찾고 있는바, 롤스의 정의론과 중첩적 합의론이 남북한 법제에도 시사하는 바가 있다고 본다.

이하에서는 남북합의서 현황을 살펴본 후 주요 합의서 내용을 분석한다. 이어서 향후 남북한이 중첩적 합의를 계승할 방안과 강조할 사항이 무엇인지 살펴본다.

3. 남북 합의서 체결현황과 중첩적 합의사례 분석

(1) 남북합의서 체결 현황

2021년 6월 30일까지 체결된 남북합의는 총 262건이다. 이 중 공동보도문을 제외하면 168건의 남북합의서가 있고, 국회의 동의를 받아 공포된 것은 13건이다.[28] 국회동의를 받은 것은 4대경협합의서[29]가 대표적이다. 2005년 남북관계발전법이 제정된 이후에는 국회 비준동의를 받은 것이 한 건도 없고, 2018년의 정상회담에서 합의한 판문점선언의 국회동의요청은 무산되었다. 한편 국무회의 의결만으로 발표한 남북합의서는 15건[30]이다. 이를 종합하면 168건의 남북합의서 중 28건의 남북합의서가 법제화되어 그 비율은 낮은 편이다.[31] 한편 남북합의서의 규범력을 확보하기 위한 방법[32]에 대한 연구가 있는바, 이 글에서 추구하는 중첩적 합의가능성 모색도 규범력 확보방법의 하나일 수 있다. 남북한 쌍방이 중첩적 합의를 한 영역에서는 규범력도 커질 것이기 때문이다.

남북합의서 체결의 역사를 보면, 1972년 7·4 남북공동성명 이래 정치 분야, 인도 분야, 체육 분야, 군사 분야, 경제 분야, 사회문화 분야로 다양하고, 다양한 영역에서 수많은 합의가 체결되었음을 알 수 있다. 그중 일부는 실천되었고, 또 일부는 실천되지 않았다. 그것을 일반화하여 남북합의서의 효력이 없다고 단정할 수는 없다. 스포츠 분야의 단일팀 구성에 대한 다수의 합의서가 이행되지 않았더라면 국제대회에서 단일팀 참가는 불가능했을 것이다. 향후의 연구는 남북합의가 규범력을 갖도록 하려면 어떻게 해야 하는지, 남북한 간에 중첩적 합의는 어떻게 이루어야 하는지의 구체적인 내용과 절차에 집중할 필요가 있다.

(2) 중첩적 합의사례 분석

1) 첫 번째 단계: 7·4 남북공동성명[33]

남북한 당국은 1972년 7월 4일 '7·4 남북공동성명'을 발표하였는데, 그 전문에서 "... 쌍방은 조국의 평화적 통일을 하루빨리 가져와야 한다는 공통된 염원을 안고 허심탄회하게 의견을 교환하였으며 서로의 이해를 증진시키는데서 큰 성과를 거두었다. 이 과정에서 쌍방은 오랫동안 서로 만나보지 못한 결과로 생긴 남북 사이의 오해와 불신을 풀고 긴장의 고조를 완화시키며 나아가서 조국통일을 촉진시키기 위하여 다음과 같은 문제들에 완전한 견해의 일치를 보았다."라고 한 후, 제1항에서 조국통일 원칙에 합의하였다. "첫째 통일은 외세에 의존하거나 외세의 간섭을 받음이 없이 자주적으로 해결하여야 한다. 둘째 통일은 서로 상대방을 반대하는 무력행사에 의거하지 않고 평화적 방법으로 실현하여야 한다. 셋째 사상과 이념, 제도의 차이를 초월하여 우선 하나의 민족으로서 민족적 대단결을 도모하여야 한다." 이어진 제2항에서는 상호비방 중지, 무장도발 중지를, 제3항에서는 남북사이의 다방면적인 교류실시를, 제4항은 적십자회담 성사 협조를, 제5항은 직통전화 설치를, 제6항은 남북조절위원회 구성에 대해 합의하였다. 이 성명의 마지막 부분은 성명서 작성 주체다. "서로 상부의 뜻을 받들어 이후락, 김영주, 1972년 7월 4일"라 기재하였다. 이 합의서는 분단 이후 남북한이 체결한 최초의 합의서로 조국통일이라는 추구 방향, 그리고 통일의 기본원칙과 실천방안을 제시하였다는 점에서 중요한 의미가 있다. 한편 이 시점에서는 남북한이 서로 국호를 사용하지 못하였고, 서로를 부르는 이름이 없이 '쌍방'으로 표시하였다. 그러면서도 통일이 목표라는 점과 당시의 대치 상황을 벗어나기 위해 대화와 교류가 필요하다는 점을 확인하였다. 그러나 이 합의는 후속 절차로 이어지지 못한 한계가 있었다.

7·4. 남북공동성명은 롤스가 말한 정의의 첫 번째와 두 번째 단계로 볼 수 있다. 서로 간에 아무런 합의가 없던 종전의 상황에서 통일하겠다는 의지를 확인함과 동시에 자주, 평화, 민족대단결이라는 통일의 원칙을 합의하였기 때문이다. 이 합의는 상대방에 대한 신뢰가 없는 무지의 베일 속에서 이룬 합의이며 또한 통일의 기본원칙을 합의한 단계이다. 그런데 이때의 합의는 원칙적 선언 중심의 합의로 잠정적이다.

2) 두 번째 단계: 남북기본합의서[34]

1991년 12월 13일 채택된 '남북사이의 화해와 불가침 및 교류·협력에 관한 합의서'의 전문은 다음과 같다.

"남과 북은 분단된 조국의 평화적 통일을 염원하는 온 겨레의 뜻에 따라 7·4 남북공동성명에서 천명된 조국통일 3대원칙을 재확인하고, 정치군사적 대결상태를 해소하여 민족적 화해를 이룩하고, 무력에 의한 침략과 충돌을 막고 긴장완화와 평화를 보장하며, 다각적인 교류·협력을 실현하여 민족공동의 이익과 번영을 도모하며, 쌍방사이의 관계가 나라와 나라사이의 관계가 아닌 통일을 지향하는 과정에서 잠정적으로 형성되는 특수관계라는 것을 인정하고[35] 평화통일을 성취하기 위한 공동의 노력을 경주할 것을 다짐하면서 다음과 같이 합의하였다."

4개 장으로 구성된 합의서의 제1장은 '남북 화해'다. 제1조에서 "서로 상대방의 체제를 인정하고 존중한다." 제2조에서 "상대방의 내부문제에 간섭하지 아니한다." 제3조에서 "상대방에 대한 비방·중상을 하지 아니한다."라고 규정하였다.

제2장은 '남북불가침'으로 제10조는 "의견대립과 분쟁문제들을 대화와 협상을 통하여 평화적으로 해결한다." 제12조는 남북군사공동위원회 구성을, 제13조는 직통 전화설치를 규정하였다. 제3장은 "남북교류·협력"으로 제15조는 "자원의 공동개발, 민족 내부 교류로서의 물자교류, 합작투자 등 경제교류와 협력을 실시한다." 제16조는 "과학·기술, 교육, 문화·예술, 보건, 체육, 환경과 신문, 라디오, 텔레비전 및 출판물을 비롯한 출판·보도 등 여러 분야에서 교류와 협력을 실시한다." 제17조는 "민족구성원들의 자유로운 왕래와 접촉을 실현한다."라는 등의 내용을, 제4장은 "수정 및 발효"에 관한 규정을 두었다.

이 합의서의 마지막은 "1991년 12월 13일 남북고위급 회담 남측대표단 수석대표 대한민국 국무총리 정원식, 북남고위급 회담 북측대표단 단장 조선민주주의인민공화국 정무원총리 연형묵"으로 되었는바, 합의서 체결 당사자의 국호를 명확히 하였다. 이 시점에서는 서로 상대방을 인정하고 존중한 것이다. 이 합의서는 1991. 12. 13. 서울에서 채택된 이후 남측은 1992. 2. 17. 대통령 재가를 거쳐 국무총리 및 전 국무위원이 부서하였고, 북측은 당중앙위 제6기 19차 전원회의에서 연형묵 총리가 보고한 후 중앙인민위원회와 최고인민회의 상설회의 연합회의에서 1991. 12. 26. 승인한 후 김일성 주석이 최종 비준하였다. 그리고 1992. 2. 19. 발효되었다

남북기본합의서는 롤스가 말한 정의의 두 번째와 세 번째 단계로 볼 수 있다. 두 번째 단계는 정의의 원칙이 채택된 후 이에 비추어 헌법의 원리들과 규칙들이 기초되는 제헌위원회의 단계이며, 정의의 제1원칙인 "최대한 평등한 자유의 원칙"이 적용되는 단계이고, 세 번째 단계는 입법단계다. 이를 남북합의에 적용해 보면, 앞서 7·4 남북공동성명에서 합의한 통일의 대원칙하에서 보다 구체적으로 남북이 준수할 기본원칙을 합의한 것이다. 이 합의에서는 상대방 체제 존중(상대방에 대한 기본 인식), 내부문제 불간섭(소극적인 대응원칙), 교류와 협력(적극적인 대응원칙)에 대해 합의하였는바, 롤스가 말하는 최대한 평등한 자유의 원칙과 공정한 기회균등원칙이 모두 적용되었다. 이 합의서는 2023년 말 북한의 두 국가 주장 이전까지 체결된 모든 남북합의서와 남북한의 법률에서 기본바탕이 되었다.

3) 세 번째 단계: 입법 사례들

① 남북경제협력추진위원회 제3차 회의 합의문(2002.11.9.)[36]

대한민국 재정경제부차관 윤진식과 조선민주주의인민공화국 국가계획위원회 1부위원장 박창련이 합의한 위 합의는 6개 조항의 간단한 구조다. 1항에서 "남과 북은 경의선과 동해선 철도·도로 연결을 동시에 빨리 진척시켜 나가기 위한 조치를 취하기로 한다."라고 한 후 단계별 실천사항을 구체적으로 명확히 했다. 2항에서 "남과 북은 2002년 12월 하순에 개성공단 건설이 착공되어 원활히 추진되도록 적극 협력한다."

라고 한 후 북한은 개성공업지구법을 공포하고 남한은 기반시설 건설을 상업적 방식으로 추진해 나가기로 했다. 3항은 해운협력에 관한 사항을, 4항은 "이미 합의된 경제협력의 제도적 보장을 위한 4개 합의서를 각기 해당한 법적 절차를 밟아 동시에 발표시키기로 한다."라는 내용을, 5항은 남측 경제시찰단의 북측 방문에 대해, 6항은 차기 회의 일정을 규정하였다.

② 남북 사이 차량의 도로운행에 관한 기본합의서(2002.12.6.)[37]

대한민국 재정경제부차관 윤진식과 조선민주주의인민공화국 국가계획위원회 1부위원장 박창련이 합의한 위 합의는 15개 조항으로 도로운행에 관한 기본적인 사항을 모두 포함하고 있다. 또한 이 합의는 "남과 북이 서명하고 각기 발효에 필요한 절차를 거쳐 그 문본을 교환한 날부터 효력[38]"을 가졌는바, 규범력 확보단계로 나아갔다고 평가할 수 있다. 제1조는 정의조항, 제2조는 기본원칙, 제3조는 남북도로운영공동위원회, 제4조는 차량의 운행절차와 방법, 제5조는 상호통보 및 통신·연락, 제6조는 정보교환, 제7조는 탑승인원 및 적재 화물에 대한 제한, 제8조는 통행료 납부 및 의무면제, 제9조는 운행안전 및 사고처리, 제10조는 손해배상, 제11조는 차량고장시 조치, 제12조는 부속서, 제13조는 적용범위, 제14조 수정·보충, 제15조 효력발생 및 폐기를 두루 포함하고 있다.

필자가 임의로 선정한 두 건의 합의서는 롤스가 말하는 정의의 세 번째 단계가 보다 구체화된 것이다. 세 번째 단계는 헌법이 허락하고 정의의 원칙이 요구하고 허용하는 대로 법이 제정되는 입법단계다. 다양한 분야의 입법이 행해지는 단계로 정의의 제2원칙인 "차등의 원칙"과 "공정한 기회균등의 원칙"이 적용된다. 위 2건의 합의서는 남북이 상호간에 준수하여야 할 법원칙에 대해 합의하고, 그 이행을 확보하기 위한 제도적 수단도 명확히 하였다. 이때 각자 할 수 있는 것을 함으로써 차등의 원칙과 공정한 기회균등의 원칙도 적용되었다. 이렇게 합의한 위 2건의 합의서는 실제로도 모두 이행되었다.

4) 네 번째 단계: 법집행과 법해석 사례들

① 국가보안법위반(잠입·탈출) 사건[39)]

남북교류협력에 관한 법률 제3조에 의하여 남북교류협력법이 우선하여 적용되는 '다른 법률'에는 국가보안법도 포함되고, 한편 남한과 북한을 왕래하는 행위가 '남북교류와 협력을 목적으로 하는 행위'로서 '정당하다고 인정'되거나 '남북교류협력법의 목적 범위 안에 있다고 인정'되는지는 북한 왕래를 하게 된 경위, 남북교류협력법 제9조 제1항에 따라 방문증명서를 발급받았는지 여부, 북한 왕래의 구체적인 목적이 남북교류협력법에서 정하고 있는 교역 및 협력사업에 해당하는지 여부, 북한 왕래자가 교역 및 협력사업을 실제로 행하였는지 여부, 북한 왕래 전후의 행적 등을 종합적으로 고려하여 객관적으로 판단하여야 한다. 이 사건은 피고인이 북한 체제 및 김일성 부자에 대해 배우기 위하여 북한을 방문하거나 방문하려고 한 행위가 동법 제3조에서 정한 '남북교류와 협력을 목적으로 하는 행위'에 해당하지 않는다고 본 원심판단을 수긍한 사례다.

② 전단살포를 이유로 한 비영리법인설립허가취소[40)]

1심 법원의 판단은 아래와 같다.

> 원고는, 이 사건 전단 살포가 북한주민이 인권을 누리는 자유민주주의를 이룩하여 한반도 평화통일에 이바지하기 위한 것이므로, 법인의 목적 사업에 해당한다고 주장한다. 살피건대, 북한은 평화적 통일을 위한

대화와 협력의 동반자이면서 우리나라의 자유민주체제에 위협을 가할 우려가 있는 반국가단체로서의 성격을 동시에 지닌 이중적 지위를 가지고 있다.[41] 즉, 우리나라와 북한이 휴전 상태에서 여전히 군사적·정치적으로 대치하고 있는 등 특수한 긴장상황에 있음을 감안하더라도, 원고의 지속적 전단 살포는 조국의 평화적 통일을 위한 대화와 협력의 동반자에 해당하는 북한의 존재 자체를 부정한 채, 반국가단체로서의 성격만을 지나치게 강조한 것으로 남북관계를 악화시키고 대한민국 정부의 민주적 평화통일 정책에 위배되는 것에 해당한다. 나아가, 대북전단 살포행위는 원고의 정관이나 사업계획서에 명시되어 있지도 않고, 그 전후의 사정에 비추어 달리 남북관계를 실질적으로 개선하거나 정부의 평화적 통일정책에 기여한다고 볼 만한 객관적인 근거나 합리적 이유를 찾아볼 수 없으므로, 원고의 위 주장은 이유 없다.

1심인 서울행정법원 판결은 항소심에서 유지되었으나, 원고는 상고하였고, 대법원은 아래의 이유로 파기하였다.[42]

"북한의 인권문제에 관한 국제적·사회적 관심을 환기시키기 위한 위 전단 살포 행위는 표현의 자유, 결사의 자유에 의하여 보장되는 원고 법인의 활동에 속하는 것으로, 접경지역 주민들의 생명·신체의 안전에 대한 위험 야기, 남북 간의 군사적 긴장 고조, 대한민국 정부의 평화적 통일정책 추진에 대한 중대한 지장 초래 등 통일부장관이 위 처분의 이유로 내세우는 공익은 매우 포괄적·정치적인 영역에 속하는 것이자 그 저해에 관한 근본적인 책임을 원고 법인이나 위 전단 살포 행위에만 묻기는 어려운 것이어서, 위와 같은 원고 법인의 헌법상 기본권에 근거한 활동보다 통일부장관이 위 처분으로 달성하고자 하는 공익을 우선적으로 보호하여야 한다는 점에 의문의 여지가 없는 경우에 해당한다고 보기 어렵고, 위 전단 살포 행위의 태양 및 위법성의 정도, 공익 침해의 정도와 경위를 종합해 볼 때, 위 처분을 통하여 원고 법인의 법인격 소멸을 명하는 것이 공익 침해 상태를 제거하고 정당한 법질서를 회복하기 위한 유효적절한 제재수단으로서 긴요하게 요청되는 경우에 해당한다고 보기도 어려워 위 전단 살포 행위가 일방적으로 '공익을 해하는 행위를 한 때'에 해당한다고 쉽게 단정할 수 없음에도, 이와 달리 본 원심판단에 법리오해의 잘못이 있다."

필자가 임의로 선정한 두 건의 판례는 롤스가 말하는 네 번째 단계로 법을 적용하고 해석하는 단계다. 남북한이 중첩적으로 합의한 합의서와 합의정신을 국내법으로 구현하기 위해 제정한 남한의 법률을 어떻게 적용할 것인지에 대한 문제는 행정부의 법적용과 사법부의 법해석으로 정리된다. 사례 1번의 경우를 보면, 남북교류협력법은 교류협력의 목적으로 행한 행위에 대해서는 국가보안법에 우선하여 적용된다는 점을 선언하면서도 "남한과 북한을 왕래하는 행위가 '남북교류와 협력을 목적으로 하는 행위'로서 '정당하다고 인정'되거나 '남북교류협력법의 목적 범위 안에 있다고 인정'되는지"라는 제반사정을 고려하여 사법부가 판단하겠다는 입장이다. 남북한의 왕래가 일정한 수준의 자유는 확보하였지만 완전히 자유롭지는 못하다는 것이 현 수준의 중첩적 합의라 할 수 있다.

사례 2번의 경우를 보면, 전단살포 자유와 접경지역 주민의 안전이 서로 충돌할 경우에 적용할 법리 및 전단살포를 이유로 한 비영리법인 허가취소의 법리, 이때 '공익을 해하는 행위를 한 때'의 의미를 선언하고 있다. 그런데 이 사례를 보면, 하급심과 상급심의 견해가 다를 뿐만 아니라 전단살포를 금지한 법률조항이 위헌으로 결정된 이후 후속 조치가 완성되지 않았다. 현재까지도 남한 사회 내에서 전단살포의 허용 여부 및 전단살포가 법으로 금지될 경우 제재방법 등에 대해 중첩적 합의를 이루지 못하고 있다.

이들 판례를 보면, 일단 합의되고(남북기본합의서가 정한 교류협력과 남과 북은 상대방에 대한 비방·중상을 하지 아니한다는 내용) 입법으로 선언되더라도(남북교류협력법에 따른 북한방문, 남북관계발전법에 따른 전단 살포 금지[43]) 구체적 현실에 적용하기 위해서는 사안별로 검토가 필요함을 알 수 있다. 중첩적 합의는 일시에 명확하게 정리되는 것이라기보다는 단계별로 그리고 사안별로 지속적으로 논의하면서 정립해 나가야 하는 것이다.

4. 남북한 법제에서 중첩적 합의 계승방안

남북한이 합의한 영역에서 중첩적 합의가 시도되었음을 살펴보았다. 여기서는 남북한이 이룬 중첩적 합의는 규범력 확보에 도움이 되었는지 여부 및 향후 남북한이 중첩적 합의를 계승할 경우에 강조되어야 할 사항은 무엇인지 살펴본다.

(1) 중첩적 합의와 규범력 확보[44]

남북합의서에 대한 주요한 비판은 합의서에 법률과 같은 규범력이 있는지 여부이다. 남북합의서를 규율하는 법률은 남북관계발전법인바, 동법'제4장 남북합의서 체결'에서 관련 조항을 두고 있다. 동법 제21조는 남북합의서의 체결·비준에 대한 절차 규정을 두었고, 동조 제3항은 "국회는 국가나 국민에게 중대한 재정적 부담을 지우는 남북합의서 또는 입법사항에 관한 남북합의서의 체결·비준에 대한 동의권을 가진다."라고 함으로써 주요사항에 대하여는 국회동의절차를 명확히 하였다. 동법 제22조는 남북합의서의 공포 규정이고, 동법 제23조는 남북합의서의 효력범위를 규정하였으나, 합의서의 효력이 어느 정도인지, 법률에 비하여 어떤 효력이 있는지는 명확히 하지 않는다. 그런데 어떤 합의에서 규범력을 확보한다는 의미는 합의한 약속을 실천하는 과정을 거쳐 달성된다. 규범력 확보방안을 절차적 측면과 실체적 측면으로 나누어 살펴본다.

먼저 절차적으로는 남북합의서를 실천하기 위한 하위 규정이 자세하게 제정될수록 규범력이 강해질 것이고(이를 위해서는 남북실무회담이 빈번하게 개최될 필요가 있다. 다양한 분야의 실무회담을 총괄할 정부기관이나 남북이 실무회담을 할 장소 등의 문제가 해결되면 더욱 효과적일 것이다. 그런 측면에서 개성공단 내에 있던 공동연락사무소가 폭파된 것은 아쉬운 일이다), 합의서 이행을 담보할 기구를 마련하는 것도 바람직하다(남북 사이에 새로 합의된 사항은 남북한이 개별법 제정 당시 예상하지 못한 것이므로 이를 위해서는 별도의 전담기구를 두는 것이 효율적일 수 있다. 2000년대 초반 저작권위반 사건이 다수 생기자 남한의 경문협과 북한의 저작권사무국이 전담기구로 지정됨으로써 저작권문제 해결에 실질적인 도움이 된 경험이 있다. 또한 도로운행합의서에서 '남북도로운영공동위원회'를 두기로 한 것처럼 분야별로 공동위원회를 둔다면 실무적인 사안을 효율적으로 처리할 수 있을 것이다). 1992.5.7. 체결된 '남북교류 협력 공동위원회 구성 운영에 관한 합의서'는 지금 다시 살펴보아야 할 문건이다. 남북이 합의한 사항의 이행을 위하여 공동위원회를 구성하고, 그 위원회는 합의서 이행과 세부합의서 작성, 기타 합의서 이행과 관련이 있는 사항을 협의 실천하는 기능을 하도록 규정되었다.[45]

또한 남북합의서를 법제화하고 규범력을 확보하기 위한 절차규정도 정비해야 한다.[46] 4대 경협합의서의 경우, 효력발생에 관한 조항을 두었는바, 장래 남북합의서 체결 시에는 이러한 선례를 참조할 필요가 있다. 또한 남북합의서를 유형별로 분류하여 규범력 확보가 필요한 내용의 합의서를 체결할 경우에 모범으로 삼을 표준합의서 형식을 미리 정해 둠으로써 일관성을 도모함과 동시에 실무적인 편의를 확보할 수 있을 것이다.

이해관계가 다른 집단들 사이에 사회적 합의를 이룬 외국 사례에 대한 연구도 필요하다. 스웨덴의 살트셰바덴 협약을 예로 들면, 1930년대 경제불황과 높은 실업률로 인해 노사 간 갈등이 심화되었을 때 사용자 연합과 노동조합 연맹의 대표자들이 합의를 이룸으로써 노사갈등을 해결하고 사회적 평화를 찾았다. 이때 분쟁해결 기구를 만들고, 단체협약을 하고, 협약 기간에는 파업을 하지 않는 평화의무에 합의했다. 스웨덴 사례에서 보듯이, 합의하는 동안에는 평화의무를 부여하고, 새로운 기구를 만들어 분쟁을 해결하는 방식을 통해 기존의 문제를 새로운 차원에서 해결하는 것이 바람직하다.

다음으로 실체적으로는 실현 가능한 사항에 대한 합의와 합의 위반 시 이행을 강제하는 방안의 확보가 중요하다. 규범력 확보는 경험의 축적을 통해 신뢰를 쌓는 한 측면과 합의서를 위반했을 경우에 그 위반을 시정할 방법을 마련해 두거나 위반행위에 대응하는 조치를 강제하는 힘의 행사라는 또 다른 측면의 조화를 통해 이루어야 한다. 합의서의 규범력 확보를 위하여서는 먼저 합의는 실현가능한 사항에 대해 이루어져야 한다. 합의서 체결 전에 남북한 각자의 국내 영역에서 먼저 사회적 합의를 이루는 것이 중요하다. 남남갈등이 심한 남한 사회의 경우, 합의사항이 될 부분에 대해 미리 사회적 합의를 시도한다면 체결된 합의서의 규범력을 확보하는 데에도 도움이 될 것이다. 결국 국민적 합의를 모으는 과정과 이를 제도화하는 절차, 특히 국회의 동의가 남북합의서의 규범력 확보에 중요하다. 또한 일단 합의서를 체결한 이후에는 합의서를 준수하도록 노력함으로써 신뢰를 쌓아가야 할 것이다.

중첩적 합의의 측면에서 규범력 확보 문제를 살펴보면, 롤스가 말하는 정의 원칙의 첫 번째 단계와 두 번째 단계는 정치적 결단이 주요한 사항이다. 이 단계에서는 '조국의 통일을 하루빨리 가져와야 한다는 공통된 염원'[47]을 어떻게 실현할 것인지 원칙을 정한다. 세 번째 단계에서는 차등의 원칙과 공정한 기회균등의 원칙에 따른 합리성이 주요한 사항이 된다. 이 단계에서는 각자가 할 수 있는 것을 명확히 하고, 그로 인해 얻는 이익을 고르게 나누어야 한다. 남북합의 사례의 이행을 구체적으로 살펴보면 철도·도로연결합의나 개성공단건설합의 등 상호 간에 원만히 합의된 사안은 그 이행도 순조로웠다. 남북합의를 전체적으로 살펴보면, 남북 상호 간의 이익에 부합하고 각자의 역할이 명확한 기능적인 합의영역에서는 중첩적 합의가 잘 되었다고 평가할 수 있다. 반면 정치·군사 분야 등 정치적인 영역이거나 이산가족상봉 등 인도적인 영역처럼 각자 국내 정치상황의 영향을 많이 받거나, 합의이행으로 각자 얻을 수 있는 이익의 차이가 큰 경우에는 어렵게 합의를 하였더라도 원만히 이행되지 않았다. 이는 중첩되는 합의 영역에 비해 합의서에서 과도한 범위의 합의를 하였기 때문일 가능성이 있다. 따라서 남북한이 합의를 하거나 각자의 국내법을 제정할 때에도 실현 가능한 합의영역에 집중함으로써 이행 가능성을 높이려는 노력이 필요하다.

한편 헌법적 차원에서 남북합의의 규범력 근거를 마련하는 것도 고려할 수 있다. 남한의 현행 헌법은 1987년 개정되었는바, 남북협력의 역사와 남북합의 성과는 대부분 1987년 이후에 발생하였다. 현행 헌법 제4조는 "대한민국은 통일을 지향하며, 자유민주적 기본질서에 입각한 평화적 통일정책을 수립하고 이를 추진한다."라는 내용인바, 통일에 대한 기본원칙 선언이다. 향후 헌법 개정 시에는 통일의 방법과 절차에 대한 구체적인 규정을 두어야 하며, 통일과정에서 남북한이 합의한 내용의 규범력에 대해서도 규정할 수 있다. 남북관계발전법 '제4장 남북합의서 체결' 조항의 근거를 헌법에 명시함으로써 남북합의서의 규범력을 높일 수 있을 것이다.

(2) 중첩적 합의 시 강조할 사항들

남북한 법제에서 중첩적으로 합의할 경우에 강조할 사항들을 살펴본다.

1) 상호 존중

남북한은 추구하는 이념이 자본주의[48]와 사회주의[49]로 서로 다르고, 1945년 이래 79년간 분단 상태에서 서로 대립하였다. 그 결과 삶의 질과 추구하는 방향도 서로 달라졌다.[50] 이렇게 서로 다른 두 체제가 중첩적 합의를 시도하기 위해서는 먼저 상호 존중해야 한다. 상호존중은 합의의 출발점이다. 이 점은 남북기본합의서에서 명확히 선언하였고, 그 이후 합의서에서도 이 정신이 계승되었다. 향후의 남북한 법제 수립에도 상호 존중은 그 출발점이 되어야 할 것이다. 남북기본합의서 제1조는 서로 상대방의 체제를 인정하고 존중한다, 제2조는 상대방의 내부문제에 간섭하지 아니한다, 제3조는 상대방에 대한 비방·중상을 하지 아니한다, 제4조는 상대방을 파괴·전복하려는 일체 행위를 하지 아니한다고 규정하는바, 합의의 기본이 상호 존중임을 알 수 있다.

독일 통일 시기에도 상호 존중에 대한 고려가 있었다. 독일 통일 시기 아래로부터의 헌법제정 운동을 진행한 '독일의 모든 주에 의해 민주적으로 구성된 연방을 위한 평의회'는 1991년 새로운 통일헌법초안을 발표하였다. 이 헌법초안은 기본법 제1조 제1항에 제3문을 추가하였다. "인간의 존엄은 불가침이다. 이를 존중하고 보호하는 것은 모든 공권력의 의무이다. 모든 사람은 인간으로서 존엄에 있어 평등하다는 것을 상호 승인한다." 독일의 논의는 인간의 존엄은 상호 존중에 기반한다는 것을 명확히 하고 있다. 상호 존중은 개인 간의 영역이나 국가 간의 영역이나 합의의 전제라 할 것이다. 독일 군인법은 상호 존중을 전우애라는 표제 하에 구체적으로 표현하고 있다.[51] 군인법 제12조 "독일 연방

군의 단결은 본질적으로 전우애에 기반을 둔다. 전우애에 의하여 모든 군인은 전우의 존엄과 명예, 권리를 존중하고 전우가 궁지와 위험에 처하였을 때 도와야 할 의무를 갖는다. 이는 상호 승인과 타인의 가치관에 대한 배려와 존중을 포괄한다." 현재까지의 남한 법제는 상호 존중 내지 사회연대에 대한 내용이 부족한 편이다. 장래 상호 존중을 확대하는 방향으로 추진되어야 할 것인바, 통일이 계기가 되기를 바란다.

상호 존중의 시작은 국력이 60배나 앞선 남한이 먼저 해야 하며, 그 형식은 일방적으로 선언하거나 묵시적으로 이행하는 것을 고려할 수 있다. 역사적 선례도 있다. 7·7 선언이 그 사례다. 또한 1989년 9월 11일 '노태우 대통령 국회 특별연설'[52]도 같은 맥락이다. 이 특별연설에서 노태우 대통령은 한민족공동체통일방안을 선언하였다. 그 내용 중 일부를 살펴본다. "…헌법이 대통령에게 부과하고 있는 엄숙한 의무에 따라 저는 남북이 자주 평화 민주의 3원칙을 바탕으로 남북연합의 중간과정을 거쳐 통일민주공화국을 실현하는 '한민족공동체 통일방안'을 밝히고자 합니다. …우리 민족은 하나입니다. 따라서 통일된 우리나라는 단일국가여야 하며, 이것이 민족의 소망입니다. 이념과 체제가 다른 두 개의 나라를 영속시키는 형태는 온전한 통일이라 할 수 없을 것입니다. 통일을 이루는 원칙은 어디까지나 민족자결의 정신에 따라 자주적으로, 무력행사에 의거하지 않고 평화적으로 그리고 민족대단결을 도모하고 민주적으로 실현되어야 합니다…." 당시 노태우 대통령이 국회 연설을 통해 밝힌 통일방안은 지금까지 이어지고 있다. 이때의 통일방안은 롤스의 정의 원칙인 '최대한 평등한 자유 원칙'에 기반한 것으로 보편적인 가치에 기반하고 있어 함부로 부정하기 어려운 힘이 있는 선언이었다. 그 이후 1994년 8월 15일 김영삼 대통령 광복절 경축사[53]를 통해 '민족공동체통일방안'으로 구체화된 이래 현재까지 남한의 통일방안으로 이어지고 있다. 위 통일방안은 상대방인 북한을 존중하는 데서 시작한다.

경축사 중 일부를 인용한다. "…통일은 어떻게 권력을 분배하느냐보다는 우리 민족이 어떻게 함께 살아가느냐에 초점이 맞추어져야 합니다. 통일은 계급이나 집단 중심의 이념보다도 인간중심의 자유민주주의가 바탕이 되어야 합니다. …통일은 점진적이고, 단계적으로 하나의 민족공동체를 건설하는 방향으로 이루어 나가야 합니다. …우선 남과 북은 적대와 대립의 남북관계를 화해와 협력의 관계로 바꾸어 나가야 합니다. …남북관계 개선의 첫걸음은 신뢰에서부터 출발해야 합니다. 신뢰는 서로가 약속한 것을 성실하게 실천에 옮기는 데서 생겨납니다…. 우리는 점진적이고 단계적인 통일을 희망하고 있습니다. …이를 위해서 우리 국민 모두가 우리 사회부터 모범적인 민주공동체로 키워 나가야 합니다. 우리는 통일에의 영광과 환희뿐만 아니라, 그에 수반되는 고통과 희생도 함께 나눌 수 있는 힘과 용기를 가져야 합니다." 이 연설은 30년 전의 것이지만 지금도 유효하다. 다시 읽고 실천해야 할 말이다.

2) 정의론 원칙 수용

롤스는 정의론에서 정의의 두 원칙을 제시한다. 첫째 원칙은 '최대한 평등한 자유의 원칙'으로서 각 개인이 다른 모든 개인에게 유사한 자유의 체계가 소유되는 것과 양립 가능한 한도 내에서 최대한 광범위한 기본적 자유의 전체 체계에 대한 평등한 권리를 갖는다는 것이다. 둘째 원칙은 최소 수혜자에게 최대의 이익이 돌아가야 한다는 '차등 원칙'과 '공정한 기회균등의 원칙'으로 불린다. 차등의 원칙은 '사회적 이익의 배분은 최소 수혜자의 처지를 극대화하는 방향으로 체계적으로 조정되어야 한다'는 원칙이다. 공정한 기회균등의 원칙은 '공정한 기회균등의 조건 아래 모든 사람에게 직책과 직위가 개방되어야 한다는 원칙'이다. 첫째 원칙이 둘째 원칙에 우선하며, 공정한 기회균등의 원칙이 차등의 원칙에 우선한다.[54)]

롤스의 정의의 두 원칙은 남북한 법제가 추구할 방향이다. 최대한 자유의 원칙은 역대의 남한 정부가 주장하는 것임과 동시에 세계인권선언의 기본원칙으로 보편성이 있고, 공정한 기회균등의 원칙은 MZ세대가 가장 주목하는 영역이다. 차등 원칙은 사회연대를 추구하는 방향인바, 남북한의 미래이자 통일 한국이 추구해야 할 방향이다.[55] 따라서 향후 남북한 법제 제정 및 남북합의서 체결방향으로 정의의 두 원칙이 강조되어야 한다. 또한 구체적인 내용에 대해서는 공적 토론의 장에서 진지하게 토론해야 한다. 김영란은 양심적 병역거부 사건에서 대법원 전원합의체 판결을 분석하면서 중첩적 합의를 이루기 위해서는 공적 토론의 장에서 공적 이성으로 더 많은 논쟁이 계속될 필요가 있다고 강조한다.[56] 상대적으로 이질성이 더 큰 남북한의 법제 영역에서 중첩적 합의를 이루기 위해서는 상대적으로 이질성이 더 적은 남한 내에서 논쟁하는 것보다 더 많은 논의를 해야 한다. 이런 상황에서 먼저 결정해야 할 것은 남북한이 동의할 수 있는 토론의 규칙이고, 또한 그 토론을 지속시킬 힘의 축적이다.

3) 미래지향적 방향

롤스는 정치적 정의관을 확장해서 공적 이성을 적용시켜야 하는 영역으로, 미래세대에 대한 현세대의 의무를 다루는 문제에 정의를 확장시키고자 했다.[57] 최근 남한 사회에서 논란이 되는 청소년들이 헌법재판소에 제기한 기후소송이 상징적인 사건이다.

> **[헌법재판소는 2024년 8월 29일 2020헌마389 사건에서]** 헌법불합치 결정을 하였다. 탄소중립기본법 제8조 제1항에서 2031년부터 2049년까지의 감축목표에 대해 어떤 형태의 정량적 기준도 제시하지 않은 것은 미래에 과중한 부담을 이전하는 것이며, 이는 과소보호금

지원칙에 반하고 법률유보원칙에도 반하는 것으로 청구인들의 환경권을 침해한다고 판단하였다.

마찬가지로 통일문제도 미래세대의 관점에서 보는 것이 중요하다. 분단에 아무런 잘못이 없는 미래세대가 분단의 폐해로 인한 고통을 계속하여 부담하는 것이 옳은지, 분단 상황이 언제까지 지속되어야 하는지, 분단 상황을 방치하는 것이 정의의 원칙에 맞는지 여부를 따져볼 일이다. 향후 남북한 법제에서 중첩적 합의를 시도할 경우에는 과거의 행위나 사건을 기준으로 할 것이 아니라 미래세대의 관점에서 장래의 통일 한국이 지향할 내용이 무엇일지에 대해 보다 우선 가치를 두어야 한다.

남한의 기후위기 대응을 위한 탄소중립·녹색성장 기본법에는 미래세대에 대한 원칙이 규정되어 있다. "미래세대의 생존을 보장하기 위하여 현재 세대가 져야 할 책임이라는 세대 간 형평성의 원칙과 지속가능발전의 원칙에 입각"하고(제3조 제1호), "범지구적인 기후위기의 심각성과 그에 대응하는 국제적 경제환경의 변화에 대한 합리적 인식을 토대로 종합적인 위기 대응 전략으로서 탄소중립 사회로의 이행과 녹색성장을 추진"하며(제3조 제2호), "기후위기로 인한 책임과 이익이 사회 전체에 균형 있게 분배되도록 하는 기후정의를 추구함으로써 기후위기와 사회적 불평등을 동시에 극복하고, 탄소중립 사회로의 이행 과정에서 피해를 입을 수 있는 취약한 계층·부문·지역을 보호하는 등 정의로운 전환을 실현한다."(제3조 제4호)고 규정하는바, 탄소중립법이 채택한 원칙인 미래지향 그리고 약자보호의 차등원칙은 남북한 사이에 중첩적 합의를 함에 있어서도 강조할 수 있을 것이다.

또한 "환경오염이나 온실가스 배출로 인한 경제적 비용이 재화 또는 서비스의 시장가격에 합리적으로 반영되도록 조세체계와 금융체계 등을 개편하여 오염자 부담의 원칙이 구현되도록 노력"한다는 조항(제3조 제5호)은 오염자비용부담의 원칙, "탄소중립 사회로의 이행과 녹색성장의 추진 과정에서 모든 국민의 민주적 참여를 보장한다."라는 규정(동조 제7호)은 민주적 참여원칙을 규정하는바, 남북한이 기후변화 분야에서 중첩적 합의를 할 때에는 '배출한 탄소발생량에 상응한 책임'을 규정하는 등 차등의 원칙을 적용할 수 있고, 또한 중첩적 합의는 당국자들만의 문제가 아니라 남북한 주민 모두가 민주적으로 참여하여 정하는 문제라는 점도 강조되어야 한다.[58] 동법 제4조(국가와 지방자치단체의 책무) 제1항은 "국가와 지방자치단체는 경제·사회·교육·문화 등 모든 부문에 제3조에 따른 기본원칙이 반영될 수 있도록 노력하여야 하며, 관계 법령 개선과 재정투자, 시설 및 시스템 구축 등 제반 여건을 마련하여야 한다."라는 국가책임 조항을, 제6항은 "국가와 지방자치단체는 기후정의와 정의로운 전환의 원칙에 따라 기후위기로부터 국민의 안전과 재산을 보호하여야 한다."라는 안전과 재산보호의무조항을 두었는바, 남북한이 새로운 합의를 하거나 법제를 정비하는 중첩적 합의를 할 때 이러한 기본원칙이 존중되도록 노력하여야 한다. 탄소중립기본법의 정신은 롤스의 정의원칙과도 일치한다.

한편 남북정상회담 선언문 중에도 미래지향적인 합의를 한 내용이 있다. 2000년에 체결된 6·15 공동선언[59] 제1항은 "남과 북은 나라의 통일문제를 그 주인인 우리 민족끼리 서로 힘을 합쳐 자주적으로 해결해 나가기로 하였다."라고 함으로써 현재 세대가 중심이 된다고 하였고, 2007년 10월 4일 체결된 '남북관계 발전과 평화번영을 위한 선언'[60] 제2항은 "남과 북은 사상과 제도의 차이를 초월하여 남북관계를 상호존중과 신뢰관계로 확고히 전환시켜 나가기로 하였다…. 남과 북은 남북관계를 통일지향적으로 발전시켜 나가기 위하여 각기 법률적·제도적 장치들을 정비해 나가기로 하였다. 남과 북은 남북관계 확대와 발전을 위한 문제들을 민족의 염원에 맞게 해결하기 위해 양측 의회 등 각 분야의 대화와 접촉을 적극 추진해 나가기로 하였다."라고 함으로써 남북관계가 미래지향적으로 발전되어야 한다고 하였다. 또한 2018년 4월에 체결된 '한반도의 평화와 번영, 통일을 위한 판문점 선언'[61] 제3항은 "남과 북은 한반도의 항구적이며 공고한 평화체제 구축을 위하여 적극 협력해 나갈 것이다. 한반도에서 비정상적인 현재의 정전상태를 종식시키고 확고한 평화체제를 수립하는 것은 더 이상 미룰 수 없는 역사적 과제이다."라고 함으로써 현재의 문제를 극복하고 미래지향적인 협력을 추구하고 있다. 2018년 9월에 체결된 '9월 평양공동선언'[62] 4항은 "남과 북은 화해와 단합의 분위기를 고조시키고 우리 민족의 기개를 내외에 과시하기 위해 다양한 분야의 협력과 교류를 적극 추진하기로 하였다."라고 하면서 예술분야의 교류와 스포츠 행사의 공동참여에 합의하였고, 제5항에서 "한반도를 핵무기와 핵위협이 없는 평화의 터전으로 만들어나가야 하며 이를 위해 필요한 실질적인 진전을 조속히 이루어나가야 한다는데 인식을 같이 한다."라고 한 후 동창리 엔진시험장의 영구 폐기와 후속조치에 대해 합의하였다. 이러한 정상회담의 합의는 현재의 문제를 극복하고 미래지향적인 방향으로 나아가자는 합의로 평가할 수 있다.

이러한 정상회담의 합의는 롤스의 정의 원칙에서 첫 번째나 두 번째 단계의 합의인바, 그 합의의 정신을 이어받아 구체화하는 것은 세 번째와 네 번째 단계의 문제이다. 이를 위하여 중첩적 합의의 내용이 된 사항에 대해 남북한 각자의 국내적 의견수렴이 진행되어야 하며, 그 과정에서 모아진 중첩적 합의사항들은 후속입법을 통해 구체화해 나가야 한다. 2018년 남북한이 합의한 사항들은 제대로 이행되지 못하였다. 그 이유는 국제정치 환경의 변화라는 외부적 요인도 있었지만 국내에서 충분한 공감대를 확보하지 못한 이유도 있다. 중첩적 합의는 남북한 사이의 문제일 뿐만 아니라 남한 내부의 문제이기도 하다. 또한 국제사회의 동의도 고려하여야 하는 문제다. 이런 사정을 종합해 보면, 중첩적 합의는 보편성을 띠는 분야부터 진행될 가능성이 높다.

5. 결론

롤스의 주장에 의하면, 자유주의적 관점들 간의 차이가 적어질수록, 그리고 이러한 관점들을 지지해주는 기본적인 이해관계가 보다 양립 가능할수록 자유주의적 관점들이 더 공통점을 찾아가게 되고 구체화된다. 이런 과정을 거쳐서 처음에는 단순한 잠정적 타협으로 묵인되다가, 시간이 지남에 따라 헌법적 합의와 중첩적 합의로 변화되고 이러한 정치적 협력이 계속 성공적으로 유지되면 신뢰와 확신을 얻게 된다.[63] 중첩적 합의는 공유된 정치적 정의관이 시민들 사이에 확립되어 있지 않은 상태에서 정치적 정의관이 확립되는 단계를 의미하는바, 중첩적 합의 이전에는 다양한 포괄적 교리를 지닌 시민들 사이에 공유된 정치적 정의관이 존재하지 않지만 중첩적 합의 이후에는 그러한 정치적 정의관이 존재한다. 결국 중첩적 합의는 정치적 정의관을 확립해 가는 매커니즘 혹은 합의된 그 상태라 할 수 있다.[64]

남북한 사이의 합의도 마찬가지일 것이다. 처음에는 단순한 잠정적 타협으로 묵인되다가 시간이 지남에 따라 헌법적 합의와 중첩적 합의로 변화되고 이러한 정치적 협력이 계속 성공적으로 유지되면 신뢰와 확신을 얻게 되어 새로운 정의관으로 확립될 것이다. 남북한이 중첩적 합의를 하고 그 합의를 이행하는 것은 쌍방이 모두 노력해야 하는 일이다. 어느 일방의 노력만으로 달성할 수 없는 일임과 동시에 상대방에 대한 비난만으로 도달할 수 없는 목표다. 남북한이 상대방과 중첩적 합의를 하기 위해서는 먼저 국내에서 합의를 이루어야 한다.[65] 그런 과정을 치밀하게 겪지 않으면 합의서가 체결되더라도 그 합의는 쉽게 무너질 수 있다. 평화통일이라는 목표를 달성하는 과정이 힘들고 시간이 걸리겠지만 포기할 수 없는 목표이기 때문에 중첩적 합의를 위한 노력은 계속되어야 한다.

앞서 살펴본 바와 같이, 남북한이 중첩적 합의로 이룬 성과는 상당하다. 실제로도 남북한이 서로 신뢰하면서 중첩적으로 합의한 사항들은 잘 실행되었다. 최근 북한의 '두 국가' 주장은 기존의 특수관계에 대한 큰 변화이지만 그 변화는 남북한의 주체성(둘 사이의 관계가 '나라와 나라 사이의 관계가 아닌 특수관계'인지 또는 '두 국가' 관계인지 여부)에 대한 것이다. 그런데 두 국가 주장이 제기되었다고 하여 기존에 이룬 중첩적 합의가 사라지는 것은 아니다. 합의를 한 두 주체가 그대로 있고, 남북한 사이의 정치상황도 근본적인 측면에서는 변함이 없기 때문이다. 이제는 기존의 중첩적 합의를 바탕으로 현실에 맞게 법제도를 정비하는 데 힘을 모아야 한다. 상호존중의 바탕 위에서 롤스의 정의 원칙을 존중하면서 중첩적 합의영역을 넓혀 나가야 한다. 분야별로 구체적인 합의 항목과 효율적인 실천방안을 찾아야 한다. 또한 새로 중첩적 합의를 할 경우에는 정치적 토론장에서 충분히 논의해야 하며, 이때는 기존의 합의경험을 존중해야 한다. 중첩적 합의가 한번 이뤄졌다고 해서 그 합의된 정치적 정의관이 영원토록 공적 이성의 내용으로서 자리 잡고 지속되는 것은 아니다. 현실의 변화에 맞추어 중첩적 합의는 계속 시도되어야 한다. 북한이 '두 국가' 주장을 한 현시점도 새로운 중첩적 합의가 필요한 때다. 그 시작은 상대방에 대한 존중과 합리적 토론이다.

참고자료

통일과 관련하여, 현행 헌법에는 통일원칙만 있고 구체적인 내용이 없다. 장래 헌법을 개정 할 경우에는 통일 관련 조항도 개정해야 한다. 아이디어 차원에서 정리한다.66)

I. 헌법 개정의 절차와 한계 등

1. 헌법 개정의 한계

헌법 개정은 일반 법률의 개정과는 달리 매우 중요한 절차이며, 민주주의 국가에서는 보통 몇 가지 한계를 가지고 있다. 이러한 한계는 아래와 같은바, 헌법의 기본 원칙과 가치, 그리고 국가의 정체성을 보호하기 위한 것이다.

- **헌법의 기본 원칙 보호**: 대부분의 민주주의 국가에서는 헌법 개정을 통해 헌법의 기본 원칙이나 핵심 가치를 변경할 수 없도록 제한하고 있다. 예를 들어, 국민주권, 민주주의, 법치주의, 기본 인권 등은 흔히 개정의 범위를 초월하는 것으로 간주된다. 이러한 원칙들은 헌법 체계의 근간을 이루며, 이를 훼손하지 않도록 보호되고 있다.
- **절차적 제한**: 헌법 개정 절차 자체에 대한 엄격한 규정이 존재한다. 대한민국 헌법의 경우 헌법 개정안은 국회 재적 의원 과반수의 찬성으로 발의되고, 대통령이 이를 공고한다. 또한 국회의원 3분의 2의 찬성을 얻어야 하며, 국민투표를 통해 국민의 과반수의 찬성을 받아야 한다.
- **형식적 제한**: 특정 조항은 개정이 원천적으로 불가능하도록 명시하는 경우도 있다. 다만, 이는 국가마다 다르며 항상 명시되는 것은 아니다.
- **시기적 제한**: 특정 상황에서는 헌법 개정이 금지되거나 제한되기도 한다. 예를 들어, 비상사태나 전쟁 중에는 개정을 제한하는 경우가 있다.

국민투표를 통해 주권자인 국민이 헌법 개정에 동의한다고 하더라도, 이러한 기본 원칙과 절차적 제한은 여전히 중요한 요소로 고려되어야 한다. 이는 헌법의 안정성과 국가의 지속적인 질서를 유지하기 위한 핵심적인 부분이다.

2. 헌법과 법률의 관계

• 헌법의 역할

- **최고 규범**: 헌법은 한 국가의 최고 규범으로서 모든 법률 및 정책의 근본이다. 모든 법률과 정부의 행위는 헌법에 부합해야 한다. 이를 '법의 지배' 혹은 '헌법적 질서'라고 할 수 있다.
- **기본 원칙 및 구조 제공**: 헌법은 국가의 근본적인 구조와 기본 원칙을 정의한다. 예를 들어, 정부의 3권 분립, 기본권 보장, 국민 주권 등이 포함된다.
- **정치적 결단**: 헌법은 근본적인 정치적 결단을 반영한다. 즉, 국가의 기본 운영 원리와 목표를 설정하는 데 중점을 둔다. 이러한 결단은 대개 장기적이며, 법률과 달리 자주 변경되지 않는다.

• 법률의 역할

- **구체적 규범**: 법률은 헌법이 마련한 틀 내에서 구체적인 규범을 설정한다. 이는 일상적인 사회 활동을 규율하고, 구체적인 행정 절차를 정의한다.
- **헌법 구현**: 법률은 헌법의 정신과 원칙을 구체적인 상황에 적용하고, 이를 통해 헌법을 구현한다. 예를 들어, 헌법이 기본권을 보장하면, 법률은 특정 권리를 어떻게 실현할 것인지 구체적으로 규정한다.
- **변화의 용이성**: 법률은 사회의 변화에 더 빠르게 적응할 수 있으며, 필요에 따라 자주 개정된다. 이는 헌법이 상대적으로 자주 개정될 수 없는 점을 보완한다.
- **헌법과 법률의 상호작용**: 법률이 헌법에 위배될 경우, 해당 법률은 무효가 된다. 대부분의 민주주의 국가에서는 헌법재판소나 대법원이 법률의 헌법 적합성을 심사하여 이러한 역할을 수행한다.

따라서, 헌법은 법률과 정책을 위한 기본적 틀과 방향성을 제시하고, 법률은 그 프레임워크 내에서 구체적인 사회 규범을 설정하여 실제로 적용되는 규칙을 제공한다.

3. 헌법 개정의 한계를 연구한 학자들

- 한스 켈젠(Hans Kelsen): 오스트리아 출신의 법학자로, 법의 계층 구조를 설명하는 "순수 법이론"을 제창한 인물. 그의 이론은 헌법이 법의 최고 규범이며, 모든 법률은 헌법에 기초해야 한다는 점을 강조한다.
- 칼 슈미트(Carl Schmitt): 독일의 헌법학자이며, 그는 헌법의 정치적 성격에 대해 깊이 있는 연구를 하였다. 그의 연구는 주권과 헌법의 관계에 대한 중요한 통찰을 제공했다.
- 브루스 애커먼(Bruce Ackerman): 미국의 법학자이자 예일 대학 교수로, 헌법 개정과 혁신적인 정치적 변화를 연구했다. 그는 헌법 개정이 정치적 결단에 의해 이루어지는 특별한 순간을 강조한다.
- 존 롤스(John Rawls): 주로 정치철학자로 알려져 있으나, 그의 정의론은 헌법 체계와 법의 정당성에 대한 중요한 이론적 기초를 제공한다.
- 로널드 드워킨(Ronald Dworkin): 영국의 법철학자이며, 법과 도덕의 관계, 그리고 헌법적 해석에 대해 많은 기여를 했다. 그의 연구는 법의 원칙과 권리에 대한 심도 있는 분석을 제공한다.

II. 헌법 개정 시 고려할 사항과 통일조항 예시

1. 고려할 사항

헌법 개정을 통해 구체적인 통일 방안이나 절차, 목표를 더욱 상세하게 규정할 수는 있다. 다만, 이러한 개정은 여러 가지 측면에서 고려되어야 한다.

- **헌법의 기능**: 일반적으로 헌법은 국가의 기본 원칙과 구조를 제시하는 데 중점을 두며, 구체적인 정책이나 절차는 법률에서 규정되는 것이 일반적이다. 따라서, 통일과 관련하여 정책의 방향성을 제시하는 정도까지만 헌법에 포함시키고, 구체적인 실행 방안은 관련 법률과 정부 정책을 통해 마련할 수 있다.
- **통일의 복잡성**: 통일은 매우 복잡하고 다차원적인 문제로, 사회적, 경제적, 국제적 요소가 얽혀 있다. 헌법에 모든 세부 사항을 담으려면 지나치게 경직되거나 변화에 유연하게 대응하기 어려울 수도 있다.
- **정치적 합의**: 헌법 개정은 광범위한 정치적 합의가 필요하다. 통일과 관련된 구체적인 조항을 헌법에 포함시키려면 국민적 합의와 정치적 지지가 필수적이다.
- **국제적 조약과의 조화**: 통일 문제는 관련 국가와의 국제적 조약 및 협정과도 연관될 수 있기 때문에, 헌법 개정과 국제법적 의무 간의 조화도 고려해야 한다.

헌법 개정을 통한 통일 관련 조항의 구체화는 가능하지만, 다양한 측면을 고려하여 신중하게 접근할 필요가 있다. 국민적, 정치적, 국제적 측면에서의 광범위한 논의를 통해 이루어져야 한다.

2. 대한민국 헌법 통일조항 개정안

- 제4조 (통일의 목표와 원칙)

- 대한민국은 자유민주적 기본 질서에 입각한 평화적 통일을 궁극적인 목표로 한다.

- 통일과정과 이후 단계에서 남북한 주민의 인권과 기본적 자유를 보호하며 대한민국 헌법의 기본 원칙을 준수한다.

• 제5조 (통일의 절차와 방법)

- 통일의 구체적인 절차와 방법은 국가의 안전과 질서를 고려하여 법률로 정한다.
- 통일 추진 및 이행과정에서 국민의 참여와 투명성을 확보하기 위한 제도를 마련한다.

• 제6조 (기존 권리의 존중)

- 통일 이후 남북한 주민의 기존 권리를 최대한 존중하며, 새롭게 형성되는 법질서와 조화를 이루도록 한다.
- 통일 전후의 과도기적 상황을 고려하여 필요한 보호 조치를 마련하고 시행한다.

III. 다른 나라의 사례

1. 독일

독일 기본법은 초기부터 독일의 통일을 염두에 두고 수립되었다. 특히 제23조와 제146조는 통일과 관련한 법적 근거를 제공하여, 구 동독 지역과의 통일을 정당화했다. 제23조는 동독 지역을 포함한 다른 독일 지역이 기본법의 규정에 따라 합류할 수 있음을 명시했고, 이는 통일과정을 법적으로 뒷받침하는 데 중요한 역할을 했다. 제146조는 독일 국민이 통일 시 새로운 헌법을 제정할 가능성을 열어 두었다.

- **기존 권리의 보호와 조화**: 독일 통일과정에서 중요한 요소는 구 동독 주민들의 기존 권리를 최대한 보장하고, 이들을 독일 연방 공화국의 법제도에 통합하는 방식이었다. 사회적, 경제적 차이를 줄이고 동독 주민들의 권리를 보호하기 위해 특별한 프로그램과 지원이 마련되었다.
- **법적 절차의 명확성**: 통일과정에서 세부 절차를 법적 근거로 명확히 하고, 동독 지역의 법률을 서독의 법 질서와 조화롭게 합치는 작업이 이루어졌다. 이러한 법적 명확성과 투명성은 통일과정의 예측 가능성을 높이고 안정적인 전환을 가능하게 했다.

2. 중국

중국의 "일국양제"는 홍콩과 마카오에 적용한 정책으로, 한 나라 안에 두 개의 서로 다른 사회적, 경제적 시스템을 유지한다는 개념이다. 이 정책을 고려할 때 통일과 관련된 몇 가지 참고할 만한 점이 있다.

- **상호 체제 인식**: "일국양제"는 서로 다른 체제를 인정하고 공존할 수 있다는 점에서 중요한 선례를 제공한다. 통일 후의 사회가 하나의 체제로 바로 통합되기 어려울 수 있음을 감안하고, 상호 체제 인식을 통한 평화적인 전환을 준비할 수 있다.

- **고도의 자치권**: 홍콩과 마카오는 일정한 자치권을 통해 독자적인 행정과 경제 시스템을 유지할 수 있다. 통일과정에서 일정 기간 동안 지역적인 자치권을 보장하여 사회적 불안과 경제적 혼란을 최소화할 수 있다.
- **법적 안정성**: "일국양제"하에 홍콩은 기존의 법적 체계를 상당 부분 유지했으며, 이는 경제와 사회의 안정성을 지속하는 데 기여했다. 통일 후 법적 안정성을 유지하기 위한 방안을 마련할 수 있다.
- **장기적 계획과 실행**: "일국양제"는 장기적인 관점에서 두 체제의 점진적 병합을 목표로 한다. 통일이 갑작스럽고 빠르게 이루어질 수 없음을 감안하여 장기적인 계획을 세우고 점진적으로 실행하는 것이 중요하다.
- **국제적 약속**: 중국은 홍콩 반환 당시 국제적 협약을 통해 "일국양제"를 보장했다. 통일과정에서 국제 사회의 인정을 받기 위한 명확한 약속과 계획이 필요하다.

3. 베트남

베트남은 통일을 이루기 전과 후에 헌법이 다양한 변화를 겪었다. 베트남의 경우 북베트남(베트남 민주 공화국)과 남베트남(베트남 공화국)이 1975년에 통일된 후, 1976년에 사회주의 공화국 베트남으로 재탄생했다. 이 과정에서 헌법은 중요한 역할을 했고, 몇 가지 교훈을 얻을 수 있다.

- **통일 후 국가 정체성**: 베트남은 통일 이후 사회주의 국가로서의 정체성을 헌법에 명확히 했다. 통일 후에도 국가의 정체성과 이념을 어떻게 설정할지에 대한 고민이 필요하다.
- **지역 통합 및 균형 발전**: 베트남은 통일 이후 남북 간의 경제적, 사회적 격차를 줄이기 위해 많은 노력을 했다. 헌법이나 법률에서 지역 간 균형 발전을 명시하는 것도 중요하다.
- **중앙집권화 및 지방 자치**: 통일 후 중앙정부의 권한을 강화하면서도 지방 자치를 적절히 보장하는 것이 중요하다. 베트남은 중앙집권적 구조를 유지하면서도 지방 자치 조직을 강화했다.
- **통일의 정당성 확보**: 통일과정에서 정치적, 사회적 정당성을 확보하는 것

• 제6조: 경제적 및 사회적 통합

- 통일 이후 경제 및 사회의 통합을 촉진하기 위해 중앙정부는 재정적 지원과 개발 계획을 수립한다. 지역 간 경제적 격차를 해소하기 위한 특별 기금과 프로그램을 설치한다.
- 통일된 지역의 경제 활성화를 위해 투자 유치 및 고용 창출 정책을 강화한다.

• 제7조: 국제 협력과 지원

- 국가는 통일의 과정에서 국제 사회와 협력하고 필요한 지원을 받을 수 있다.
- 국제 협력은 평화와 안정을 기반으로 하여 이루어져야 한다.

에필로그

필자의 문제의식은 기성관념에 대한 저항이다. 또한 법률과 판례로 형성된 기존의 남북관계를 현실의 변화에 맞추어 바꾸어 보자고 제안한다. 북한법 연구 현장에서 기존의 판례와 법률을 절대 진리인 것처럼 말하는 후배들을 보면 답답했다. 선배들의 주장은 자신이 과거에 주장한 것을 고수한다고 볼 여지도 있지만 그런 선배와 다른 시대를 살고 있는 후배들이 과거의 판례와 이론을 맹목적으로 따르는 것이 못마땅했다. 사실 나도 예전에는 맹목적으로 기존 주장을 따랐다. 하지만 공부를 계속 하면서 생각이 바뀌었고, 그 공부의 결과가 이 책이다.

이 책을 편집하면서 정치와 법의 관계에 대해 생각했다. 통일이라는 역사적 사건에서 법과 정치는 어떤 역할을 하여야 하는가, 현시점에서 법과 정치의 역할은 무엇인가 자문한다. 정치는 결단의 영역이고 원칙을 선언한다. 법은 그 원칙을 구체화하고 집행하는 역할을 한다. 사법은 현실에서 발생한 일이 법에 맞는지를 판단하는 역할이다. 사법(司法)은 판단기능을 하는 소규모 조직이므로 존중으로 보호해야 한다. 만일 이런 체계가 무너지면 각자도생의 힘의 논리가 지배하는 사회가 될지도 모른다. 지난 겨울 탄핵재판을 보면서 공동체의 지속을 걱정했다.

통일이라는 과정에서 정치는 통일을 할 것인지 말 것인지, 어떤 형태로 언제 통일할 것인지를 정하는 고도의 의사결정과정이다. 또한 통일한국의 방향성을 정하는 결단이다. 이때 결단을 제한할 수 있는 것은 주권자의 의사다. 1987년에 만들어진 현행 헌법이 선언한 평화통일의 원칙은 주권자의 의사를 가늠할 하나의 기준이지만 그것이 전부는 아니다. 남북한의 통일에 대한 정치적 결단은 지금도 만들어 가는 과정에 있다. 통일할 것인지 말 것인지, 언제 어떤 방식으로 통일할 것인지, 통일된 나라는 어떤 지향점을 가질 것이며 국가조직은 어떤 모습일지에 대해 정해진 것이 없다. 지금은 이런 논의를 시작할 때다. 1945년부터 40년간의 냉전시대를 거쳐 1990년부터 교류협력을 경험했다. 지금은 교류협력이 끊어졌지만 지난 30년간의 경험과 기억은 남북합의서와 남북한의 교류협력 법률로 남았다.

지난 80년간의 분단 역사와 경험이 가리키는 것은 분명하다. 남북한은 상대방을 의식하지 않고 살기 어렵다는 것, 분단 상황이 지속되는 한 남북한 주민들은 완전하게 행복할 수 없다는 것, 우리들과 후손들의 미래를 위해 통일로 가는 절차와 방법에 대한 논의를 지금이라도 시작해야 한다는 것, 통일 논의에서 남한의 법률과 판례가 발목을 잡는 장애물이 되어서는 안 된다는 것이다. 필자는 그동안 남한의 법률과 판례가 시대의 변화에 맞추어 변화해 왔다는 점을 밝혔다. 각 시대별로 그 시대 정신을 반영한 법과 제도가 필요하다. 분단 80년을 맞아 지금 이 시대에 맞는 새로운 법률과 제도가 필요하다. 개헌을 논의할 때 남북관계와 통일에 대한 논의도 본격화되길 바란다. 필자의 향후 과제는 분야별로 구체적인 실천방안을 모색하는 것이다.

English Summary

Chapter 1: Searching for the Direction of Inter-Korean Relations - The Two-State Theory

I. The Two-State Theory and the Special Relationship between North and South Korea

The article examines the formation and significance of the special relationship theory between North and South Korea and investigates whether it is possible to shift from the special relationship theory to a normalization theory at this current juncture. The special relationship theory emerged during the process of adapting legal precedents to changing political circumstances between North and South Korea, having been established in the early 1990s. Now, more than 30 years later, new issues have arisen that cannot be adequately addressed by the existing theory, necessitating a re-evaluation of the traditional views. Furthermore, for the future of inter-Korean relations, it is essential to transition from the special relationship theory to a theory of normalized relations.

The normalization theory proposed by the author begins with the acknowledgment that North and South Korea are separate states, suggesting a detailed discussion on how South Korea will approach and administer laws concerning North Korea on a case-by-case basis. While recognizing the achievements of the special relationship theory, which has functioned for over 30 years since its formation, is the author emphsizes a need to explore the potential for change in the current context, more than three decades after its establishment. The author hopes that this issue will be discussed in the public discourse. Since laws and theories are meant for the members of society, the author proposes that, for the current lives and future of North and South Koreans, we should move beyond existing theories and consider which legal theories may be more appropriate.

Ⅱ. The Process of Legal Transformation

Around the end of 2023 and the beginning of 2024, North Korea asserted that North and South Korea are two separate states. Kim Jong-Un claimed that "the two most hostile states coexist in the Korean Peninsula," that "the inter-Korean relationship is no longer one of kin," and that "reunification with South Korea can never be realized." This article examines the recent issues stemming from North Korea's such claim from a legal perspective and considers the direction we should take in the future. The author reviews the past and present relationship between the two Koreas in chronological order and presents his views on the future. The examination focuses on the constitutions and laws of North and South Korea, as well as key agreements and case precedents.

The review of the legal systems of North and South Korea found that the two Koreas' perception of each other varied over time, and the legal institutions evolved toward reconciling reality with principles. Despite five summits and 260 inter-Korean agreements, there has been no progress in the two Koreas' recognition of each other as states. Now is the time to recognize North Korea as a reality and establish relations with North Korea aimed at reunification. We can declare that North Korea, which has a tangible existence as a state, is a recognized state, and that the two Koreas independently express their intentions toward reunification. There is a potential for an agreement recognizing that the relationship between the two Koreas has unique aspects differing from those with other countries. In the future, South Korean laws should include issues related to North Korea, premised on its statehood. This can begin with common interests such as the environment, disasters, and SDGs. There is a need to concretize the goal of reunification as a policy objective. It should be clearly declared that reunification is a national goal and be specified in the legal system. We could declare that "the year 2045, marking a century of division, shall be the inaugural year of reunification." Additionally, future-oriented discussions about what a unified Korea should be like must be held, incorporating topics such as social solidarity, republicanism, third-generation human rights, refugees, and climate change, while encouraging the participation of the younger generation.

Ⅲ. Two-State Theory and the Direction of Legal Transformation

The changes following North Korean leader Kim Jong-Un's assertion of the "two-state theory" at the end of 2023 are ongoing. This article examines this issue from the perspective of law and institutions. The existing inter-Korean relationship has been explained through the concept of the special relationship between North and South Korea. This argument was institutionalized in the 1990s, but the current situation is changing due to North Korea's unilateral claims. After reviewing the existing theory of the special relationship, the article explores how to understand North Korea's two-state theory and how inter-Korean legal frameworks should evolve in the future. It examines what the standards for finding a future direction should be and what actions we should take.

First, the article reviews the content of North Korea's "prioritization of our state" policy, which underlies its claim of two states, and then looks at recent developments in North Korea. Following this, it reviews the content of the theory of the special relationship between North and South Korea. The article goes on to analyze what changes the two-state claims may bring to the theory of special relationship and how South Korea should respond. Specifically, it examines the legal framework after termination of the theory of special relationship, categorizing it into constitutional law, inter-Korean relations laws, and inter-Korean agreements. The author proposes the establishment of a legal framework for inter-Korean relations based on reality. This entails recognizing that North and South Korea are indeed two separate states while reorganizing South Korea's legal institutions and suggesting directions for revising North Korea's legal system. In order to achieve this, it is essential to first strive for consensus within South Korea.

Chapter 2: Exploring the Direction the Unified Constitution-Social Solidarity

It is essential not to give up on discussions about reunification just because the inter-Korean relations are currently strained. It is important to step back and consider the future of the unified Korea. What kind of country should the unified Korea be? What specific vision can we draw? To overcome the pressing issues faced by North and South Korea and to build a better future, what preparations must we make now? These are the questions we should ask, and we must imagine our future. This writing is an attempt to engage in such imaginative thinking.

As of 2025, citizens of South Korea, having lived in division of Korea for 80 years, may take the current situation for granted. Although reunification may seem like a distant goal, indifference toward it might stem from fear. This fear does not diminish through avoidance. By imagining the future, we can examine what this vague fear entails and consider whether it can be overcome. In order to overcome fear and seek hope, we must engage in discussions about reunification. This article discusses the future through the constitutional principle of social solidarity, analyzing its historical evolution, modern significance, and the feasibility of applying social solidarity in various fields within the unified Korea. The unified Korea must become a better country where we want to live compared to the divided North and South Korea. In order to achieve this, we must overcome the differences between the two Koreas and create a livable environment for all residents. A new constitution appropriate for such a country must be established, with social solidarity as one of the constitutional principles. Democracy is not a finished process; it is continually being developed. The best way to predict the future is to create it. Our future is in our hands, and the power to positively change the future lies within our will. What the unified Korea looks like depends on our actions today.

Social solidarity is the product of recognizing crises and serves as a collective response to social risks. Furthermore, social solidarity possesses a universal characteristic that applies to all individuals within a country. By the time the constitution of the unified Korea is established, residents of both North and South Korea will belong to a single community, creating a collective obligation to respond to social risks faced by certain residents.

The constitutional basis for this obligation will be social solidarity, with the primary beneficiaries likely to be North Korean residents. North and South Koreans are fated to walk together as compatriots, necessitating a spirit of sharing rather than mere sympathy. This article hopes to serve as a starting point for discussions on this important topic.

Chapter 3: Searching for the Direction of Land Systems – Guaranteeing Housing Rights

Ⅰ. Land Legislation in the Era of Reunification: Direction and Principles

How will reunification affect North Korea's land system? According to the Constitution of North Korea and its land laws, land is state-owned, and land transactions are prohibited. What changes will occur in North Korea's land system after unification? This issue does not have a definitive answer; rather, it is a matter that must be developed. How should the system change to ensure that North Korean land benefits North Korean residents and, ultimately, all residents of a unified Korea? Can unification serve as an opportunity to reform the ownership system? We must seek answers to these questions.

Currently, the land ownership systems in North and South Korea are different. South Korea operates under a capitalist system based on private property rights, while North Korea is a socialist system that does not recognize any private ownership of the means of production, including land. The disparate real estate ownership systems of the two Koreas will pose challenges during the reunification process. This chapter will examine how changes in the political environment of reunification may impact North Korea's land ownership system and explore the direction for future changes in the North's land system.

Ⅱ. Reunification and the Direction of Changes in North Korea's Land System

Reunification is a political event. If the scope of change is substantial and the speed is fast, it could be considered a revolutionary event. Throughout the Korean history, land reform issues have been raised during periods of transformation, and both North and South Korea underwent land reforms after the liberation from Japanese colonialism in 1945. With reunification, the North Korean land system is likely to undergo fundamental changes. The author views reunification as an opportunity to change the North Korean land system. Based on the historical experiences of the North and South Koras after liberation on August 15th, 1945, land reform in North Korea after reunification is possible. The direction of this reform should aim for stable livelihoods of North Korean residents. North Korean lands should primarily be used for the welfare of its people. The constitutional principle supporting this is social solidarity. The land system should be restructured in a way that helps the residents of both North and South Korea form a single community in a unified nation. It should be clearly stated at the constitutional level that claims for the restoration of ownership to pre-division conditions will not be made. Whether to pursue a public rental system as part of the restructuring of North Korean land needs further discussion. Even partial implementation, rather than full implementation, is worth experimenting with. The land issues in North Korea involve not only issues of individual ownership but also require regional considerations from the perspective of balanced development. It is a complicated and sensitive issue. There must be a flexible mindset and an assurance of open discussion. When the answer is uncertain, attention should be focused on the process. Democratic participation, continuous discussion, and a rational process of deriving conclusions and institutionalizing them are necessary. Through this procedural progression, interest in reunification is also expected to increase.

Chapter 4: Exploring the Direction of Inter-Korean Agreements - Overlapping Agreements

This article examines the current state of inter-Korean relations and seeks to prepare for the future by utilizing the concept of "overlapping consensus" proposed by American philosopher John Rawls. As of 2025, inter-Korean relations are in a state of complete rupture, and the emergence of North Korea's claim of "two states" poses significant changes to the existing inter-Korean legal framework.

The author explores how two societies with different belief systems can reach a consensus for social cooperation through overlapping consensus. This concept suggests that even if basic value systems or worldviews differ, there can still be a shared understanding of a desirable social order.

The "July 4 South-North Joint Statement" in 1972 marked the first official agreement between North and South Korea, establishing fundamental principles for reunification and leading to changes in citizens' belief systems. This agreement was further concretized through the inter-Korean Basic Agreement and numerous subsequent protocols.

The author emphasizes the importance of mutual respect, principles of justice, and a future-oriented approach in future overlapping consensus agreements. Such agreements should be established gradually and continuously. Furthermore, the author hopes that existing agreements will be respected and inherited in the inter-Korean legal framework and that practical discussions will continue.

About the Author

Kwon Eun-Min is a Ph.D. in North Korean Studies and an attorney with over 25 years of experience serving on the North Korean Legal Advisory Committee for government institutions including the Ministry of Unification, the Ministry of Justice, and the Supreme Court. He has been continuously researching the changes in North Korean legal systems. Currently, he is also an adjunct professor at the Graduate School of North Korean Studies, where he teaches subjects such as North Korean Foreign Investment Law.

참고문헌

본 QR코드를 스캔하시면 '통일을 보는 새로운 시선'의
참고문헌을 확인하실 수 있습니다.

미주

제1장 남북관계의 방향 모색 - 두 국가론

Ⅰ. 두 국가론과 남북한 특수관계론

1) 이 글은 2021.11. 헌법재판소가 발간하는 헌법논총 제32집에 게재된 "남북한 특수관계론에서 정상관계론으로 변화가능성 연구"를 수정 보완한 것이다.
2) 민주평통 운영위원회 자료 중에서, 2021년 민주평통 중점 추진활동
3) 2021.1.21. 문재인 대통령 국가안전보장회의 발언 내용
4) 김갑식 외, 새로운 한반도 구상 추진전략과 정책과제, 통일연구원 2020, 201~205
5) "2030에 통일 강요 말아야", 서울신문 2021.4.22.자 인터뷰 기사
6) 이성신 외, KINU 통일의식조사 2020, 통일연구원 2020, 60
7) 박태균, '남북한 유엔 가입 30주년을 맞으며', 한겨레신문 칼럼 2021.5.19.자
8) 권은민, "북한의 법적 지위에 대한 서론적 고찰: 북한의 국가성 인정의 관점에서", 북한법연구 제25호, 2021 상반기, 필자는 위 논문에서 북한을 남한과는 별개의 국가로 인정하자고 제안한다.
9) 이계수, "지식의 고고학과 행정법학의 에피스테메" 행정법학 제20호, 2021.3.자는 기존의 주류 행정법 담론에게 계속해서 질문하는 것을 통해 새로운 길을 찾는데, 필자도 기존의 주류 담론에게 질문을 함으로써 대안을 모색해 보려 한다.
10) 이효원, 통일법의 이해, 박영사, 2014, 제4장 남북관계에 대한 규범체계, 91 이하
11) 이효원, 위 책 95는 남북관계에서 국제법원칙을 적용할 경우에는 국가 간 관계가 아니라는 대원칙에 반할 우려가 있으므로 국제법원칙을 적용할 근거를 법률에 명시적으로 규정하는 것이 바람직하다고 하는바, 이는 논리구조는 다

르지만 개별법률에서 북한의 지위와 역할을 적극적으로 규정하자는 필자의 주장과 같은 입장이다.

12) 이 견해를 필자가 주장하는 남북한 정상관계론으로 설명하면, 국내법적 규범영역이 바뀌게 된다. 즉 소극적인 의미는 나라와 나라사이의 관계이고, 적극적 의미는 북한의 별개 국가로서의 단일지위가 된다. 이렇게 될 경우에는 법적용기준이 명확하여 일관된 법적용이 가능하고, 그동안 공백으로 둔 각종 법률에서 북한을 적극 규정할 수 있게 된다.

13) 송진호, "남북한 특수관계에서 국가면제이론의 유추적용 문제에 대한 고찰", 통일과 법률 2021.2.15. 이러한 남북한 특수관계론은 남북관계에서 발생하는 법률의 충돌과 모순을 해결하는 이론적 도구이면서 헌법규범과 헌법현실 그리고 남북한의 국내법적 지위와 국제법적 지위의 모순을 합리적으로 설명하는 규범적 분석 틀로서 기능하고 있다.

14) 송진호, 위 논문, 15

15) 이효원, 위 책, 98

16) 송진호, 위 논문, 43에 의하면, 국가면제이론이 문제된 사례를 검토한 바에 의하면, 국가보안법 형사사건에서 특수관계론이 설시된 사례가 있으나 대부분의 민형사 사건에서 법원은 일관되게 헌법 제3조에 따라 북한이 반국가단체의 지위에 있음을 전제로 하여 판단하고 있어 남북한특수관계론의 법리가 충분히 반영되었다고 보기는 어렵다.

17) 김철수, 헌법학신론, 박영사, 2013.1., 38; 홍종현, "한반도 평화체제에 대비한 법제정비방향", 학술대회 자료집, 2020.12., 3; 이근관 "1948년 이후 남북한 국가승계의 법적 검토", 서울국제법연구 제16권 제1호, 2009; 이효원, 통일법의 이해, 박영사, 2014, 54

18) 이효원, 위 책, 51~53

19) 박종철, "남북기본합의서 체결 30주년의 의미와 과제", 민족화해 110호, 2021.5.7

20) 박태균, 앞의 칼럼

21) 박종철, 앞의 논문, 8. 남북기본합의서 체결 이후 1992.11. 팀스피리트 훈련 재개 결정을 이유로 북한이 공동위원회 및 남북고위급회담에 불참한다고 통보함으로써 후속 진행이 중단되었다.

22) 김상준, 코리아 양국체제, 아카넷, 2019, 51~54

23) [네이버 지식백과] 동서독 기본 조약 – 통일로 가는 작은 길(조약의 세계사, 2014.12.22, 함규진)

24) 제성호, 남북한 특수관계론, 한울 아카데미 1995, 20. 동서독기본조약의 이중성은 분단국 내부의 특수한 관계를 보여 주는 것으로 대외적으로는 두 개의 국제법상 주권국가이나 대내적으로는 민족내부의 특수관계로 규정되는 이중적 법구조를 의미한다.

25) 김상준, 앞의 책, 51~54

26) 2019년 현재 남한을 국가로 인정한 나라는 190개 국가이고, 북한을 국가로 인정한 나라는 161개 국가이며, 남북한이 동시 수교한 국가는 157개 국가이다. 이것이 현실일 것이다.

27) 이효원, 앞의 책, 93

28) 김현귀, 북한주민의 지위, 헌법재판연구원, 2019, 52. 그동안 남한은 북한의 실체를 부정해 온 역사가 있고, 헌법 제3조 영토조항을 그렇게 해석해 왔고 그 연장선에서 헌법 제3조와 제4조의 관계를 논의했다.

29) 김철수, 헌법학신론, 박영사, 2013, 138.

30) 건국 후 현행 헌법 개정 전까지의 국가보안법 시대(1948~1987), 현행 헌법이 도입되어 민주화가 시작된 후 6.15 남북공동선언이 이루어진 2000년까지의 교류협력시대(1987~2000), 2000년 이후의 남북관계 발전시기(2000~현재)로 구분하는 견해도 있다. 도회근, "남북관계법제의 발전과 한계", 헌법학연구 제14권 제3호, 2008, 159~188; 소성규 외, 통일교육과 통일법제를 이해하는 열두 개의 시선, 동방문화사, 2020, 11~15

31) 유진오, 헌법해의, 명세당, 1949, 22~23

32) 대법원 1990. 9. 25. 선고 90도1451 판결 등

33) 홍종현 앞의 논문, 9, 이른바 유일합법정부론은 대법원 판례의 일관된 입장이다. 대법원 1955.9.27. 선고 1955형상 246 판결; 대법원 1961.9.28. 선고 1959형상 48 판결 등에 따르면 북한은 대한민국의 일부이므로 입법, 행정, 사법의 삼권과 충돌하는 어떠한 주권도 법리상 인정될 수 없고, 반국가불법단체로서 국가로 인정할 수 없다고 한다.

34) 분단국가의 영토조항에 대한 비교사례로 독일을 살펴본다. 통일 전 서독기본법은 그 전문에서 독일국민의 통일을 위한 노력을 규정하고 기본법의 효력범위는 11개 서독 지방에 국한되어 있음을 선언하는 한편 제146조에서 통일헌법의 제정과 함께 기본법은 실효함을 규정하고 있다. 따라서 서독기본법은 서독영역 내에서만 효력을 가졌다. 김철수, 앞의 책, 152

35) 이효원, 앞의 책, 59~62

36) 이효원, 위 책, 56~57

37) 대법원 1986. 10. 28. 선고 86도1784 판결

38) 정종섭, 헌법학원론, 박영사, 2006, 445는, "연구의 자유는 학문의 자유의 핵심적인 영역에 속하고, 학술활동의 자유의 전제가 되므로 그 제한은 매우 신중하게 이루어져야 한다. 먼저 학문영역에서의 자율적인 통제를 우선적으로 하고, 그 다음 단계로 헌법 제37조 제2항에 의한 제한을 하는 것이 타당하다."라고 설명한다.

39) 대법원 1987. 7. 21. 선고 87도1081 판결

40) 이효원, 앞의 책, 62~64

41) 현행 헌법은 6.10 민주화항쟁을 계기로 시작되었지만 당시 헌법개정의 주체는 집권자와 그 대리인들이었고 그들만의 폐쇄적 논의구조 안에서 일종의 정치적 협약으로 탄생하였다는 지적이 있다. 김선택, "민주적 개헌논의의 헌법적 조건", 헌법학회 세미나 자료집, 2021.6.

42) 헌법재판소 1993. 7. 29. 선고 92헌바48, 이 사건은 재판의 전제성이 없다는 이유로 각하되었지만 기존 대법원판결과 달리 당사자의 주장에 대해 논증을 통한 구체적인 답변을 하였고, 종래 판례의 입장을 바꾸었다.

43) 이효원, 앞의 책, 103

44) 대법원 2003. 4. 8. 선고 2002도7281 판결. 이 사건은 피고인이 제작·반포 또는 소지한 표현물의 내용이 북한의 주체사상을 찬양·미화한다는 이유로 국가보안법상 찬양·고무죄로 유죄가 인정된 사건이다. 같은 취지의 판결로는 대법원 2000. 9. 29. 선고 2000도2536 판결, 2002. 2. 8. 선고 2001도4836 판결, 2002. 5. 31. 선고 2002도1006 판결 등이 있다.

45) 남북공동선언실천연대는 반국가단체로서의 북한의 활동을 찬양·고무·선전하거나 이에 동조한다고 인정하면서, 위 실천연대가 비록 표면적으로는 정식 사회단체로 관청에 등록하여 비영리민간단체지원법이 정한 형식적·절차적 요건까지 구비하여 정부의 보조금을 지원받은 적이 있다 하여도, 그 실질에서는 이른바 이적단체에 해당한다고 보기에 충분하다고 판결한 사건이다. 대법원 2010. 7. 23. 선고 2010도1189 전원합의체 판결

46) 헌법재판소 2005. 6. 30. 선고 2003헌바114 결정

47) 김현귀, 위 논문, 68

48) 이효원, 앞의 책, 64~67

49) 강주원, 나는 오늘도 국경을 만들고 허문다. 국경도시 단둥을 읽는 문화인류학 가이드, 글항아리, 2013

50) "개성공단 이전에 단둥의 역사 있었네", 한겨레신문 2016.3.25.자

51) 남북교류협력법 제정과정에 대하여는 김천식, "노태우 정부의 남북교류협력법 제정 과정에 관한 연구", 북한대학원대학교 박사학위논문, 2012.1.

52) 정은이 외, 한반도 신경제구상 추진전략과 정책과제, 통일연구원, 2020, 42

53) 1990년 10월 8일 국회 외무통일위에서 최호중 외무장관은 "한-소 수교는 한반도에서 냉전체제가 와해되기 시작했음을 뜻한다"라고 발언했다. 한겨레 2021.4.20.자, 이제훈의 1991~2021 '30년 전 사라진 핵우산'

54) 이제훈, 위 언론기사 중에서 인용

55) 필자는 지난 30년간의 수많은 합의 그리고 현재도 진행 중인 관련 국가들 간의 협의에 주목한다.

56) 정은이 외, 위 책, 160~161

57) 정은이 외, 위 책, 213

58) 정은이 외, 위 책, 213은 단기적으로는 남북관계의 특수성이 우선하겠지만 장기적으로는 남북관계의 특수성을 줄이고 일반성으로 수렴하여 WTO 규범에 저촉되지 않는 수준에서 특수성을 주장해야 할 것이라는 견해를 택한다.

59) 정은이 외, 위 책, 214

60) 손호철 외, 남북한 '적대적 의존관계론'에 관한 비판적 연구: 1972년 남한 유신헌법과 북한 사회주의헌법 제정을 중심으로, 통일법제데이터베이스, 2012

61) 남북한특수관계론은 1990.9.18. 제1차 남북 실무대표접촉에서 거론되기 시작하였고, 유엔가입문제와 남북기본합의서 체결과정에서 남북쌍방의 주장을 종합하여 남북기본합의서의 문안 형태로 정리되었다. 자세한 내용은 제성호, 위 책, 22~27

62) 남북한 특수관계의 법적 성격에 대하여, 제성호는 남북한의 동등성과 상호성, 이중관계로서의 상호 정치실체 인정 및 존중관계, 잠정성을 들고 있다. 제성호, 위 책, 27~33. 필자는 특수관계의 법적 성격 중 잠정성의 문제를 재론하고자 한다. 30년의 시간과 그동안 남북한이 제정한 법률과 쌍방이 체결한 합의서라는 객관적 현실을 바탕으로 그리고 이런 사태가 당분간 지속될 수 있다는 현실감을 전제로 특수관계의 잠정성이 갖는 한계를 지적한다.

63) 우리 사회의 지도원리를 발견하기 위해서는 헌법에서 출발하자는 주장이 있다. 선정원, "행정법학의 발전과 행정학과의 관계의 재형성–정책법학", 행정법학 제20호, 2021.3., 124

64) 권은민, 앞의 논문

65) 김명인, "평화가 절대선이다", 한겨레신문 2021.6.4.자 칼럼

Ⅱ. 남북한의 법제변화 과정

1) 이 글은 2024.5. 통일교육원이 발간하는 『통일과 담론』에 투고한 “한반도 두개 국가론의 법적 문제”를 수정 보완한 것이다. 발행처 사정으로 게재되지는 않았다.

2) 북한의 ‘두 개 국가론’에 대한 연구로는, 세종연구소 정책포럼 (2024.1.22.); 김연철, “한반도 전쟁 가능성과 두 개 국가론”, 동아시아재단 정책논쟁 (2024.2.14.); 배기찬, “남북관계의 패러다임: 1국가론과 2국가론”, 『한국과 국제정치』 제39권 3호 가을 통권 122호 (2023) 등이 있다. 김연철은 북한의 ‘두 개 국가론’은 새롭지 않으나 50년 이상의 통일 관련 합의 전체를 폐기하고, 남북관계 개선여지를 없앴으며, 군사분계선이 동아시아 대분단선이 된다는 점에서 과거와 다르다고 평가했다.

3) 정일영, “김정은의 ‘적대적 두 국가론’은 아직 ‘미생’이다: 일희일비(一喜一悲)하기보다 냉정한 분석 선행돼야”, KOLOFO 칼럼 제695호 (2024.5.6).

4) 김병연, “북한의 변화와 통일”, 2024 통일과 나눔 컨퍼런스 발제문 (2024.5.9.).

5) 김진배, 『두 얼굴의 헌법』 (서울: 메디치 미디어, 2013), 74쪽.

6) 배기찬, “남북관계의 패러다임: 1국가론과 2국가론”, 『한국과 국제정치』 제39권 3호 가을 통권 122호 (2023), 126쪽.

7) 배기찬, 위 논문, 128쪽.

8) 정인섭, “UN 총회 한국정부 승인 결의(제195호) 성립과정과 의미 분석”, 서울국제법연구 제29권 1호 (2022), 273쪽. 배기찬, 위 논문 129쪽에서 재인용.

9) “사설: 우리 당 자주로선의 빛나는 승리, 조선혁명의 국제적련대성을 과시한 커다란 사변”, 로동신문 1975년 8월 28일. 김도민, “1970~75년 북한의 쁠럭불가담 인식과 활동”, 『현대북한연구』 제26권 3호 (2023), 37쪽에서 재인용.

10) 헌법개정의 방향은 주체적 개인으로서의 인간을 국가보다 앞세우는 헌법

개혁이 있어야 하며, 헌법 제10조의 인간 존엄성 규정을 제1조로 옮기는 것이 바람직하다는 주장이 있다. 김중권, “개인을 국가보다 앞세우는 헌법의 개혁이 필요하다”, 『행정판례의 분석과 비판 II』 (서울: 법문사, 2024) 327쪽.

11) 정인섭, 위 논문, 273쪽에서 배기찬, 위 논문 130쪽에서 재인용.

12) 국회미래연구원, “한반도 인권과 국회의 역할” (국회미래전략 인사이트 87호, 2024.2.19.) 15~16쪽.

13) 남북기본합의서에서 ‘나라와 나라 사이의 관계가 아니라 통일을 지향하는 잠정적 특수관계’라는 말의 의미에 대해, 김연철은 “두 개 국가의 현실과 통일이라는 미래를 이어주는 다리는 남북관계의 수준이다. 다리가 끊어지면 남는 것은 두 개 국가라는 현실뿐”이라고 한다. 김연철, 앞의 글, 3쪽.

14) 국립통일교육원, 『통일문제 이해』 (서울: 국립통일교육원, 2021), 174쪽.

15) 위 책, 176쪽.

16) 위 책, 177쪽.

17) 위의 책, 177쪽.

18) 김병로, “북한의 대남전략 대전환과 한반도 미래” (KPI Issue Brief 2024.1.), 4쪽.

19) 대한민국 정책브리핑 (www.korea.kr).

20) 신종대, “윤석열 정부의 통일 대북정책 검토와 과제: 국내 수준의 합의도모와 성과 추구”, 『현대북한연구』 제26권 3호(2023), 169쪽.

21) 정민정, “흘러간 물로는 물레방아를 돌릴 수 없다”, 서울경제 2024년 2월 14일자. 아탈 총리가 한 질문을 우리도 해야 하지 않을까?

22) 최재천, “가진 자가 나눠야 더 오래 가질 수 있죠”, 서울경제 2024년 2월 15일자. 국력이 60:1의 차이가 나는 남북한 사이에도 적용해 볼 수 있는 원리가 아닐까?

23) 국민일보 2024.5.7.

24) 김병연, 앞의 발제문 참고.

25) 신종대, 위의 논문, 185쪽.

26) 박명규, "남북관계와 비대칭적 분단국체제론"『통일과 평화』창간호 (2009), 25쪽.

27) 한반도포럼,『남북관계 3.0: 한반도 평화협력프로세스』(서울: 중앙일보 통일문화연구소, 2012), 43~46쪽. 배기찬, 위 논문 141쪽에서 재인용. 남북기본합의서 체제가 상호체제인정과 내정불간섭, 비방과 중상 중지를 요구하지만 남북관계를 '나라와 나라 사이의 관계가 아닌 특수 관계'로 규정함으로써 남북이 상호 인정과 부인, 협력과 적대, 화해와 반목, 공존과 간섭을 교차 반복했다. 따라서 남북관계를 '국가와 국가 간의 특수 관계'로 규정하는 남북기본조약을 체결할 때 남과 북은 상호 국가성 인정과 존중을 바탕으로 문제를 평화적으로 해결할 수 있다는 견해다.

28) 김연철, 위 글, 4쪽. "두 개 국가론을 수용한다고 달라질 것은 없다... 한국전쟁 이후 남북 관계의 자율성은 언제나 상대적이었지 절대적인 적이 없다. 한반도를 둘러싼 국제 질서의 변화 속에서 상대적 자율성의 공간이 결정되었다는 점에서 달라진 국제환경에서 남북관계의 역할을 재평가해야 한다... 과제는 군사적 긴장의 완화와 평화정착이다."

29) 배기찬, 위의 논문, 117쪽.

30) 신종대, 위의 논문, 189~190쪽.

31) 권은민,『북한을 보는 새로운 시선』(서울: 박영사, 2022) 24~30쪽.

32) 남북기본협정에 대한 선행연구로는, 도경옥 외 공저,『남북기본협정 체결 방향과 과제』(서울: 통일연구원, 2020) 참고.

33) 신종대, 위 논문, 183~191쪽.

III. 두 국가론과 법제변화 방향

1) 이 글은 숭실대학교 숭실평화통일연구원이 발간하는 평화통일논총 제4권

제1호(2025.1.)에 게재된 “북한의 ‘두 국가론’ 계기 남북한 특수관계론 및 남북관련 법제 변화 방향 연구”를 수정 보완한 것이다.

2) 안정식. (2024). 북한의 2국가론 이후, 남북관계는?. *민족화해협력범국민협의회 민족화해*, 127호, pp. 12-15.

3) 이승렬. (2024.6.). 북한 두 국가 선언의 전략적 의도와 균형화 조치: 김정은의 ‘위협인식’을 중심으로. *통일정책연구*, 제33권(1호), p. 1.

4) 박인휘. (2024). 북한의 대남노선 전환, 동북아의 지정학적 맥락과 극복방안. *민족화해협력범국민협의회 민족화해*, 127호, pp. 12-19. 박인휘는 1990년의 독일통일과 달리 한반도에서는 근대 통일국가가 존재했던 경험이 전무하기 때문에 한반도 통일이 동북아 지역 안정성과 맺게 될 연계성은 독일 사례보다 더욱 중요하고 심각하다고 주장한다.

5) 박인휘. (2024.6.14.). 북한의 ‘두 개 국가’ 주장과 글로벌 코리아. *내일신문*. https://www.naeil.com/news/read/513436 이 칼럼에서는 ‘두 개 국가’론에 대한 분석논의는 3가지 차원에서 진행되고 있다고 설명한다. 첫째, 한국정부의 통일정책을 원천 차단하겠다는 입장, 둘째, 핵무기 사용 가능성을 높이려는 입장, 셋째, 동북아 안보구조를 악화시킴으로써 북중러 연대를 굳건히 구축하려는 입장이다.

6) 황수환 외. (2024.9). *북한의 두 국가론, 한민족 부정론 대응 논리 개발*. 통일연구원, p. 111.

7) 구갑우. (2024.4). 북한의 ‘우리 국가제일주의’ 담론의 계보학. *현대북한연구*, 27권(1호), p. 9.

8) 황창만. 우리 국가 제일주의의 본질. (2017.12.10). *민주조선*. (구갑우, 위 논문, p. 27에서 재인용).

9) 위대한 령도자 김정일동지의 애국념원을 받들어 사회주의강국건설위업을 빛나게 실현해나가자. (2018.12.17.) *로동신문*. (구갑우, 위 논문, p. 33에서 재인용).

10) 구갑우, 위 논문, p. 35.

11) 구갑우, 위 논문, p. 41.

12) 구갑우, 위 논문, p. 42.

13) 자체의 힘으로 나라와 민족의 존엄을 지킨다. (2021.6.7.). *조선신보.* 구갑우, 위 논문, p. 43.

14) 구갑우, 위 논문, p. 47.

15) 조선로동당 중앙위원회 제8기 제9차전원회의 확대회의에 관한 보도. (2023.12.31). *조선중앙통신.*

16) 황일도. (2024.8.). 북한의 적대적 두 국가론 재해석: 김일성 텍스트를 기반으로. *국립외교원 외교안보연구소 주요국제문제분석*, 2024－19호.

17) 황일도, 위 논문, p. 3.

18) 조선중앙통신. (2024.2.8.). 이규창. (2024.9.). "북한에서의 국제법과 국내법의 관계", 남북법제의 분야별 동향과 국제협력을 통한 법제정비방안, *법제처 공동학술대회 자료집*, p. 105

19) 홍민성. (2024.10.17.). 북한, '대한민국＝적대국가' 헌법 개정… '두 국가론' 본격화. *한국경제신문.* https://www.hankyung.com/article/2024101701217

20) 김종우. (2024.10.17.). 대한민국은 적대국... 북, 헌법에 명시. *한국경제신문.* https://www.hankyung.com/article/2024101722511

21) 임영수. (2024.10.22.). 적대만 남은 남북한, 평화공존은 불가능한가. *내일신문.* https://www.naeil.com/news/read/526296

22) 이효원, 남북한특수관계론의 헌법학적 연구: 남북한 교류협력에 관한 규범체계의 모색, 서울대학교 대학원, 2006. [박사 논문, 서울대학교 대학원]

23) 헌법재판소 1993.7.29. 선고 92헌바48결정, 대법원 2003.4.8. 선고 2002도7281 판결 등

24) 헌법재판소 1997.1.16. 선고 92헌바6 결정

25) 대법원 1999.7.23. 선고 98두14525 판결

26) 류지성. (2024). 북한의 2국가론에 대한 법적 쟁점. *민족화해협력범국민협의회 민족화해*, 127호, pp. 20－23.

27) 제성호. (2010). *남북한 특수관계론*. 집문당.

28) 양무진. (2024.5.21.). *IFES-UNKS 공동포럼 자료집 한반도의 통일 담론(북한의 적대적 두 개 국가론과 남북관계)*. 경남대학교 극동문제연구소. ttps://ifes.kyungnam.ac.kr/bbs/ifes/910/5442/artclView.do; 양무진. (2024.6.11.). 북한 '적대적 두 개 국가론'의 전개 전망 대응. *내일신문*. https://www.naeil.com/news/read/513003 북한은 2019년 2월 하노이 합의 불발 이후 대남전략 전반에 대해 재검토한 것으로 보이며, 적대적 두 개 국가론은 현재도 진행 중이다. 그 최종시점은 2026년 1월 개최예정인 제9차 당대회가 될 것이라 예상한다. 이때 두 개 국가관계가 명시되는 당규약 개정이 이루어질 가능성이 높다.

29) 이승렬, 위 논문, p. 22.

30) 김선택, "최근 남북관계와 헌법", 한국법제연구원 전문가 초청 포럼 발제문. 2024.10.28. 23~25쪽. 위 논문에서는 기존의 상황보다 통일에 유리한 행위라면 영토조항의 엄격성을 통일조항을 근거로 다소 완화할 수 있다는 견해를 택하였고, 그 결과 북한을 국가에 준하여 취급하거나 북한을 준외국으로 취급할 헌법적 근거로 통일조항을 이해할 수 있다는 입장이다. 이러한 견해는 서독의 에곤 바가 1963.7.15. 행한 '접근을 통한 변화' 정책연설과 같은 입장이다.

31) 최완규. (2024.5.21.). *IFES-UNKS 공동포럼 자료집 한반도의 통일 담론(남과 북 공존, 그 한계와 가능성)*. 경남대학교 극동문제연구소. https://ifes.kyungnam.ac.kr/bbs/ifes/910/5442/artclView.do 필자는 이 견해에 공감한다.

32) 이철. (2024.5.21.). *IFES-UNKS 공동포럼 자료집 한반도의 통일 담론(평화와 통일 담론: 평화 없는 통일, 통일 없는 평화)*. 경남대학교 극동문제연구소. https://ifes.kyungnam.ac.kr/bbs/ifes/910/5442/artclView.do

33) 정욱식 한겨레평화연구소장의 견해. 민족화해 편집부. (2024.10.22.) 윤석

열 정부의 8·15 통일 독트린, 어떻게 볼 것인가. *민족화해* 129호, p.22.

34) 철학자 롤스는 근대 민주사회란 시민들의 종교적·철학적 세계관과 도덕적·미학적 가치에 화해 불가능한 차이가 존재하는, 신념체계가 통일되지 않은 공동체로 봤다. 롤스는 '상반되지만 합당한' 신념체계들이 공존하는 합당한 다원주의 사회를 지향했다. 이를 위해 정치(헌법의 핵심 사항들과 기본적 정의의 문제들)적 영역에서 '공적 이성(Public Reasons)'에 의한 '중첩적 합의(overlapping consensus)'가 필요하다고 강조했다. 중첩적 합의란 가치관, 세계관, 진리에 대한 신념이 다르더라도 사회적 질서와 관련해 공통된 부분이 있어 성립되는 합의를 뜻한다. 롤스는 중첩적 합의란 포괄적 신념체계 간에 합의점을 찾는 것을 의미하며 특히 중첩적 합의는 종교적, 철학적, 도덕적 신념체계들로부터 독립적이어야 한다고 주장했다. 한편 우리 사회는 다양한 신념체계가 표출되는 다원주의 사회로 가고 있으면서도 여론의 극단적인 대결로 다양한 목소리의 설 자리가 좁아지는 모순적인 상황에 처해 있다. 그 결과 토론은 없이 표결만 남고 동조자를 끌어들여 다수를 확보하는 것만이 중요한 사회가 되고 있다. 박병희. (2024.3.15.). 우리 사회를 보듬는 '중첩적 합의'. *아시아경제*. https://www.asiae.co.kr/article/20240－31519034360310

35) 권은민. (2024.9.). 남북한 법제에서 중첩적 합의 가능성 연구. *법제처 법제*, 통권 제706호.

36) 신종대. (2023). 윤석열 정부의 통일 대북정책 검토와 과제: 국내 수준의 합의도모와 성과 추구. *현대북한연구*, 제26권(3호), p. 169.

37) 최재천. (2024.2.15.). 가진 자가 나눠야 더 오래 가질 수 있죠. *서울경제*. https:// www.sedaily.com/NewsView/2D5CWPFAFM 국력이 60:1의 차이가 나는 남북한 사이에도 적용해 볼 수 있는 원리다.

38) 북한주민을 남한주민으로 볼 것인지, 외국인으로 볼 것인지의 문제. 이에 대한 연구로는 권은민. (2022). *북한을 보는 새로운 시선*. 박영사.

39) 사실상의 종전상황이 적대관계로 악화된다는 우려에 대한 문제다.

40) 현재의 남한 법제에서도 이 점은 명확하지 않다. 필자는 이번 기회에 남북한이 서로를 규정하는 형식을 보다 명확히 해야 한다는 입장이다. 군사분계선 이북과 이남이라는 모호한 표현으로 서로를 규정하는 데는 한계가 있다.

41) 필자는 이번 기회에 남한 법제를 정비하자는 것인데, 이 문제에 대해서는 기왕의 논의가 많지 않았다. 따라서 현시점에서 법제정비를 논의해 볼 필요가 있다. 필자는 북한을 반국가단체로 보는 국가보안법은 효용이 다했다는 입장이다.

42) 국제법적 차원에서 통일 시 남한이 북한지역에 대해 관할권을 당연히 가지는지 여부에 대해서는 다양한 의견이 있고, 이는 법률적인 문제뿐만 아니라 국제관계의 힘의 논리가 영향을 미치는 영역이다. 따라서 필자는 두 국가 주장을 수용한다고 하여 곧바로 이 문제에 직접 영향이 있다고 보지 않는다.

43) 류지성, 위 논문, pp. 22-23. 류지성이 지적한 사항들은 검토할 쟁점이 다수 있는바, 향후 별도의 논문으로 정리할 사항이다.

44) 전통적으로 인민을 구성하는 객관적 측면은 공통된 역사적 전통, 인종적 정체성, 문화적 동질성, 언어적 동일성, 종교적 유대감, 영토적 연결성, 생활 방식의 공통성에 관한 확인이 필요하고, 주관적 측면은 집단 내 개인들이 구별된 집단으로서 인지하고 있는 귀속감 보유여부 및 자생적 정치집단을 형성할 수 있는가의 여부로 판단한다. 박민. (2024.5.). 남북통합과정에서 자결권 행사와 주체에 관한 연구. *법무부 통일과 법률,* 제58호, p. 68(각주 2번). 남북한 주민이 하나의 인민인지 여부를 위 기준으로 판단해 보면, 객관적 측면에서는 하나의 인민으로 볼 요소가 있으나 주관적 측면에서는 분단 80년의 경험상 단일한 인민이라 하기 어려울 것이다. 필자는 장래에 중점을 두고 추진할 것은 남북한 주민이 하나의 인민으로서의 동

질성을 갖도록 노력하는 것이라 믿는다. 남북한 주민이 하나의 인민으로 동질성을 가질 때에야 대내적 자결권에 반하는 두 국가 주장의 부당성을 지적할 수 있다.

45) 박민, 위 논문, p. 70.

46) 박민, 위 논문, pp. 70－71.

47) 박민, 위 논문, p. 88.

48) 박민, 위 논문, pp. 83－84. 이국운, 송인호도 같은 견해이고, 남한 법학계의 다수 의견이다.

49) 박민, 위 논문, p. 68(각주 2번).

50) 박민, 위 논문, p. 81(각주 33번).

51) 박민, 위 논문, p. 73. 이러한 주장의 근거는 자유권규약 성안 과정과 자유권 규약 제1조의 일반논평, 1984년 유엔인권위원회가 발표한 자유권규약 제1조(자결권)에 관한 일반논평 제12조에서 찾는다.

52) 류지성. (2024.9.). 헌법상 영토조항과 통일. *법제처 법제,* 통권(제706호), p. 236.

53) 서독 기본법 제23조는 기본법의 효력범위를 정하고 있는데, 효력범위에 대해 당시 서독의 12개 주를 나열하고, “독일의 다른 부분에는 그들의 편입 후에 효력이 발생한다”라고 명시하였다.

54) 서독 기본법 제146조는 기본법의 효력정지규정인데, “독일 민족의 자유로운 결정에 의해 새로운 헌법이 효력을 발생하게 되는 날, 이 기본법은 그 효력을 상실한다.”라고 하였다.

55) 정용길. (2013.2.). 독일 통일과정에서의 동서독관계와 남북관계에의 시사점. *한국법학원 저스티스*, 통권(134－2호), p. 478. 동독의회는 1990.8.23. “동독이 서독 기본법 제23조에 따라 1990.10.3. 서독에 편입한다.”라는 안을 294 대 62로 가결함으로써 독일이 통일되었다. 정용길, 위 논문, p. 473.

56) 헌법재판소 2006.11.30. 선고 2006헌마679 결정

57) 신종대. (2023). 윤석열 정부의 통일 대북정책 검토와 과제: 국내 수준의

합의도모와 성과 추구. *현대북한연구*, 제26권(3호), p. 185.

58) 박명규. (2009). 남북관계와 비대칭적 분단국체제론. *통일과 평화*, 창간호, p. 25.

59) 한반도포럼. (2012). *남북관계 3.0:한반도 평화협력프로세스. 중앙일보 통일문화연구소*, pp. 43－46. 배기찬, 위 논문 p. 141에서 재인용. 남북기본합의서 체제가 상호체제인정과 내정불간섭, 비방과 중상 중지를 요구하지만 남북관계를 '나라와 나라 사이의 관계가 아닌 특수관계'로 규정함으로써 남북이 상호 인정과 부인, 협력과 적대, 화해와 반목, 공존과 간섭을 교차 반복했다. 따라서 남북관계를 '국가와 국가 간의 특수관계'로 규정하는 남북기본조약을 체결할 때 남과 북은 상호 국가성 인정과 존중을 바탕으로 문제를 평화적으로 해결할 수 있다는 견해다.

60) 김연철. (2024). 한반도 전쟁 가능성과 두 개 국가론. *동아시아재단 정책논쟁*, 제209호, p. 4. "두 개 국가론을 수용한다고 달라질 것은 없다.... 한국전쟁 이후 남북관계의 자율성은 언제나 상대적이었지 절대적인 적이 없다. 한반도를 둘러싼 국제 질서의 변화 속에서 상대적 자율성의 공간이 결정되었다는 점에서 달라진 국제환경에서 남북관계의 역할을 재평가해야 한다... 과제는 군사적 긴장의 완화와 평화정착이다."

61) 배기찬. (2023). 남북관계의 패러다임: 1국가론과 2국가론. *한국과 국제정치*, 제39권(3호) 가을 통권(122호), p. 117. "남과 북은 2국가론에 입각해 서로를 공인하고 보편적인 국제관계를 축적할 필요가 있다. 양독기본조약처럼 한조기본조약이 필요하고, 통일방안도 '국가와 국가 간의 특수관계'에 입각한 국가연합을 목표로 변화될 필요가 있다."

62) 신종대, 위 논문, pp. 189－190.

63) 권은민. (2022). *북한을 보는 새로운 시선*. 박영사. pp. 24－30.

64) 남북기본협정에 대한 선행연구로는, 도경옥 외. (2020). *남북기본협정 체결방향과 과제*. 통일연구원.

65) 신종대, 위 논문, pp. 183－191에서 국내 수준에서 무엇을 할 것인가?라

는 질문을 제기하고 4가지 제안을 한다. 첫째, 민족공동체통일방안의 발전적 계승 논의, 둘째, 기존의 잠정특수관계로 설정된 남북관계의 재설정, 셋째, 북한인권개선과 북한이탈주민 정착지원, 넷째, 남북기본협정과 통일국민협약 등 제도화의 문제다.

66) 헌법재판소는 2023.9.26.선고 2017헌바42 결정에서 북한의 반국가단체성을 헌법상 영토조항 해석의 당연한 결과로 인정하였다. 이에 대하여는 이 결정은 최근까지의 남북관계, 국제정치환경의 변화 등을 고려하지 않은 것이며, 남한 헌법이 지향하는 평화통일의 목표와도 부합하지 않는 측면이 있다는 지적과 함께 헌법재판소의 결정은 입법부나 행정부의 대북정책 및 남북관계에도 영향을 미친다는 측면에서 위 결정은 재고되어야 한다는 견해가 있다. 정인정. (2024). 대북전단등 살포 금지 조항에 대한 헌법재판소 결정의 분석과 평가. *이화여자대학교 법학논집*, 제29권(제1호), p. 291.

67) 이중구. (2024.6.). 북한의 적대적 두 국가론과 남북관계 전망. *통일정책연구*, 제33권(1호), p. 45.

68) 정용길. (2013). 독일 통일과정에서의 동서독관계와 남북관계에의 시사점. *한국법학원 저스티스*, 제134-2호, pp. 466-482.

69) 이중구, 위 논문, p. 45.

70) 김태경. (2024.6.). 우리들의 공간으로서 한반도 문제 다시 생각하기: 우리를 둘러싼 남북한 담론·정책 변화와 한반도 교차승인의 미래. *통일정책연구*, 제33권(1호), p. 78. 현재 남북한 간 헌법상 차이를 인정하더라도 기존의 남북관계나 국내 상호인식에서 두 개의 '소아' 존재를 부정할 수 없다는 점, 남한에서도 '큰 우리'를 상정하는 담론, 정책의 효과가 약화되었다는 점을 고려할 때 한반도 내 '소아' 간, '소아' 내부의 평화공존의 문제는 장기적 전망에서 지속될 수밖에 없는 과제라 한다. 김태경, 위 논문, p. 78.

71) 김태경, 위 논문, p. 79.

72) 전재성. (2005). 1960년대와 1970년대 세계적 데땅뜨의 내부구조. *국제정*

치논총, 45권(3호), 김태경, 위 논문, p. 79에서 재인용.

73) 김태경, 위 논문, p. 79.

74) 정용길, 위 논문, p. 479. 서독은 동독주민들이 부러워할 만큼 질 높은 민주복지국가였고, 독일통일에 영향력이 있었던 미영불소 4대 강국과 주변국들은 그동안 서독이 보여준 전쟁책임에 대한 속죄모습을 보면서 유럽통합이라는 거대한 역사 흐름에 동참하였다. 1989년 베를린 장벽 붕괴 이후 동독에서 "서독 마르크여 오라, 오지 않으면 우리가 간다."라는 말을 하였는데, 이것은 서독의 막강한 경제력과 수준 높은 사회복지정책을 상징한다. 정용길, 위 논문, p. 472.

75) 안정식, 위 논문, p. 15.

76) 김태경, 위 논문, p. 83.

77) 2024년 민화협 창립기념 행사 제목이다.

78) 홍민. (2024.10.22.). 민족공동체 통일방안 30년, 새로운 통일담론을 위한 고민. *민족화해*, 129호, p. 21.

제2장 통일헌법의 방향 모색 - 사회연대

Ⅰ. 통일 한국 헌법과 사회연대

1) 이 글은 서울지방변호사회가 연 1회 발간하는 학술지 변호사, 제56집, 2024에 게재된 "통일한국의 헌법과 사회연대 연구"를 수정 보완한 것이다.

2) 통일부 국립통일교육원, "2021년 학교통일교육 실태조사 결과보고서", 통일부 국립통일교육원, 2021.12. 한은지, "통일, 두려움을 넘어", 통일과법률 제51호(2022.8.), 105쪽에서 재인용

3) 이상신 외, 『KINU 통일의식조사 2021』, 통일연구원, 2021, 68~69쪽

4) 이무철 외, 『포스트 코로나 시대 새로운 남북관계 인식과 협력모색』, 통일연구원, 2022, 118~119쪽

5) 알렉세이 유르착 지음, 김수환 옮김, 『모든 것은 영원했다, 사라지기 전까지는: 소비에트의 마지막 세대』, 문학과지성사, 2019, 9쪽

6) 이광빈·이진, 『힙 베를린: 갈등의 역설』, 이은북, 2021, 157쪽

7) 강수택, "연대의 개념과 사상", 역사비평, 2013, 23쪽은 대한민국 제헌헌법에 연대정신이 배어 있다고 하면서 특히 3.1독립선언서와 이를 계승한 대한민국 임시헌법을 보면 한반도의 민중들이 염원한 국가가 자유, 평등, 평화, 인도, 민족 이념으로 이루어진 근대적인 연대정신을 기반으로 한 국가라 한다. 장우찬a, "사회연대 원리의 규범적 의미와 그 효력", 인하대학교 법학연구, 제22집 제4호, 2019, 122쪽

8) 장우찬a, 위 논문, 129~131쪽; 황승흠, "근로자 이익균점권의 탄생배경과 법적 성격 논쟁", 노동법연구 제36호, 서울대학교 노동법연구회, 2014; 이흥재, "이익균점권의 보장과 우촌 전진한의 사상 및 역할", 법학 제46권, 서울대 법학연구소, 2005

9) 신동호, "제헌의원 조봉암이 제기한 헌법적 숙제들", 내일신문 2023.7.19.자

10) 민화협 편집부, "한반도 통일, 무엇을 준비해야 하는가", 민족화해 123호, 2023, 7－8월호, 24쪽, 전영선의 발언 중에서 참고

11) 도회근, "통일헌법의 기본원리", 법조 제64권 10호, 법조협회, 2015, 5쪽. 이 논문은 통일헌법에서 이른바 방어적 민주주의 제도를 수용할 것인가 하는 문제에 대해 세계적인 추세와 자유민주주의의 본래의 의미에 따라 방어적 민주주의제도를 수용할 필요는 없고, 자유민주주의는 오늘날 사회민주주의적 가치까지를 수용하면서 진화해 온 가장 포괄적인 원리이고 현재 헌법의 기본을 이루고 있는 원리이므로 '민주적 기본질서'라는 표현보다는 '자유민주적 기본질서'가 바람직한 표현이라 한다.

12) 도회근, 위 논문, 37쪽

13) 김태경, "한반도 미래를 위한 합의, 누구와 어떤 의제부터 할 것인가", 국회미래연구원, 2023.6.20.에 의하면, 남북한 공동번영에 대한 30년 미래전망 결과는 2050년까지 공동번영 전망이 감소하는 트렌드를 보였고, 탈북

청년을 포함한 (남북한) 미래세대의 한반도 미래에 대한 FGI(초점그룹인터뷰)는 통일의 가능성에 대한 극히 부정적 전망과 함께 한반도 내 두 개 정치적 단위 간 일정한 동등성, 두 단위의 자율적 공간 확보, 성장일변도가 아닌 '성숙사회' 방향으로의 한국사회 변화, 남북한 교류의 지속 및 글로벌 규범하 협력 등을 선호미래로 제시했다. 연구진이 내놓은 15-30년의 중장기 미래전략이 한반도 연합적 거버넌스다. 연구진은 한반도의 미래 구상에서 △갈등, 분쟁이 아닌 평화, 통합을 생각할 수 있는 '우리'의 범위를 어떻게 설정할 것인가, 좀 더 가까운, 혹은 좀 더 먼 '우리'의 스케일을 생각하면서 △복수의 '우리'를 바탕으로 어떤 성격의 공동체 질서를 어떻게 제도화할 것인가를 핵심적인 문제로 고민했다.

14) 신동호, 위 칼럼, 우리가 집중해야 할 것은 미래가 어디로 갈 것인가 정확히 예측하려는 목표 지향적 접근이 아니라 미래를 예상하고 준비하는 우리의 역량을 강화하는 것이다. 지금 여기에서 힘을 통한 평화보다 중장기적으로 지속 가능한 평화를 원한다면, 설령 지루하더라도 시민들 사이에 우직하게 질문을 던지고 다양한 미래의 가능성과 선호에 대해 대화하고 합의를 만들어 가는 것을 시작해야 한다. 미래대화의 다양한 장이 무성하게 이어질 때 한반도 미래전략은 정당성, 안정성을 바탕으로 우리 사회가 미래를 준비하는 데 이바지할 것이다.

15) 송의달, "한국의 21세기 엘리트들, 달라져야 한다", 법치와 자유, 2023.6., 149쪽, 이 글의 내용을 추가로 인용한다. 한국의 엘리트들이 반성하고 분발하지 않는다면 누가 나설 것인가? 대한민국의 문제를 해결해 줄 외국은 없다. 우리 스스로 지도에 없는 길을 개척하겠다는 결의를 갖는 게 급선무다. 그 바탕 위에서 엘리트들이 사고와 담론 언행의 수준을 선진국 엘리트들 이상으로 높여야 한다. 지금 한국 사회의 주류가 쇄신의 모범을 보인다면 차세대 청년 예비 엘리트들도 달라질 것이다. 이런 노력이 끈기 있게 지속될 때 대한민국이 세계에 기여하는 제2의 국운 상승기를 맞을 수 있다.

16) 대한민국 정책브리핑(www.korea.kr)

17) 류지성, “한반도 내 환경분야 유엔지속가능발전목표 이행을 위한 법제 정비 방안”, 한국법제연구원 공동학술대회 회의자료, 2023.9., 85쪽. 이하 표 1.은 위 자료에서 인용

18) 이효원·박종원, “통일을 위한 헌법 개정의 필요성”, 통일과 법률 제55호, 2023.8., 95쪽

19) 김승대, “헌법개정과 남북한 통일”, 공법연구 제39집 제2호, 한국공법학회, 2010, 141쪽

20) 전종익, “통일헌법의 기본권체계”, 법조 제665호, 법조협회, 2012.2., 152쪽, 176~178쪽

21) 전종익, 위 논문, 158~159쪽

22) 전종익, 위 논문, 159~162쪽

23) 연대라는 말은 민사법 내의 공동책임을 의미하였다. 로마의 법적 개념인 ‘solidum’은 전체를 위한 의무, 공동의 책임, 공통의 빚, 연대채무를 의미하였다. 장승혁b, “사회보험법과 사회연대 원리”, 사회보장법학 제6권 제1호, 2017.6., 9쪽

24) 장 자크 루소(1712~1778). 스위스 출신의 프랑스 철학자, 소설가, 교육학자. 루소는 이성적 문명이 오히려 감성의 퇴보를 불러왔다고 주장하여 ‘계몽주의를 비판한 계몽주의자’로 불리며, 18세기 계몽의 시대에 가장 독창적인 사상가로 평가받는다. 정치철학사에서 매우 중요한 인물로서, 사회계약은 자유와 평등에 기반해야 하므로 국가의 규칙인 법은 ‘일반의지’를 통해 결정되어야 한다는 인민주권론을 주장하여 민주주의의 이론적 토대를 마련하였고, 이후 이 사상은 프랑스 대혁명에 직접적인 영향을 끼침으로써 근현대 민주주의 형성에 거대한 기여를 하였다. 나무위키 참조

25) 장 자크 루소, 홍지화 역, 『인간불평등기원론』, 부북스, 2013, 70~71쪽. 관대함, 인자함, 인간애라는 것은 약자, 죄인 또는 인류 전반에 적용된 연민의 정이 아니고 무엇인가? 호의와 우정 역시 잘 생각해 보면 특정한 대

상에게 쏟은 변치 않은 연민의 산물이다. 누군가 고통받지 않기를 바라는 것은 그가 행복하기를 바라는 것과 뭐가 다르겠는가?

26) 장승혁a, “사회연대원리의 기원과 발전”, 사회보장법연구 2014년 제3권 제2호, 서울대 사회보장법연구회, 59~60쪽

27) 장승혁a, 위 논문, 61쪽

28) 프랑수아 마리 샤를 푸리에(François Marie Charles Fourier, 1772~1837). 프랑스의 사회주의 철학자, 사상가.

29) 장승혁a, 위 논문, 63쪽. 두 번째와 세 번째 사용방식은 오늘날 연대 개념이 사용되는 방식과 유사하고, 네 번째는 오늘날 발견되는 연대와 복지국가 사이의 연계에 근접한다.

30) 오귀스트 콩트(1798~1857). 프랑스 최초의 사회학자. 사회학의 시조. 실증주의 철학자. 콩트는 자연에서 일어나는 일들을 과학적 방법으로 파악하는 것처럼 “사회현상”을 객관적으로 연구하는 것이 가능하다고 주장했고, 이러한 사회학적 통찰이 사회의 정치적 문제들의 해결을 용이하게 하는 새로운 사회 테크놀로지의 발전을 가능하게 할 것이라고 주장했다. 나무위키 참조

31) 장승혁a, 위 논문, 65~66쪽

32) 다비드 에밀 뒤르켐(David Émile Durkheim, 1858~1917). 프랑스의 사회학자. 사회학은 무엇을 ‘대상’으로 하여야 하느냐와 어떤 ‘방법’을 통해 사회학적 사실을 발견하느냐를 제대로 제시한 것은 에밀 뒤르켐이 사실상 최초이며, 또한 뒤르켐이 통계를 적극적으로 사용하는 현대사회학의 방법론적 기조를 창시했다. 나무위키 참조

33) 장승혁a, 위 논문, 66~68쪽

34) 장승혁, 『사회보험과 사회연대』 경인문화사, 2020, 27쪽

35) 장승혁, 위 책, 28~29쪽, ILO가 선언하는 4가지 근본원칙 중에는 “일부의 빈곤은 전체의 번영을 위태롭게 한다.”라는 항목이 있다.

36) 장승혁, 위 책, 29~30쪽

37) 장승혁a, 위 논문, 69~70쪽

38) 『간추린 사회교리』, 한국천주교중앙협의회, 2006, 161~162쪽

39) 허영, 『한국헌법론』 박영사, 2023, 188쪽

40) 허영, 위 책, 190쪽

41) 장승혁b, “사회보험법과 사회연대 원리”, 사회보장법학 제6권 제1호, 2017.6., 6쪽

42) 직장가입자와 지역가입자의 건강보험료 차등을 정당화하는 사례(2013.7.25. 선고 2020헌바51 결정 등), 결사의 자유가 사회연대를 촉진한다는 사례(2012.3.29. 선고 2011헌바53 결정), 사회보험료는 사회연대의 원칙에 따라 사회적 효율성과 개별적 공평성을 고려하여 적절한 기준에 따라 정할 수 있다는 사례(2007.4.26. 선고 2005헌바51결정), 사회연대의 원칙은 국민들에게 최소한의 인간다운 생활을 보장해야 할 국가의 의무를 부과하는 사회국가원리에서 나온다는 사례(2000.6.29. 선고 99헌마289 결정)가 있다.

43) 헌법재판소 2002.12.18. 선고 2002헌마52결정

44) 장우찬b, “사회연대 원리에서 연대의 본질에 대한 법적 소고”, 사회보장법학 제10권 제1호, 2021.6., 188~189쪽

45) 헌법재판소 2002.12.18. 선고 2002헌마52결정

46) 헌법재판소 2000.6.29. 선고 99헌마289결정에서 “사회연대의 원칙은 국민에게 최소한의 인간다운 생활을 보장해야 할 국가의 의무를 부과하는 사회국가원리에서 나온다.”라고 판시한다.

47) 장우찬a, 위 논문, 120쪽

48) 강수택, 『연대주의 – 모더니즘 넘어서기』, 한길사, 2012, 33~207쪽. 장우찬b, “사회연대 원리에서 연대의 본질에 대한 법적 소고”, 사회보장법학 제10권 제1호, 2021.6., 183~184쪽에서 재인용

49) 장우찬b, 위 논문, 184쪽

Ⅱ. 통일 한국 헌법의 특수성

1) 국립통일교육원, 『2023 북한 이해』, 2023, 13~22쪽

2) 장승혁, 위 책, 32쪽

3) 장승혁, 『사회보험과 사회연대』, 경인문화사, 2020, 14쪽에서 재인용

4) 장우찬b, 위 논문, 179쪽

Ⅲ. 통일 한국 헌법에서 사회연대 구현방법

1) 장우찬b, 위 논문, 213쪽

2) 장승혁, 위 책, 117~118쪽

3) 장승혁b, 위 논문, 8쪽

4) 직장가입자와 지역가입자의 건강보험료 차등을 정당화하는 사례(2013.7.25. 선고 2020헌바51 결정 등), 결사의 자유가 사회연대를 촉진한다는 사례(2012.3.29. 선고 2011헌바53 결정), 사회보험료는 사회연대의 원칙에 따라 사회적 효율성과 개별적 공평성을 고려하여 적절한 기준에 따라 정할 수 있다는 사례(2007.4.26. 선고 2005헌바51 결정), 사회연대의 원칙은 국민들에게 최소한의 인간다운 생활을 보장해야 할 국가의 의무를 부과하는 사회국가 원리에서 나온다는 사례(2000.6.29. 선고 99헌마289 결정)가 있다.

5) 장승혁b, "사회보험법과 사회연대 원리", 사회보장법학 제6권 제1호, 2017.6., 12~14쪽

6) 헌법재판소 2000.6.29. 선고 99헌마289 결정. 이런 특성으로 인해 보험관계의 내용은 당사자들이 개별적으로 선택할 수 없고 법률로 정하여진다.

7) 이런 점에서 사회연대는 사회보험수급권을 제한하는 입법의 위헌성을 판단하는 기준이 된다. 장승혁b, 위 논문, 16~20쪽. 헌법재판소도 같은 취지에서 "사회보장급여를 절실히 필요로 하는 곳에 오히려 이를 제공하지 않는 것은 제도의 본질을 침해하여서는 안 된다는 헌법상의 한계를 일탈하여 의료보험

수급권의 본질을 침해하여 위헌이다."라고 선언하였다.(2003.12.18. 선고 2002헌바1 결정, 경과실로 인한 범죄행위에 기인하는 보험사고에 대하여 의료보험급여를 부정한 위헌소원 사건)

8) 헌법재판소도 "본질적으로 부담능력이 없는 자에 대하여 보험료를 부담시킨다면 사회연대원칙에 입각한 사회보험제도를 요구하는 사회국가원리에 반할 소지가 있다."(2003.6.26.선고 2001헌마699 결정)라고 함으로써 능력에 따른 기여를 인정하였다.

9) 시민들의 참여를 통하여 사회보험의 공정성과 투명성은 더욱 고양될 것이다.

10) 2023. 8. 7. 지성호 의원이 대표 발의한 북한이탈주민의 보호 및 정착지원에 관한 법률 개정안에 의하면, 현행법은 북한이탈주민의 안정적인 정착을 위해 이들에 대한 보호 및 주거, 교육, 취업, 의료 등 각종 지원제도를 규정하고 있으며, 보호결정 당시 50세 이상 60세 미만인 보호대상자에 대하여도 5년 이상 연금보험료 납부 시 국민연금을 지급 받을 수 있도록 하는 등 국민연금에 대한 특례를 적용하고 있다. 그러나 북한이탈주민의 경우 국민연금에 대한 지식과 이해도가 낮고 초기 정착 시 소득이 전무하여 연금보험료를 자발적으로 납부하기 어려운 경우가 대부분이어서 국민연금 제도 혜택의 사각지대에 놓여 있다. 이에 통일부장관 또는 국가정보원장이 정착지원시설 보호기간 중 보호대상자의 국민연금 가입에 필요한 지원을 하도록 하고, 보호대상자의 경제적 능력 등을 고려하여 연금보험료를 지원할 수 있는 근거를 마련하여 북한이탈주민이 국민연금 제도의 수혜를 안정적으로 누릴 수 있도록 하려는 것이다(안 제26조의2제1항·2항 및 제6항 신설). 국회의안정보시스템(https://likms.assembly.go.kr/bill/billDetail.do?billId=PRC_D2C3A0A7I2I0H1I1G1F8F5N0N3M9M7) 3만 명 수준의 북한이탈주민의 사회보험문제와 2천 5백만 명 북한주민의 사회보험은 차원을 달리하는 문제이므로 여러 가지 고려할 점이 있을 것이다.

11) 독일 연방헌법재판소 2001. 4.3. 결정에서 자녀가 있는 장기요양보험가입자

가 자녀가 없는 가입자와 동등한 보험료를 부담하는 것은 독일기본법상 '혼인과 가족은 국가의 특별한 보호를 받는다'는 제6조 제1항, 평등권에 관한 제3조 제1항에 위반된다는 결정을 하였고, 그 결과 23세 이후 자녀가 없는 보험가입자는 보험료를 추가로 부담하게 되었다. 장승혁b, 위 논문, 22쪽

12) 김석진·홍제환, 『저출산·고령화 시대의 통일문제: 노동시장과 사회보장』, 통일연구원, 2024, 199~203쪽. 다만 고려할 정치상황으로, 통일에 따라 새롭게 거대 유권자 집단으로 등장할 북한주민이 남북한 간의 사회보장제도 분리 운영과 차등화 방안에 대해 격렬히 반대할 가능성이 있다. 경제적으로 합리적인 방안이라도 모든 국민의 자유와 기본권을 평등하게 보장해야 한다는 헌법적 요구와 충돌한다는 비판을 받을 수 있기 때문이다.

13) 헌법재판소 2005.11.24. 선고 2002헌바95 등

14) 위 헌재2002헌바95 등 결정

15) 장우찬a, 위 논문, 125~128쪽

16) 2019년 개정 북한헌법 제8조 조선민주주의인민공화국의 사회제도는 근로인민대중이 모든 것의 주인으로 되고 있으며 사회의 모든 것이 근로인민대중을 위하여 복무하는 사람 중심의 사회제도이다. 국가는 착취와 압박에서 해방되어 국가와 사회의 주인으로 된 로동자, 농민, 군인, 지식인을 비롯한 근로인민의 리익을 옹호하며 인권을 존중하고 보호한다.

17) 북한 헌법 제70조 공민은 로동에 대한 권리를 가진다. 로동능력있는 모든 공민은 희망과 재능에 따라 직업을 선택하며 안정된 일자리와 로동조건을 보장받는다. 공민은 능력에 따라 일하며 로동의 량과 질에 따라 분배를 받는다.

18) 김석진·홍제환, 『저출산·고령화 시대의 통일문제: 노동시장과 사회보장』, 통일연구원, 2024, 54쪽

19) 정다연, "기회발전특구 도입의 의미와 과제", 국회입법조사처, 이슈와 논점 제2118호, 2023.7.19.

20) 장용근, "통일시 남북한의 경제적 지역격차 해소방안에 대한 헌법적 고찰", 대법원 통일사법연구위원회 제51차 정기회의, 2023.7. 발표문, 31쪽

21) 장용근, 위 논문, 21~22쪽

22) 하동현, "보충성의 원칙과 지방시대", 내일신문 2023.9.6.자 신문로 칼럼

23) 김성욱, "북한의 부동산 등록 관리 실태와 향후 관련 법제 통합방향", 통일과 법률 제55호, 2023.8., 145쪽

24) 서보혁 외, 『발전의 평화 인권 효과와 한반도(KINU 연구총서 22-19)』, 143~148쪽

25) 김영규, "북한 라선경제무역지대 부동산규정의 특징과 평가", 통일과 법률 제55호, 2023.8., 102~103쪽

26) 기존의 민법적 관점에서 주장되는 것으로 원소유자의 민법상 원상회복청구권을 인정하여 원칙적으로 반환하고 예외적으로 보상하자는 견해이며, 독일이 이런 방식을 취하였다.

27) 헝가리는 공산당에 의한 몰수재산은 반환하지 않는다는 원칙하에 불법적 수용에 대한 보상만을 규정하였고, 보상의 방법에 있어서도 금전보상을 채택하지 아니하고 사유화되는 국유재산에 대하여 그 지분을 취득할 수 있는 권리를 화체한 보상증서를 통한 보상방법을 택하였다. 김승대, "헌법개정과 남북한 통일", 공법연구 제39집 제2호, 한국공법학회, 2010, 150쪽

28) 권은민, "다시 보는 북한 토지, 북한 토지에 대한 소유권 주장은 가능한가", 『북한을 보는 새로운 시선』, 박영사, 2022, 89~110쪽; 김성욱, "남북한 토지소유제도통합의 기본방향", 한국법제연구원 학술세미나 자료집, 2022.5., 56쪽; 이부하, "통일 후 북한의 토지소유권 문제", 토지공법학회 제21집, 2004, 393쪽에서 원상회복보상불요설의 근거로 김민배,"북한에 의한 토지개혁의 역사적 유산과 통일헌법에서의 법적 과제", 인하대학교 사회과학연구소 논문집 11집, 1993과 박성훈, 『남북한 통일에 비추어 본 독일 신탁관리공사의 역할과 의의』, 대외경제정책연구원, 1993을 인용하고 있다.; 장용근, 위 논문, 26~28쪽. 장용근은 일제강점기의 토지조사사업에서 시작된 역사적 관점, 남북한에서 시행된 토지개혁 현실, 70년 이상

시간이 경과한 법적 안정성, 북한주민의 적응기회 마련, 소유권주장의 증거확보가 어려운 문제 등을 근거로 들고 있다.

29) 김성욱, 위 논문, 56쪽

30) 김승대, 위 논문, 150~151쪽

31) UN이 제정한 '경제적, 사회적 및 문화적 권리에 관한 국제규약'(A규약, 남한에서는 국회동의를 거쳐 1990.7.10. 발효됨) 제11조는 "...모든 사람이 ...주택을 포함하여 자기 자신과 가정을 위한 적당한 생활수준을 누릴 권리와 생활조건을 지속적으로 개선할 권리를 가지는 것을 인정한다. 당사국은... 그 권리의 실현을 확보하기 위한 적당한 조치를 취한다."라고 규정한다.

32) 전종익, 위 논문, 172쪽

33) 2차 세계대전 이후 시행된 소련과 동독에 의한 토지수용조치에 대해 조정급부만을 지급하도록 한 조치에 대한 헌법소원사건(BVerfGE 84,90). 전종익, 위 논문, 172쪽

34) 전종익, 위 논문, 172~173쪽

35) 전종익, 위 논문, 175쪽

36) 김상범, "미 대법 "특정 인종 우대는 차별", '어퍼머티브 액션' 위헌에 정치권 시끌… "진보 후퇴" vs "능력기반 복귀"", 내일신문 2023. 6. 30.자. 1960년대 민권운동의 성과 가운데 하나로 꼽힌 소수인종 우대 입학 정책인 Affirmative Action은 미국 사회의 민감한 현안이었다. 연방 대법원의 판결은 '공정한 입학을 위한 학생들'(Students for Fair Admissions · SFA)이 지난 2014년 공립대인 노스캐롤라이나대와 사립대인 하버드대를 상대로 제기한 소송의 최종 결론이다. SFA는 하버드대가 흑인, 히스패닉 등 다른 소수인종 그룹을 우대하기 위해 아시아계를 의도적으로 차별했고, 노스캐롤라이나대에서는 백인과 아시아계 지원자를 차별했다는 논지를 펴왔다. 그러나 하버드대 측은 이런 주장을 부인하면서 인종은 신입생 선발 전형에서 검토하는 많은 여러 요소 중 하나일 뿐이라고 반박했다. 인종에 따른 가점은 학생이 저소득 가정 출신인지 여부나 특별한 운동에 재능이 있는지 등에 따라 주는

다양한 가점과 비슷한 취지라는 것이다. 1심과 2심에선 SFA가 패소했지만 대법원은 핵심 쟁점인 어퍼머티브 액션을 위헌으로 판단했다. 대법원장인 존 로버츠 대법관은 다수 의견에서 “너무 오랫동안 대학들은 개인의 정체성을 가늠하는 기준으로 기술이나 학습 등이 아니라 피부색이라는 잘못된 결론을 내려왔다”라면서 “우리 헌정사는 그런 선택을 용납하지 않는다”라고 말했다. 이어 “학생들은 인종이 아니라 개개인의 경험에 따라 대우해야 한다”라고 밝혔다. 반면, 소니아 소토마요르 대법관은 소수 의견에서는 “수십 년 선례와 중대한 진전에 대한 후퇴”라고 비판했다.

37) 권한님·이채영, “통일을 대비한 법교육의 방향 탐색”, 한국법교육학회 정기학술대회 자료집, 2023.6., 62~63쪽

38) [네이버 지식백과] 보이텔스바흐 합의

39) 박성춘, “평화와 통일을 위한 교육”, 겨레말 2023 여름호, 겨레말큰사전 남북공동편찬사업회, 3~5쪽

40) 제헌헌법 제101조는 “이 헌법을 제정한 국회는 단기 4278년 8월 15일 이전의 악질적인 반민족행위를 처벌하는 특별법을 제정할 수 있다.”라고 규정하였다.

41) 반민족행위처벌법은 법률 제3호로 1948. 9. 22. 제정되어 같은 날 시행되었다. 그 이후 1951. 2. 14. ‘반민족행위처벌법등 폐지에 관한 법률’이 시행됨으로써 동법 및 이와 관련한 법률이 일괄 폐지되었다.

42) 데즈먼드 투투, 홍종락 옮김, 『용서 없이 미래 없다』, 사자와 어린양, 2022

43) 이덕연, “법관의 법왜곡 문제”, 법과 사회 제12호, 1995 하반기

44) 김승대, 위 논문, 150쪽

45) 이혜영, 체제 전환기의 국내·국제혼합 특별형사법원과 통일 한국에의 함의, 사법정책연구원, 2021, 223쪽

46) 권오곤, “권오록 회고록 제14화: 입법권을 가진 재판관들”, 법률신문 2023. 6. 14.자. 법률신문에서 연재한 권오곤 회고록은 소중한 자산이다. 유럽에서 벌어진 전쟁범죄와 그것을 해결한 경험은 통일 한국이 닥칠 사회통합

의 예시가 될 수 있다.

47) International Criminal Tribunal for the former Yugoslavia(1993~2017) 유엔안전보장이사회가 유엔 헌장 제7장에 규정된, 국제평화와 안전을 유지하기 위한 비상권한에 근거하여 1993년 창설한 국제재판소이다. 1991년 1월 1일 이후부터 구유고슬라비아 영토 안에서 발생한 민족분규에서 대량학살과 반인륜 범죄 등에 책임이 있는 개인을 형사소추하기 위하여 네덜란드 헤이그에 설립되었다. [네이버 지식백과] 구유고슬로비아국제형사재판소

48) ICTY 소송규칙 사례를 살펴본다. 법정 증언에 갈음하여 증인의 진술서를 증거로 받아들일 수 있도록 소송규칙을 개정한 사례다. 제92조의4 (Rule 92 quarter) 증인이 사망 등의 이유로 증언을 할 수 없게 된 경우에, 해당 증인이 작성한 진술서나 이전 재판에서 한 증언의 속기록을 증거로 받아들일 수 있도록 한 조항이다. 다만 당시의 상황에 비추어, 해당 진술이나 증언이 믿을 만하여야 하고[제92조의4(A)(ii)], 일반 원칙에 따라 해당 증거를 받아들이는 것이 공정한 재판을 하지 않아야 한다[제89조(D)]. 제92조의5 (Rule 92 quinquies) 이는 증인이 협박, 위협, 상해, 뇌물, 강요 등의 방해행위로 말미암아 출석을 하지 않거나 증언을 거부하는 경우에, 해당 증인의 진술서나 증언 속기록을 받아들일 수 있게 한 조항으로, 2009년 12월 10일 소송규칙 개정에 의해서 추가됐다.

49) 권오곤, "권오곤 회고록", 법률신문 2023.7.13.자. 위 글에는 피고인이 유죄를 인정하면 검찰은 사실관계의 입증을 생략할 수 있고, 재판소는 재판절차를 단기간에 마칠 수 있으며, 끔찍한 경험으로 고통받는 증인들은 증언을 피할 수 있다. 또한 유죄를 인정한 피고인들은 검찰 수사에 협조함으로써 다른 사건에서 증언하는 등 진실발견에 기여한다. 고위 지도자의 유죄인정은 전쟁의 상처를 치유하는 회복적 효과도 있다. ICTY에 기소된 피고인은 161명이고, 유죄판결을 선고 받은 92명 중 유죄를 인정하여 양형

판결을 받은 사람은 20명이다.

50) 헌법재판소 1999.12.23. 선고 98헌마363 결정

51) 전종익, 위 논문, 173~175쪽

52) 헌법재판소 2003.6.26. 선고 2002헌가16결정 등

53) 장우찬a, 위 논문, 137~140쪽

54) 김석진·홍제환, 앞의 책, 115~117쪽

55) 남북한의 환경문제에 대한 최근의 자료로는, 유엔 지속가능발전목표와 남북한 환경법제 정비, 한국법제연구원 주최 공동학술대회자료집, 2023.9.15.을 참고할 수 있다.

56) 유수정 외, "통일 이후 북한 주민의 정신건강 법·정책 제언", 통일정책연구 제33권 제2호, 2024

57) 강진웅, "북한의 고등학교 조선력사의 고대사 인식과 민족 서사의 변화", 현대북한연구 27권 3호, 2024. 이 논문은 북한의 역사 교과서는 혈통 중심의 원초론적, 영속론적 근원주의에 입각한 민족 정체성 교육을 강화하고 있다고 분석한 다음 개혁방향을 제시한다.

58) 국가의 관여 한계에 대한 논의는 남한 사회 내에서도 제기되고 있다. 사적 공간에서 학습방법을 선택하는 것은 타인의 법익과 관련이 없는 개인적인 것이므로 각자의 자율적 판단에 맡겨야 하는 것인데도 지자체가 조례로 독서실 남녀좌석 구분을 강제하는 것은 위헌, 위법한 처분이라는 판결이 있다. 이런 문제는 보조성 원칙과도 관련된다. 성중탁, "독서실 남녀좌석 구분을 강제하는 조례의 위헌성", 법률신문, 2023.8.31.자

IV. 결론

1) 서울경제 2023.7.27.자 사설 "출생아 역대 최소, 국가소멸 막으려면 '살고 싶은 나라' 만들어야" 중에서. 이 사설에선 구체적인 방안으로, 아이를 키우는 게 행복한 나라를 만들어야 하고, 정부는 질 좋은 공공 보육시설을

획기적으로 늘리고, 교육비 부담을 줄이기 위해 공교육을 강화하며, 노동시장개혁과 산업구조 혁신을 통해 양질의 일자리를 창출하고, 이민정책도 체계적으로 마련하는 등 사회 전체의 총체적 혁신이 절실하다고 주장한다. 통일 한국을 '살고 싶은 나라'로 만들기 위해서도 이런 목표가 필요하다. 특히 북한주민에게도 남한주민과 같은 수준의 복지를 제공하겠다는 의지가 있어야 한다. 그러기 위해서는 사회연대 의식이 강조되어야 한다.

2) 오세용, "능력주의와 노블레스 오블리주", 법률신문 2023.7.27.자 칼럼 중 마이클 샌델 교수의 말

3) 프리드리히 하이에크의 말, 오세용, 위 칼럼 참고

4) 박성민의 법문정답, "민주주의는 끊임없이 오늘 우리가 만들어 나가는 것", 법률신문 2023.6.26.자. 이 칼럼에는 이런 내용도 있다. "지금 대한민국은 '이익은 사유화하고, 손실은 사회화'하는 나라가 되었습니다. 전에는 개인보다 공동체를 우선했지만 이젠 공동체보다 개인이 우선입니다. 자유주의와 민주주의를 체화하지 못한 탓에 법치주의가 위기를 맞고 있습니다. 어느 진영만 탓할 일이 아닙니다. 모두 책임이 작지 않습니다. 그래도 희망을 버리면 안 됩니다."

5) 데스몬드 투투, 위 책, 31~32쪽. 위 책에는 고전영화 <흑과 백>을 언급한다. 두 죄수가 탈옥한다. 백인과 흑인이 한 사슬에 매여 있다. 그들은 경사면이 미끄러운 도랑에 빠진다.... 그들이 빠져나갈 길은 조금씩 함께 올라가다가 차례대로 도랑을 벗어나는 것뿐이다. 마틴 루터 킹의 말도 인용한다. "형제로 같이 사는 법을 배우지 못하면 우리는 바보로 같이 죽을 것이다."

6) 장승혁b, 위 논문, 5쪽. 연대의 어원인 로마법상 solidum은 전체를 위한 의무, 공동의 책임을 의미한다.

7) 김필주 박사 인터뷰 기사, "북한 농업증진에 바친 30여 년", 서울대 총동창신문, 2023.7.15.자.

8) 2025. 2. 26. 챗지피티와 대화를 요약 정리한 글
9) 2025. 3. 17. 챗지피티와 대화를 요약 정리한 글

제3장 토지제도의 방향 모색 - 주거권 보장

Ⅰ. 통일시대의 토지법제: 통합방향성과 원칙

1) 이 글은 한국토지정책학회 정기 세미나(2021. 4.)에서 발표한 "통일시대를 열어갈 토지법제 통합방향성 및 원칙"을 수정 보완한 것이다.
2) 권은민, "남북한 및 동아시아 주변국 토지개혁 과정에 관한 서설적 연구", 북한법연구 제24호, 2020 하반기
3) 정태식·곽성근, "통일한국 정부가 나아갈 부동산정책 방향에 관한 전문가 의견조사 분석", 한국부동산정책학회, 2014.12.
4) 김현아, "통일 대비 주택정책방향 보고서", 한국건설산업연구원, 2015
5) 성승제, "근대부터 한국전쟁까지 농지개혁과 법제도", 『2018년 남북법제연구보고서』, 법제처, 2018, 128면
6) 성승제, 위의 논문, 130~131면
7) 한국경제 2021.3.30.자 기사제목
8) 서울경제 2021.3.30.자 기사제목
9) 2009년 1월 21일 제정, 2011년 10월 수정·보충
10) 2009년 11월 11일 제정
11) 장병일, "통일 논의의 새로운 패러다임과 북한 토지이용권의 거래방안", 민사법학 제92호, 2020.9.
12) 가칭 국가소유부동산이용권 등기에 관한 법률
13) 조성찬, "중국의 경험으로 본 북한의 부동산 제도 변화: 동향과 전망", 토지+자유연구소 북중연구센터장
14) 경향비즈 2021.03.13.자 기사, "부동산 불평등 해법은 있다" 남기업 대담 http://biz.khan.co.kr/khan_art_view.html?artid=202103131338001&co

de=920202#csidx3d5ff5578427759a95a1840f6446ef3

15) 매일경제, 2021.3.26.자 기사(줌 인 해외부동산)

16) 송경모, "토지 소유에 대한 갈망이 오늘날 풍요의 바탕", 한국경제, 2021.3.18.자

17) 자세한 내용은 권은민, 앞의 논문 참고

18) 정부용역보고서 중에 포함된 '남북한 지역경제통합에 대한 특별법(안)' 제6조(국공유재산의 처리원칙) 제4항에서, "국가는 북한지역에서 강제 몰수되거나 소유권 등을 박탈당한 토지에 관하여 그 권리자에게 보상하여야 한다. 보상대상이 되는 몰수토지 및 권리자의 범위, 보상기준과 절차에 대하여는 별도 법률로 정한다."라고 규정함으로써 보상원칙을 택하고 있다.

19) 콜린 존스, 방문숙 외 옮김, 『케임브리지 프랑스사』, 시공사, 2016, 220~221쪽

20) 위 책, 240~241쪽

21) 송경모, "토지 소유에 대한 갈망이 오늘날 풍요의 바탕", 한국경제, 2021.3.18.자

22) 이무철 외, 남북연합 구상과 추진방향, 통일연구원, 2020, 103쪽 이하

23) 사회연대주의(social solidarity, 社會連帶主義). 인간 관계에 있어서, 종적 관계가 아니라 횡적 관계를, 권리가 아닌 의무를 강조하는 프랑스 고유의 전통적 사회·정치 사상 [네이버 지식백과]

24) ChatGPT와의 대화 내용 (2025.3.17.)

25) 성중탁, "지방분권과 재정분권", 법률신문, 2021.4.12.자

Ⅱ. 통일과 북한토지제도 변화방향

1) 이 글은 한국은행 북한연구실에서 진행한 비공개 세미나(2023.10.)의 발표문 "통일과 북한토지제도 변화가능성 연구"를 수정 보완한 것이다.

2) 알렉세이 유르착 지음, 김수환 옮김, 『모든 것은 영원했다, 사라지기 전까

지는: 소비에트의 마지막 세대』, 문학과지성사, 2019, 9쪽

3) 이영호, "토지소유관계의 변천과 토지개혁론", 한영우 외, 『한국사특강』, 서울대학교 출판부, 2007, 421~442쪽

4) 이영호, 위 논문, 436~440쪽

5) 남북한 토지개혁에 대한 내용은 권은민, "남북한 및 동아시아 주변국의 토지개혁 과정에 관한 서설적 연구", 북한법연구 제24호, 2020 하반기 참조

6) 오혜령, "북한 부동산법제의 변천과 전망", 한국국제정치학회 학술대회 자료집, 2023.6., 100~102쪽

7) 이은정, "북한 토지법의 체계와 특색", 북한법 체계와 특색, 세종연구소, 1994, 527쪽

8) 오혜령, 위 논문, 106쪽

9) 강수택, "연대의 개념과 사상" 역사비평, 2013, 23쪽은 대한민국 제헌헌법에 연대정신이 배어 있다고 하면서 특히 3.1독립선언서와 이를 계승한 대한민국 임시헌법을 보면 한반도의 민중들이 염원한 국가가 자유, 평등, 평화, 인도, 민족 이념으로 이루어진 근대적인 연대정신을 기반으로 한 국가라 한다.

10) 장우찬, "사회연대 원리의 규범적 의미와 그 효력", 인하대학교 법학연구, 제22집 제4호, 2019, 129~131쪽; 황승흠, "근로자 이익균점권의 탄생배결과 법적 성격 논쟁", 노동법연구 제36호, 서울대학교 노동법연구회, 2014

11) 신동호, "제헌의원 조봉암이 제기한 헌법적 숙제들"(내일신문 2023.7.19.)

12) 민화협 편집부, "한반도 통일, 무엇을 준비해야 하는가", 민족화해 123호, 2023. 7−8월호, 24쪽

13) 도회근, "통일헌법의 기본원리", 법조 제64권 10호, 법조협회, 2015, 5쪽

14) 전종익, "통일헌법의 기본권체계", 법조 제665호, 법조협회, 2012.2., 152쪽, 176~178쪽

15) 전종익, 위 논문, 158~159쪽

16) 전종익, 위 논문, 159~162쪽

17) 주거권(housing rights, 住居權) [네이버 지식백과]

18) 『간추린 사회교리』(한국천주교중앙협의회, 2006) 161~162쪽

19) 서보혁 외, 『발전의 평화 인권 효과와 한반도』, KINU 연구총서 22-19, 143~148쪽

20) 김승대, "헌법개정과 남북한 통일", 공법연구 제39집 제2호, 한국공법학회, 2010, 150쪽

21) 권은민, 『북한을 보는 새로운 시선』(박영사, 2022), 89~110쪽; 이부하, "통일 후 북한의 토지소유권 문제", 토지공법학회 제21집, 2004, 393쪽; 김민배, "북한에 의한 토지개혁의 역사적 유산과 통일헌법에서의 법적 과제", 인하대학교 사회과학연구소 논문집 11집, 1993; 박성훈, 『남북한 통일에 비추어 본 독일 신탁관리공사의 역할과 의의』(대외경제정책연구원, 1993); 장용근, "통일시 남북한의 경제적 지역격차 해소방안에 대한 헌법적 고찰", 대법원 통일사법연구위원회 제51차 정기회의, 2023.7. 발표문, 26~28쪽. 장용근은 일제강점기의 토지조사사업에서 시작된 역사적 관점, 남북한에서 시행된 토지개혁 현실, 70년 이상 시간이 경과한 법적 안정성, 북한주민의 적응기회 마련, 소유권주장의 증거확보가 어려운 문제 등을 근거로 들고 있다.

22) 김승대, 위 논문, 150~151쪽

23) 전종익, 위 논문, 172쪽

24) 2차 세계대전 이후 시행된 소련과 동독에 의한 토지수용조치에 대해 조정급부만을 지급하도록 한 조치에 대한 헌법소원사건(BVerfGE 84,90). 전종익, 위 논문, 172쪽

25) 전종익, 위 논문, 172~173쪽

26) 전강수, "북한 지역 토지제도 개혁 구상", 통일문제연구 제19권 제2호, 2007, 186~188쪽

27) 김윤상, 『지공주의: 새로운 토지 패러다임』(경북대학교출판부, 2009), 289~290쪽

28) 허문영·전강수·남기업, 『통일대비 북한토지제도 개편방향 연구』(통일연

구원, 2009), 73쪽

29) 전강수, 위 논문, 196쪽

30) 오혜령, 위 논문, 120~121쪽

31) 정다연, "기회발전특구 도입의 의미와 과제", 국회입법조사처, 이슈와 논점 제2118호, 2023.7.19.

32) 장용근, 위 논문, 31쪽

33) 장용근, 위 논문, 21~22쪽

34) 2025. 3. 5. 챗지피티와 대화를 요약 정리한 글

제4장 남북합의의 방향 모색 - 중첩적 합의

Ⅰ. 중첩적 합의

1) 이 글은 법제처가 발간하는 법제 2024.9. 통권 제706호에 게재된 "남북한 법제에서 중첩적 합의 가능성 연구"를 수정 보완한 것이다.

2) 이무철, "북한의 대남 통일정책 전환 분석: '우리 국가제일주의'를 중심으로", 현대북한연구, 2024(제27권 1호), 74~76쪽.

3) 존 롤스, 황경식 옮김, 정의론, 이학사, 2003.

4) 존 롤스, 장동진 옮김, 정치적 자유주의, 동명사, 2016.

5) 김영란, 판결 너머 자유, 창비, 2024, 10쪽. 남북한이 이질적인 사회이고 신념체계가 다른 것이 현실이지만 이러한 현실에도 불구하고 롤스가 말하는 '합당한 다원주의 사회'라 볼 가능성이 있다면 남북한 법제에도 롤스 이론을 적용할 가능성이 생긴다. 필자는 남북한의 정치 체제 차이에도 불구하고 80년 이상 존속해 온 현실을 인정하면 롤스 이론이 적용가능하다고 본다.

6) 김영란, 위 책, 34~35쪽. 롤스의 주장은 개인을 전제로 한 것인 반면 필자가 관심가지는 남북문제는 당국 간의 문제여서 전제하는 것이 서로 다를 수 있다. 하지만 필자는 이 논문에서 남북한 당국이 합의를 하거나 각자의

법제도를 만드는 과정에서는 공적 이성에 해당하는 합리적 판단을 할 것이라 전제한다.

7) 김영란, 위 책, 10~11쪽. 김영란이 남한 사회 내에서 특히 대법원의 판결을 통해 롤스 이론의 적용가능성을 모색하고 있다면, 필자는 남북한 법제에서 롤스 이론 적용가능성을 모색하는 차이가 있지만 공적 정의관에 의해 효과적으로 규제되는 질서정연한 사회를 추구한다는 점에서 기본적인 문제의식은 같다.; 정훈, "중첩적 합의와 공리주의", 철학, 한국철학회, 2010(제103집), 275~279쪽. 롤스는 "어떻게 하면 안정적이고 정의로운 사회를 지속적으로 유지하는 것이 가능할까"를 고민하고 그 고민의 결과로 『정치적 자유주의』를 집필하였다. 필자도 남북한이 안정적이고 정의로운 사회가 되는 길을 고민하면서 이 글을 쓰게 되었다.

8) 김영란, 위 책, 34쪽; 정훈, 위 논문, 287쪽. 사람들이 자신들의 포괄적 교설에 기반한 비-공적 근거(non-public reason)들을 통해 정치적 정의관을 이차적으로 정당화하는데 성공하면 그들은 중첩적 합의에 도달했다고 볼 수 있다. 또한 다양한 포괄적 교설에 몸담고 있는 많은 사람들이 어떤 정치적 정의관을 중첩적 합의를 통해서 지지할 수 있다면 그러한 정의관은 매우 안정적이라고 할 수 있다.

9) 김은희, "롤즈의 공적 이성 개념의 한계와 중첩적 합의 개념의 재조명", 철학, 한국철학회, 2010(제13집), 245쪽. 필자는 남북한 사이에도 이런 방식의 합의가 가능하다고 본다. 남북한이 추구하는 이념이 다르고 현실의 근거가 다르기 때문에 중첩적으로 합의한 내용의 성립 근거는 서로 다를 수 있지만 각기 다른 이유에 근거해서도 합의를 이룰 수 있는 공통된 부분이 있기 때문이다. 주민의 안전과 복지, 미래에 대한 대비 등이 그런 합의의 대상이다.

10) 김영란, 위 책, 49~50쪽. 북한주민이 자유롭게 이성을 행사할 수 있는 여건인지에 대해서는 의문을 가지지만 남북한 당국이 합의하는 상황을 전제

로 할 경우에 북한당국은 자유롭게 이성을 행사한다고 볼 수 있다. 그런 점에서 필자는 남북한 당국의 문제에서 중첩적 합의가 가능할 수 있다고 본다. 서구사회에서 종교개혁 이후 잠정적 타협으로 신앙의 자유라는 원칙을 받아들인 것은 처음에는 마지못한 것이었으나 파멸적인 내전을 종식시킬 유일한 대안으로 신앙의 자유가 받아들여진 것처럼, 자유주의적 정의의 원칙들을 충족시키는 헌법이 암묵적으로 수용된다. 위 책, 50~51쪽. 신앙의 자유가 파멸을 피하기 위한 대안으로 수용되었다가 하나의 원칙이자 기본권이 된 것을 보면, 남북 간의 문제도 파멸을 피하기 위한 대안선택이 정의의 원칙으로 발전해 나갈 가능성이 있을 것이다.

11) 김영란, 위 책, 12쪽. 남북한 사이의 이질성을 고려하면 각자의 포괄적 신념체계로 상대를 설득하기는 어렵다. 따라서 신념체계가 아닌 공적 이성으로 설득해서 중첩적 합의를 이끌어 내자는 롤스의 주장은 남북한 사이에 적용될 가능성이 생긴다.

12) 김영란, 위 책, 14쪽. 개별적인 연대를 넘어서 남한주민과 북한주민이라는 또는 남북한이라는 두 정치집단의 연결문제는 동조가 아니라 공감에서 출발해야 진전을 이룰 수 있다.

13) M. 빅토리아 코스타, 김상범 옮김, 존 롤스, 시민과 교육, 어문학사, 2020, 80쪽. 남북 간의 합의가 어느 쪽에 가까운지 단정하기는 어렵다. 기왕의 합의 선례를 보면, 명분에서는 도덕적 이유를 주장하면서 실리에서는 실용을 추구한 경우가 많았다.

14) 김영란, 위 책, 87쪽. 대법원 2008. 11. 20. 선고, 2007다27670 전원합의체 판결, 대법원 2023. 5. 11. 선고 2018다248626 전원합의체 판결. 두 판결을 통해 잠정적 타협이 어떻게 중첩적 합의로 나아가고 그 깊이와 넓이를 확장해 가는지 볼 수 있다. 2008년 판결의 다수의견은 종손을 원칙적인 제사주재자로 인정해 오던 종전의 관습은 더 이상 관습법으로 효력이 없고 상속인들이 협의하여 제사주재자를 정하는 것이 조리에 맞다고 판결했다.

협의가 되지 않을 때는 장남, 장남이 사망한 경우에는 장남의 아들이 제사주재자가 되고 아들이 없을 경우에는 장녀가 제사주재자가 된다고 했다. 한편 2023년 판결은 공동상속인들 사이에서 협의가 이루어지지 않는 경우 장남 또는 장손자 등 남성 상속인을 제사주재자로 우선한다고 판단한 것은 양성평등원칙에 위반되어 더 이상 조리에 부합하지 않는다고 하였다. 최근친의 연장자가 제사주재자로 우선한다는 것이 다수의견이었다.

15) 김영란, 위 책, 60~61쪽. 잠정적 타협의 두 사례는 남북관계에도 적용될 수 있다. 서로 신뢰하지 않더라도 공통의 이익을 얻기 위해, 또는 파국을 피하기 위해 타협이 필요한 상황에서 서로 잠정적 타협이 가능하다. 남북합의서는 이러한 잠정적 타협의 산물이다.

16) 김영란, 위 책, 51~52쪽.

17) 진희관 외, 통일과 평화 그리고 북한, 박영사, 2020, 82~90쪽.

18) 이 시기에 관한 연구로는, 김천식, "노태우 정부의 남북교류협력법 제정 과정에 관한 연구", 북한대학원대학교 박사학위논문, 2012. 1.

19) 이와 관련된 상징적인 법률조항은 남북교류협력에 관한 법률 제3조(다른 법률과의 관계)다. "남한과 북한의 왕래·접촉·교역·협력사업 및 통신 역무의 제공 등 남한과 북한 간의 상호 교류와 협력을 목적으로 하는 행위에 관하여는 이 법률의 목적 범위에서 다른 법률에 우선하여 이 법을 적용한다."

20) 남북관계발전법 제2장 '남북관계 발전과 정부의 책무'에 나오는 것이 대표적이다. 제6조(한반도 평화증진), 제7조(남북경제공동체 구현), 제8조(민족동질성 회복), 제9조(인도적문제 해결), 제10조(북한에 대한 지원), 제11조(국제사회에서의 협력증진), 제12조(재정상의 조치), 제12조의2(남북관계 발전의 기반 조성) 등이다.

21) 김영란, 위 책, 52쪽.

22) 판문점선언 제1조 제1항은 "남과 북은 ~ 이미 채택된 남북 선언들과 모든 합의들을 철저히 이행함으로써 관계개선과 발전의 전환적 국면을 열어나가기로 하였다."라고 규정하였다.

23) ‘통일공감포럼’은 통일·외교·안보 문제를 둘러싼 우리사회의 갈등을 줄이고, 대화와 소통을 통해 상호이해와 공감을 높여나가기 위해 출범하는 민화협의 남남대화 전담기구다. ‘통일공감포럼’은 2016년 각 분야의 전문가와 개인이 자유롭게 참여하여 합리적이고 상식적인 보편타당한 공론을 만들고 비전을 교류하는 소통의 장, 비전설계의 장으로 마련되었고, 주제별로 여러 번 토론회를 개최했다. 필자는 위 포럼의 집행진으로 참여한 바 있다. 위 포럼에서는 경협, 북핵, 인권 등의 주제로 진보와 보수 양측의 전문가를 초대하여 토론하였던 바, 80%이상 의견이 일치하였고, 어디에 중점을 둘지, 언제 행동할지에 대하여 일부 견해 차이가 있음을 확인하였다.

24) 대한민국 정책브리핑(www.korea.kr).

25) 김영란, 위 책, 111~112쪽.

26) 대법원 2011. 7. 28. 선고 2009도9152 판결.

27) 선병주, “김정은시대 법제연구”, 북한대학원대학교 박사학위논문, 2024, 239~245쪽.

28) 통일부, 남북합의서 총람, 2020, 771쪽; 송태원, “남북관계발전법의 현황과 과제”, 통일문제연구위원회 자료집, 2020(제7권), 311쪽.

29) 남북사이의 투자보장에 관한 합의서, 남북사이의 소득에 대한 이중과세방지 합의서, 남북사이의 상사분쟁 해결절차에 관한 합의서, 남북사이의 청산결제에 관한 합의서이다. 위 합의서는 경제협력 관계에서 일반적으로 제도화되어야 할 투자보장, 이중과세방지, 상사분쟁 해결절차, 청산결제 등의 제도적 사항을 담고 있다. 그 외 국회 동의받은 9개 합의서는 차량의 도로운행, 개성공업지구의 통신, 통관, 검역, 상사중재위원회의 구성과 운영, 출입체류, 열차운행, 해운에 관한 합의서들이다. 위 내용을 보면, 남북사이에 합의할 사항은 다양하고 그것이 남북당국에 의해 규범력을 가져야 할 성질의 것임을 알 수 있다.

30) 1992. 3. 6. 공포된 남북기본합의서, 한반도의 비핵화 공동선언, 2007. 5.

22. 공포된 남북 경공업 및 지하지원개발 협력에 관한 합의서, 2007. 11. 8. 공포된 남북관계발전과 평화번영을 위한 선언(10·4 선언), 2018. 10. 29. 공포된 9월 평양공동선언 등이 있다. 위 남북합의서 총람, 771쪽.

31) 한명섭, 통일법제 특강, 한울 아카데미, 2016, 262쪽. 국무회의 심의를 거친 합의서는 대부분 2007년에 심의되었고, 식량차관, 자원개발협력, 대통령의 평양방문, 서해평화협력지대추진위원회, 남북경제협력공동위원회, 농업협력실무접촉,국방장관회담, 도로협력에 대한 것이다.

32) 이에 대한 연구로는, 권은민, 북한을 보는 새로운 시선, 박영사, 2022 참고. 남북합의서가 규범력을 확보하기 위하여 국회동의가 필수적인지는 논란이 있을 수 있으나 남한 내에서 어떤 합의가 규범력을 갖기 위해서는 국회가 법률로 제정하는 것이 원칙적인 방법이라는 점과 국회가 국민의 대표자들로 구성된 입법기관이라는 점을 종합적으로 고려해 보면 국회동의는 남북합의를 법제화하는 기능을 할 것이고, 일단 국회동의를 거친다면 규범력을 확보하였다고 볼 수 있다. 또한 성질상 모든 남북합의서가 국회동의를 거쳐야 하는 것은 아닐 것이므로 남북관계발전법 등 관련 법령이 정한 절차를 거쳐 효력을 발휘하면 규범력을 가진다고 할 것이다. 따라서 중요한 것은 법제화 비율이 아니라 남한 내 법률이 정한 절차를 거쳤는지 여부이다. 규범력 확보 방안은 제도적으로 합의서를 규범으로 만드는 단계와 합의서를 규범으로 인정하고 이행하는 실천의지 그리고 합의서를 위반했을 때 대응조치가 결합되어야 할 것이다. 권은민, 위 책, 175~176쪽.

33) 위 남북합의서총람, 3~4쪽.

34) 위 남북합의서총람, 54~56쪽.

35) 남북기본합의서에서 '나라와 나라 사이의 관계가 아니라 통일을 지향하는 잠정적 특수관계'라는 말의 의미에 대해, 김연철은 "두 개 국가의 현실과 통일이라는 미래를 이어주는 다리는 남북관계의 수준이다. 다리가 끊어지면 남는 것은 두 개 국가라는 현실뿐이다."라고 하였다. 김연철, "한반도 전쟁 가능성

과 ‘두 개 국가론’”, 동아시아재단 정책논쟁, 2024(제209호), 3쪽.

36) 위 남북합의서총람, 295~296쪽.

37) 위 남북합의서총람, 301~307쪽.

38) 동 합의서 제15조 효력발생 및 폐기 조항 제1항 참조. 이 합의서는 2002년 12월 6일 문서교환방식으로 채택하였다. 우리 측 서명본은 2002년 12월 6일 북측에 송부하였고, 북측 서명본은 2002년 12월 31일에 우리 측에 송부되었다.

39) 대법원 2011. 7. 28. 선고 2009도9152 판결.

40) 서울행정법원 2021. 9. 30. 선고 2020구합71710 판결. 이 판결의 항소심(서울고등 2021누63176판결)은 항소를 기각하였으나, 대법원(2023두30833판결)은 파기환송하였다. 그 이후 파기환송심(서울고등 2023누40696 판결)에서 원고 승소로 확정하였다.

41) 헌법재판소 1993. 7. 29. 선고 92헌바48 결정, 대법원 2010. 7. 23. 선고 2010도1189 전원합의체 판결 등 참조.

42) 대법원 2023. 4. 27. 선고 2023두30833 판결 비영리법인설립허가취소.

43) 이 조항에 대하여 헌법재판소는 2023. 9. 26. 선고 2020헌마1724 결정으로 남북관계발전법의 전단살포 금지규정이 위헌이라 선언하였다. 이 결정으로 인해 전단살포의 허용여부 및 법위반시 제재방법에 대해서는 새로운 사회적 합의가 필요한 상황이다. 위 법률조항과 관련한 남한 사회의 합의과정에서는 남북한이 합의한 상호비방금지를 어떻게 반영할 것인지도 논란이 될 것이다. 한편 사례 2번은 남북관계발전법상 전단살포금지규정이 도입되기 전 사건이다.

44) 권은민, 위 책, 205~206쪽.

45) 남북합의서 총람, 66~67쪽.

46) 합의서 체결절차에 관한 연구로는, 김광길, 남북합의서의 체결절차 연구, 통일과 법률, 2013 참고.

47) 7·4 남북공동성명 전문 중 일부.

48) 남한 헌법은 개인과 기업의 자유를 존중하는 자유민주주의 헌법이다. 헌법 제119조 ① 대한민국의 경제질서는 개인과 기업의 경제상의 자유와 창의를 존중함을 기본으로 한다. ② 국가는 균형있는 국민경제의 성장 및 안정과 적정한 소득의 분배를 유지하고, 시장의 지배와 경제력의 남용을 방지하며, 경제주체간의 조화를 통한 경제의 민주화를 위하여 경제에 관한 규제와 조정을 할 수 있다.

49) 북한 헌법은 개인의 소유를 제한하고 3권분립을 허용하지 않는 사회주의 헌법이다. 제5조 조선민주주의인민공화국에서 모든 국가기관들은 민주주의중앙집권제원칙에 의하여 조직되고 운영된다. 제20조 조선민주주의인민공화국에서 생산수단은 국가와 사회협동단체가 소유한다.

50) 이춘근, "점점 벌어지는 남북한 격차의 딜레마"(스카이데일리 2024. 6. 3.), CIA 자료는 북한주민의 처절한 상황을 숫자를 통해 적나라하게 보여준다. 북한의 국내총생산(GDP)은 한국의 60분의 1, 개인소득 역시 한국인의 30분의 1에 불과하다. 평균수명도 북한주민은 71.88세, 한국인은 83.17세다. 북한의 1년 예산은 한국의 118분의 1에 불과하다. 한국의 1년 국방 예산(약 480억 달러·66조4800억 원)은 북한의 1년 GDP(300억 달러 미만 추정)보다 더 많다. 한국의 전기 소비량은 북한의 38배에 이르며 한국인의 석유 소비량은 북한의 128배에 이른다.

51) 이계수, "문학으로 읽는 인권", 일감법학, 2024(제57호), 236쪽.

52) 통일부, 2024년 통일백서, 통일부, 2024, 256~263쪽.

53) 위 통일백서, 264~268쪽.

54) 김영란, 위 책, 25쪽.

55) 통일하는 과정에서 사회연대가 추구되어야 한다는 연구로는, 권은민, "통일 한국 헌법과 사회연대 연구", 변호사, 2024(제56집), 11~50쪽.

56) 김영란, 위 책, 160쪽.

57) 김영란, 위 책, 36쪽.

58) 롤스철학 연구자 중에는, "정치의 근본문제에 관한 무제약적이고 역동적인

정치토론은 중첩적 합의 단계에서 이뤄져야 하고 거기서 시민들 간의 공통된 정치적 정의관이 승인되면 그것이 공적 이성의 위상을 갖게 되며 시민들 간의 승인된 공통근거로서의 공적 이성은 그 다음 단계의 정치토론을 지도해야 한다"라고 주장하는 분이 있다. 김은희, 앞의 논문, 242쪽. 위 논문이 지적하는 바와 같이 역동적인 정치토론을 통해 중첩적 합의를 이루게 된다면 그 합의는 존중되고 이행될 가능성이 높아질 것이다. 따라서 국가는 역동적인 정치토론을 장려하고 보장하는 것이 바람직하다. 이런 주장은 남북한 모두에게 적용된다.

59) 남북합의서총람, 140쪽.

60) 남북합의서총람, 187~190쪽.

61) 남북합의서총람, 635~638쪽.

62) 남북합의서총람, 645~647쪽.

63) 김영란, 위 책, 53쪽.

64) 김은희, 앞의 논문, 266쪽.

65) 손철, "정치의 사법화, 칼의 전쟁", 서울경제(sedaily.com), 2024.7.5. "정치의 복원은 여야가 칼을 거두고, 대화와 협의로 최소한의 신뢰를 쌓고, 작은 합의도 이행하며 다시 '말의 시대'를 열 때 가능하다. 대화는 상대방을 인정하는 것에서 시작할 것이다." 필자도 같은 의견인바, 남한사회 내부의 합의나 남북 간의 합의나 그 원리는 마찬가지일 것이다.

66) 2025.6.5. 챗지피티와 대화를 요약 정리한 글

저자 약력

권은민

변호사이자 북한학 박사, 25년 이상 북한법을 연구하고 있다. 통일부, 대법원의 연구위원회에 참여하고 있으며, 북한대학원 대학교 겸임교수로 북한외국인투자법제, 통일과 북한부동산제도, 남북한 분쟁사례연구, 남북경협과 법제도, 통일한국의 법제도, 김정은 시대 법제 변화 연구 과목을 강의한다.
기존의 남북한 법제도를 시대변화에 맞게 재정비하는 데 관심 갖는다. 대한변협의 통일문제연구위원회, 통일과 북한법학회에 참여하면서 북한의 법제 변화를 지속적으로 연구한다. 저서로는 『북한을 보는 새로운 시선(박영사, 2022)』, 『평양에서 재판하는 날(박영사, 2023)』, 『통일단상(박영사, 2024)』이 있고, 공저로 발간한 저서와 연구논문이 다수 있다.

통일을 보는 새로운 시선

초판발행 2025년 7월 31일

지은이 권은민
펴낸이 안종만 · 안상준

편 집 박세연
기획/마케팅 장규식
표지디자인 BEN STORY
제 작 고철민 · 김원표

펴낸곳 (주) 박영사
서울특별시 금천구 가산디지털2로 53, 210호(가산동, 한라시그마밸리)
등록 1959. 3. 11. 제300-1959-1호(倫)
전 화 02)733-6771
f a x 02)736-4818
e-mail pys@pybook.co.kr
homepage www.pybook.co.kr
ISBN 979-11-303-2379-4 03810

정 가 20,000원